王世哲 康英萍 何步文/编著

社会体育研究
——以甘肃为例

HEHUI TIYU YANJIU

YI GANSU WEI LI

蘭州大學出版社

图书在版编目(CIP)数据

社会体育研究:以甘肃为例 / 王世哲,康英萍,何步文编著. —兰州:兰州大学出版社,2014.4

ISBN 978-7-311-04436-7

Ⅰ.①社… Ⅱ.①王… ②康… ③何… Ⅲ.①群众体育—研究—甘肃省 Ⅳ.①G812.4

中国版本图书馆 CIP 数据核字(2014)第 071919 号

策划编辑 锁晓梅
责任编辑 锁晓梅 梁 涛
封面设计 刘 杰

书 名 社会体育研究——以甘肃为例
作 者 王世哲 康英萍 何步文 编著
出版发行 兰州大学出版社 (地址:兰州市天水南路 222 号 730000)
电 话 0931-8912613(总编办公室) 0931-8617156(营销中心)
0931-8914298(读者服务部)
网 址 http://www.onbook.com.cn
电子信箱 press@lzu.edu.cn
印 刷 兰州德辉印刷有限责任公司
开 本 880 mm×1230 mm 1/32
印 张 11.5
字 数 273 千
版 次 2014 年 4 月第 1 版
印 次 2014 年 4 月第 1 次印刷
书 号 ISBN 978-7-311-04436-7
定 价 23.00 元

前 言

社会体育是增强国民体质,提高国民健康素质的重要手段。参加体育健身活动是改善人的形态和机能,锻炼人的心智和意志的最积极有效的途径,能有效促进人的身体、心理与社会的均衡发展。随着社会的进步、体育事业的发展,社会体育得到政府、社会的高度重视,社会体育出现了快速发展的态势。社会体育因其内容、形式丰富,贴近百姓生活,符合社会发展要求而受到广大人民的喜爱。随着《体育法》《全民健身计划纲要》以及一系列配套的社会体育发展方针、政策和措施的颁发与实施,探讨以身体锻炼为基本途径的社会体育活动及其组织管理过程的规律愈发受到重视,促使大众体育参与程度得到较大的提高。

体质作为生命健康的因素之一,它对人类的健康具有重要作用。体质对生命个体的健康所带来的积极影响,是造就健康人才资源的基本动力,可为经济社会效益的持续发展带来积极的作用。但体质对经济社会的影响是间接的,它并不直接产生经济效益。因此,研究国民体质的现状与发展趋势,对于区域经济社会的发展具有现实意义。近年来,甘肃省成年人体质达标者虽然呈上升趋势,但体质优良者所占比例较低,体质优良率均低于全国水平,只有合格率高于全国水平,而不合格率除1997年外,均低于全国水平。这反映出甘肃省成年人体质水平整体不高，成年人优良率均低于全国水平。这些现象已引起相关部门的重视。

国民体质是关系到国民身体健康和自身发展的问题，也是关系到一个民族发展和国家前途的战略问题。社会体育的发展必须要结合经济的发展，跟上经济发展的步伐，才能更好地向前发展。针对甘肃省成年人的体质发展现状，本书以促进甘肃省成年人体质健康水平为目标，从甘肃省社会体育发展现状、甘肃省个体体质发展与社会经济发展间的关系、甘肃省体育赛事文化资源三个层面探讨和分析了甘肃省发展社会体育的组织管理运行、甘肃省体育社会化现状、甘肃省城乡社区体育发展现状，并通过多方位的调查分析，探寻其存在的优势与不足。书中还对成年人体质发展与经济社会发展的关系进行了深入研究，从中探求成年人体质与经济社会发展之间互相影响、相互制约的关系，从而为人口发展政策和人才资源战略提供理论依据，彰显其广泛的应用前景、实际应用价值和显著的社会效益。通过甘肃省体育赛事文化资源的整理，在本书最后一章梳理和分析了体育历史文化资源类型，完善和建构了体育文化资源库，探讨了甘肃体育文化资源的传承、创新和发展及赛事文化资源对大众健身的影响。

其中，“小康进程中甘肃省体育社会化目标研究”一章，参照《中国体育事业评价指标》设计了调查问卷。通过问卷调查法，对甘肃省体育社会化的程度、特点、形式进行了调查与分析，基于对经济社会发展与国民体质的关系研究阐述了人类体质学的形成和发展，分析了甘肃省经济社会发展水平和甘肃省国民体质(1997—2005)变化趋势，探究了甘肃省经济社会发展对国民(成人)体质的影响及相关性问题。最后总结性地提出了甘肃省城乡社区体育发展策略。

作者

2014.3.25

目 录

绪 论

社会经济的全面发展带动了社会对体育发展的需求,这种需求是不以人们的愿望和主观意志而转移的,是由社会生产发展的客观规律所决定的。经过改革开放几十年的发展建设,我国综合国力得到增强,国际地位得到明显提升。虽然我国已进入总体小康阶段,但因不良生活习惯和精神压力等原因造成的亚健康正在逐渐影响人们的工作、学习和生活,这些状况若得不到改变,就可能会激发各种社会矛盾,将会成为社会健康发展的隐患。而体育作为一项具有健身、健心和促进个体社会化功能的运动,对于满足人民群众的生理和心理需求,对于提高人们生活质量,促进社会稳定有着重要的作用。社会体育又称群众体育,在国外也叫作大众体育,其对象是全社会成员,它的发展状况与人民体质的增强、健康水平的提高和生活质量的改善息息相关,是一个国家现代社会文明与科学进步的重要标志之一。研究社会体育发展中存在的问题,提出相应的发展对策,对有效地贯彻实施《全民健身计划纲要》,对推动各种形式的社会体育持续、健康的发展具有重要的指导意义。

西方国家在完善大众体育(社会体育)的管理体制、法律法规,加强公共体育场地设施的建设和经费的投资，培训专门体育人才、积极宣传体育的科普知识，培养良好的生活方式等方面进行了广泛的研究，为大众体育的全面发展奠定了基础。20世纪80年代，我国社会体育运动开始兴起，体育理论界对推动社会体育运动发展的有关条件进行了研究。对社会体育发展的研究涵盖了大众生活方式、社会体育的物质条件、人们的体育价值观念、生活消费与体育消费、体育价值观念和态度、社会体育发展的文化因素、社会体育发展的经济因素、社会体育指导员、社会体育组织管理体制、都市化与社会转型的影响等等。但对社会体育发展的条件没有形成完整的系统，对社会体育发展的社会大环境条件及社会体育系统内自身条件研究较少。本书以促进甘肃省大众体质健康水平为目的，从经济社会发展对国民体质的影响、社区体育现状的制约、体育赛事文化资源的支持三个方面分析发展甘肃省社会体育存在的优势与不足，为促进甘肃省大众体质健康水平提供建议，并结合甘肃省社会体育实际情况分析社会体育发展的现状条件及对策，旨在探索甘肃省社会体育发展的出路。

一、甘肃省小康社会进程中体育社会化目标

小康社会进程中甘肃省体育社会化评价指标的研究目的旨在通过探索，建立起一个能够包括社会(群众)体育发展程度的体育社会化指标体系，以使政府能比较全面、准确地了解体育的发展状态和变化趋势，客观、全面地评价社会体育的工作成效，也有利于体育行政部门对社会体育工作实施目标管理，从而调动广大群众参与的积极性，进一步推动社会体育的发展。

本书第二章从马克思、恩格斯辩证唯物的基础理论出发，运用了大量的文献、资料和著作，以科学发展观为指导，总结了在不同物质

生产方式的社会条件下体育的需求和发展选择，较系统地阐述了甘肃省小康社会进程中体育的政策法规、运行机制、社会基础、大众健康水平、体育基础设施和体育产业状况等体育社会化发展现状；运用经济学、社会学和系统论，在总结已有研究成果的基础上，探索性地提出了以"提高体育产品和服务的供给能力，满足人民群众日益增长的多层次、多样化的需求，让大众分享体育发展的成果和利益"的小康社会体育的总目标和发展方向；并依据此发展方向和目标，参照《中国体育事业评价指标》，在对甘肃省体育社会化的程度、特点、形式进行调查与分析的基础上，构建了甘肃小康社会体育社会化评价指标；确立了在小康社会进程中实现甘肃省体育社会化的若干个分解目标：公共目标、社会目标、公共健康目标、内容目标、组织目标、体育产业化目标。

二、甘肃省经济社会发展与国民体质的关系

从社会发展的总体趋势分析，国民体质的改善与增强是国家经济发展的结果，同时也是国民体质健康的需求和国家持续发展的人力资源的需求，它对家庭和睦、社会和谐、国家强盛都具有现实的社会意义，而其对社会发展所贡献的间接效益是不可估量的；经济社会的发展为国民体质发展提供了物质基础和文化氛围，而国民体质的健康发展又为经济社会发展提供了人力资源保障，为此，经济社会发展与国民体质的关系研究可为人口发展政策和人才资源战略提供理论依据，具有广泛的应用前景和实际应用价值。此类研究（除青少年体质外）在目前国内还未发现同类研究。

本书第三章阐述了国内外体质研究历史渊源以及人类体质学的形成和发展，比较分析了国内外体质概念，总结了我国体质研究的实践历程，分析了甘肃省经济社会发展水平和甘肃省国民（青少年和成

年)体质(1997年—2005年)的变化趋势,探索了甘肃省经济社会发展与国民(成人)体质的关系问题。调查结果反映影响国民体质的共性因素为:国民缺乏健身意识是影响体质的主观因素;公共体育设施严重不足是影响国民体育锻炼的客观因素;学生升学压力大;成人家庭、工作压力大,没有时间安排健身,其中既有主观因素也有客观因素。

将成人体质发展置于经济社会发展环境之中,探求体质与经济社会发展之间互相影响、相互制约的关系问题,就此类研究(除青少年体质外)在目前国内还未发现同类研究。融合和运用多学科理论(社会学、统计学、经济学和体育学等)、借鉴统计学缺失数据多重插补法等多学科研究方法,对体育界传统研究方法有一定突破,开辟了国民体质研究的一条新思路,研究成果具有一定的创造性和先进性。

三、甘肃省城乡社区体育发展策略

社区体育是经济社会发展的必然结果,是体育社会化的产物,是城市精神文明建设的重要内容,它以其独特的社会活动形式,发挥其无可替代的社会价值功能,诸如提高居民健康水平、促成健康的生活方式、增强民族凝聚力等,这对当前全面构建"和谐社会"来说已经显现出十分重要和迫切的时代价值,同时也是新形势下对我国当代体育的核心价值功能的反思与回归,其作为城乡文化的实践与表达,而成为社会控制的重要形式。

社区体育作用于人者,则以满足人们健身健心、休闲娱乐和审美需求,帮助人们获得高质量生活能力,实现终身健、美、乐为目标;其作用于社会者,则以人们健康有效投入的各类体育实践活动与一定社会的政治、经济、文化、教育、军事、医疗、卫生等的互动作用,直接促进社会进步和经济发展为目标。二者有机结合实施,共同为构建人类理想社会服务，使人们生活得更美好、更幸福。因此，社区体育的健康发展对经济社会发展的作用和影响是双重的，既有物质层面的，又有精神层面的，甚至可以说，其产生的社会影响和效益是不可估量的。为此对城乡社区体育建设和发展对策问题的研究不仅对社区文化建设和居民健康生活方式的建立以及新农村建设提供可借鉴的学术价值，而且为政府部门基层文化建设，特别是为新农村文化建设提供现实的理论参考和实践指导。同时社区体育的组织形式和管理模式不仅是社会管理具有可借鉴的学术价值，而且为政府部门对公共资源的配置与社会组织的管理提供理论和实践参考。

第一章 社会体育概述

本章概要

社会体育的历史悠久,发展过程漫长,我国的社会体育在新中国成立之后经历了60余年曲折的发展。社会体育的对象是全体社会成员,因此已成为一种最为普遍的体育现象。工业社会、信息社会发展的必然结果是社会体育的兴起,经济和社会发展为社会体育提供了更好的外部发展条件。生产方式和生活方式的剧烈变革使发展社会体育成为社会成员强烈的内在需求,社会体育参与的个体因素正在发生转变,小康社会的生活方式转变给人们带来实惠的同时向社会体育提出了新的要求。新时期我国社会体育必将向社会化、科学化、多样化的方向发展,更加趋向适应于我国的社会主义市场经济体制。

社会体育作为我国体育事业的重要组成部分,是社会进步与人类文明程度的一个重要标志。它关系到人民体质的增强、健康水平的提高和生活质量的改善,成为现代社会文明、健康、科学的重要标志。随着社会的进步和经济的发展,人们的闲暇时间也不断增加,闲暇时间的有效利用是提高生活质量的重要标志。闲暇时间的有效利用,体育活动占有不可或缺的重要地位。社会体育未来的发展趋势对我国体育事业的发展乃至社会主义精神文明建设都具有重要的现实意义。

第一节　社会体育

一、社会体育的概念

社会体育是指职工、农民和街道居民自愿参加的,以身体运动为基本手段,以增进身心健康为主要目的的社会体育活动。社会体育活动作为一种社会现象,长久存在于人类社会,它是一定社会政治、经济、文化、教育的产物,保护着人类的健康。社会体育作为我国体育事业的一个组成部分,它与学校体育、高水平竞技体育既有联系,又有区别。它们都以身体运动为基本手段,但由于追求的目标各不相同,所以在内容、方法、效果及评价方法等诸多方面也有质的区别。在英文中大致对应的称谓有Sport for All或Mass Sport。就其本质而言,它是在全体社会成员中广泛开展的,以身体运动为主要手段的,对自己的身心进行锻炼,从而获得娱乐享受,提高健康水平,在身心健康发展上不断超越自我并促进社会物质和精神文明进步的大规模社会实践活动。

二、与社会体育相关的概念

(一)群众体育

群众体育是中国特有的体育概念,具有特殊含义,有其产生的特殊历史背景。新中国成立之初,中国处于新民主主义革命的建设时期，倡导“民主的、科学的、大众的”新民主主义文化，因此该阶段提出了群众体育这一概念，它更多的是相对于旧中国的贵族体育现象和剥削阶级才真正享有体育的事实，而产生的一种政治色彩较浓的体育概念，并且长期沿用下来。从概念上看，群众体育是人民大众在余暇时间自愿参加的，以健身、健美、医疗、消遣、娱乐和社交为目的的内容广泛、形式多样的体育，曾译为大众体育，也称社会体育。

我国宪法第二十一条规定：“国家发展体育事业，开展群众性体育活动，增强人民体质。”《中华人民共和国体育法》在阐述体育方针时，也突出强调了体育工作要以群众体育为基础。毛泽东早在20世纪50年代就提出了“发展体育运动，增强人民体质”的口号，邓小平在20世纪70年代也说过“中国的体育就是群众体育”……这些论述都指出了体育具有人民性的本质，说明了群众体育在我国社会发展和体育运动中的重要地位。

群众体育的活动功效具有复合性。增强体质、健康身心是群众体育的基本功效。除此之外，参加体育活动还可以实现健美、消遣、娱乐、休闲、康复、医疗、社交或提高技艺等多种目的。

(二)大众体育

大众体育是相对于竞技体育和精英体育而言的。1919年1月，现代奥林匹克运动之父顾拜旦首先提出“一切体育为大众(All Sports for All)”的理念。1964年欧洲十个国家发起了一场以“Sport for All”为口号的国际运动，在国际体育科学与体育教育理事会举行的代表大会上，欧洲体育学者和管理者一致同意用“Sport for All”作为口号，并同意在大众体育运动中加强合作。从此，大众体育被群众当作一个概念接受。大众体育的实质就是不以获得竞技性的运动成绩为目的，而是以改善和提高体育活动参与者的身体健康水平及其生活质量为目的。大众体育是群众体育的别称，被称为“第二奥林匹克运动”，20世纪70年代为了区分不同社会制度下的体育，一些国家将这类体育称为“大众体育”，以示社会主义“群众体育”与资本主义“大众体育”的区别。现在，在许多学术论文和实际工作中“群众体育”和“大众体育”两词已经常被混用，但在国际场合还习惯用“大众体育”。

(三)全民健身

全民健身指中国20世纪90年代兴起的一项由政府倡导的群众性体育活动计划的名称，其全称是《全民健身计划纲要》。与群众体育相比，无特定内涵，只是由于全民健身更形象化、动作化，表达了广泛性和参与性，所以更容易成为群众运动的口号。在《中华人民共和国体育法》中则很少使用“全民健身”和“群众体育”等概念，几乎全部使用“社会体育”这一概念，并以“社会体育”区别“竞技体育”和“学校体育”，说明社会体育这一概念已有了较为准确的法律界定。全民健身指的是全国人民(不论男女老少)，为获得力量和柔韧性，增强耐力，提高协调与控制自身身体各部分的能力而进行的使人民身体强健的活动，目的是要全面提高国民的整体体质与健康水平，把青少年与儿童视为重点，引导提倡：全民参与体育健身活动，每日一次以上；掌握两种以上的健身方法；每年都做体质测定。为了纪念北京奥运会的成功举办，国务院特别批准从2009年起，每年的8月8日都作为“全民健身日”。我国著名学者董新光教授指出，“全民健身”经过演化和引申后具备了“群众体育”的含义。其实质是，公民在空闲的时间里，因为想要强身健体、使身心愉悦、促进交往与发展，从而自愿选择参与的体育活动。

(四)体育锻炼

体育锻炼亦称身体锻炼，是指运用各种身体练习和方法，并结合自然力和卫生因素以发展身体、增进健康、增强体质、调节精神、丰富文化生活为目的的身体活动。科学和实践证明,增进健康,增强体质涉及多种因素,而体育锻炼是最积极、最有效的方法。体育锻炼能改善和提高中枢神经系统的机能,促进有机体的生长发育与提高运动系统的机能,能促进内脏器官的机能,还能丰富文化生活,振奋精神,防治某些疾病。现代医学已经明确认识到体育锻炼对于维护健康的重要作用和意义。世界卫生组织(WHO)在其2002年世界健康报告中,列举出规律进行的体育锻炼具有减少心血管疾病、中风、恶性肿瘤、Ⅱ型糖尿病等严重疾病的发病危险等诸多健康效益,并明确指出身体活动的缺乏,是一个主要的公众健康问题。

(五)娱乐体育

娱乐体育亦称身体娱乐。指为了丰富文化生活,调节精神而进行的体育活动,其根本目的在于消遣、娱乐、放松,获得积极性休息,陶冶情感,以健康、高尚、文明、科学的方式度过余暇时间。它所采用的体育手段大多具有较强的娱乐性,人们的消遣、娱乐是相对工作而言的。迄今为止的所有社会,人们首先必须谋生,解决赖以生存的基本生活条件——食,衣、住、行等。当这些任务完成之后,人们要寻求生理和心理上的放松,形成工作以外的一种特殊的社会活动方式,即消遣娱乐活动。和人类的生产活动相比,消遣娱乐活动只不过是一种供人们享受的精神奢侈品。在我国,这类活动早在古代就出现了,如西周的礼射,春秋时期的野游、垂钓,秦汉时期的角抵、蹴鞠、杂技,南北朝时期的投壶、棋类和盛唐时期的球类、拔河、登高、竞渡,等等。

西方工业发达国家十分重视娱乐体育的发展,在1970年6月欧洲娱乐委员会通过的《消遣宪章·前言》中写道:“消遣和娱乐为补偿当代生活方式中人们的许多要求创造了条件,更为重要的是它通过身体放松、竞技、艺术欣赏、科学活动和大自然接触,为丰富人们的生活提供了可能性。……娱乐和消遣活动是建立世界各国和人民之间良好关系的重要部分。"体育锻炼和娱乐体育是开展社会体育的两个基本的手段。这些手段的多样化则表现在更具民族传统、地方特色,更具时代特征和世界文化的特点,这些方法手段不仅为中国城乡居民喜闻乐见,而且可以在国际大众体育中推广和流行。

(六)余暇体育

余暇体育亦称闲暇体育、休闲体育,是人们怀着自由自在的心态,在余暇时间里,所参加的一种并不带有特定目的的,不拘一定形式的身体娱乐活动。余暇体育有别于其他体育,参加者可利用自己的余暇,自由支配体育活动的内容、时间、地点、场所、组织形式、方法和负荷,以利于表现个人特点和发展个性。余暇体育更强调体育活动的时间性质、人们在活动时的心态以及活动所采取的方式。从余暇体育的形式来看,可以追溯到上古时代,但真正使余暇体育得以发展是后工业时期。由于科学技术的飞速发展,生产过程的高科技,使劳动强度明显降低,加之人们饮食结构和居住条件的改变以及交通和通信工具的现代化,均对人的身体产生很大的影响,致使劳动者身体素质降低,出现了很多现代"文明病"。因此,人们对体育的健身、康复、防御疾病、文化娱乐的要求就愈加强烈。余暇体育是大众自觉自愿参加的、以健身康复为目的、没有任何报酬的一种积极主动的运动。它不同于一般的劳动,不带有任何强制性、生产性和功利性。余暇体育的对象是大众,大众的性别、年龄、职业、体育基础、兴趣、爱好是千差万别的,对体育的需求也因人而异。

(七)生活体育

20世纪末期,人们越来越关注社会体育与生活方式之间的关系,提出了体育进入生活,体育普遍化、体育生活化、体育生活方式等概念。有的国家,如韩国就使用了"生活体育"来涵盖体育锻炼和娱乐体育等内容。1985年,韩国政府在为国民谋求福祉,全面推广发展全民体育之时，为能更好地体现国民体育振兴政策的理念，促进内容的实现，达到发展国民体育的目的，提出了“生活体育”一词。生活体育是国民体育的一个领域，是地方自治机构在自治区域内为满足当地居民对体育活动的需求而建立的，对所有制度性内容的概括。它主要指以增进居民身心健康、丰富和创造生活情趣、完善自我为目的的身体锻炼活动。这一概念的普遍使用，有利于社会体育的进一步普及。

体育生活化的实现，体现了人们生活方式中深刻的人文内涵。在经济迅速发展的同时，人们的生活领域不断扩大，生活的价值容量逐渐变大，体育进入人们的生活并成为现代人生活方式的一部分，正在从满足人类的自下而上的需要向成为人类享受的需要而发展，这是质的飞跃。体育的意义不再局限于健身方面，还延伸到心理方面，它能帮助人们树立积极乐观的生活态度，让人们在拥有健康身体的同时，也具有健康的心理和生活方式。韩国的生活体育不仅以健身为目标，更注重参与的过程和体验，是一种新的体育生活观。它不追求卓越的运动成绩，不局限于规则和要求，不强求运动场馆与器械，只求在活动的过程和体验中将体育的本身价值体现出来。韩国人把体育作为一项愉悦身心的活动形式，使身体与精神获得休息与放松，在活动中拓展交往方式，彰显个性与活力，从而获得认同感。

(八)终身体育

终身体育亦称生涯体育。指一个人终身进行身体锻炼，接受体育教育以及参加其他体育活动的过程。几十年来，终身教育已成为全球性教育改革的指导原则，而终身体育作为终身教育的重要组成部分，成为20世纪70年代中后期以来的主流体育思想。终身体育是由人体发展规律、身体锻炼的作用、现代社会的发展这三个因素所决定的。人体机能活动规律要求人们应坚持经常、有恒的身体锻炼，各个年龄段的人都需要用体育锻炼来增进健康、维护和改善生活质量，为终身体育的产生和形成打下基础；现代社会的生活方式要求人们将身体锻炼作为自己日常生活的组成部分；人们进行身体锻炼需要科学指导和不断接受体育教育，充分发挥体育的作用。以终身体育的思想为指导开展社会体育活动是现代体育发展的趋势之一，其实质也是实现社会体育的广泛普及。

三、社会体育分类

社会体育作为一种面向全民、遍及社会的体育现象，为了认识和管理的便利，人们从不同的角度将它分成不同的类型。社会体育按区域特征分有：城市体育、乡镇体育、农村体育；按年龄分有：婴幼儿体育、儿童少年体育、青年体育、中年体育和老年体育；按性别分有：女子体育、男子体育；按职业分有：职工体育、农民体育、军人体育；按健康状况分有：正常人体育、亚健康体育、病患者体育、残障人体育；按组织形式分有：家庭体育、社区体育、企业体育、俱乐部体育；按场所分有：室内体育、室外体育、野外体育。各种分类之间是相互包容、相互交叉的。为了更深刻地认识社会体育现象，研究者还可以从其他角度和层次进行分类研究。

四、社会体育的特点及其意义

健身性与娱乐性是社会体育最基本的特点，也是社会体育区别于其他体育和文化活动的最显著特征。是人们在工作学习、生产劳动、家务劳动之余可自由支配的时间里从事的一种体育活动。社会体育最基本的形式是亿万群众在自愿、自主的基础上，通过直接的身体运动过程，达到强身健体、愉悦舒心、陶冶情操、交友合群的效果。不同国家、不同民族在政治、经济、文化的发展方面和发展水平决定了不同时代社会体育的发展方向与内容、规模和水平。

社会体育有着广阔的发展前景。由于社会物质财富不断增加，余暇时间不断延长，人们对体育价值的观念与认识也在不断地提高和完善，参加社会体育活动的条件随之在改善，社会体育的参与程度在提高，社会体育的发展规模在不断扩大。世界各国和中国社会体育发展的进程都证明了社会体育具有越来越广泛的群众基础，呈现出越来越繁荣的景象。

第二节 我国社会体育的发展

一、我国社会体育的发展历史

我国社会体育有着悠久的发展历史。在历史发展的各个社会形态中，都有不同形式的社会体育存在。在我国的原始社会，就开始出现了雏形的社会体育。我国的体育历史，实际上就是一部社会体育的发展史。远古时代，为了生存，人们成群结队地生活在一起，用原始的石器顽强地同大自然抗争。为了猎取食物，为了自卫，他们投掷、攀登，奔跑、跳跃、涉水……这些原始的自我活动便是体育的雏形。这种大多以集体形式参加的不自觉的身体运动就是典型的“群体”运动。后来产生了文字，人们能对自己的活动进行记录、总结，于是生产工具有了发展，随之发明了武器。在同大自然斗争和内部的争夺中，人们懂得了除工具(武器)之外，人体自身条件是起决定性的因素，于是便有了对自身进行锻炼的自觉活动。随着社会的发展，这种自身锻炼的活动，被总结和整理成系统的方法，用于强身健体。战争时期，被用于军事训练；和平时期，则用于健身、休闲和娱乐，并贯穿于教育之中。例如中国古代的武术、马王堆汉墓出土的“导引图”、华佗的“五禽戏”以及宫廷和市巷间出现的“蹴鞠”等。此时,人们的体育锻炼活动已经成为自觉、有目的的活动了。人们已经懂得以运动为基本手段,利用阳光、空气、水等自然因素,结合卫生措施锻炼自己的身体,从而增进健康、增强体质。

我国是世界古代文明的发源地之一,与古埃及、古希腊、古印度一样,曾经创造了灿烂的古代体育,其中包含了具有较高医疗和保健价值的中国导引养生术。我国的武术、气功及各种形式的民俗体育活动,如龙舟竞渡,社火,舞龙、舞狮,高跷、秧歌等,已成为广大民众喜闻乐见的民间体育形式。鸦片战争以来,西方体育进入我国,首先被军队和学校所应用,进而在社会上传播开来。社会体育作为以普通国民为参与主体的体育形态,其发展程度和规模受到当时社会环境的制约,未能得到正常的发展,由于连年战乱、经济凋零、国力虚弱、民不聊生,社会体育根本提不到社会生活的议事日程,更不可能形成自己独立的社会形态,这一情形直到1949年中华人民共和国成立后才从根本上得以改观。以下为我国社会体育发展的各个阶段。

(一)新中国社会体育的创业阶段(1949年—1957年)

中华人民共和国成立之初,党和人民的首要任务是在西方国家的封锁和压力下,重建祖国和保卫祖国。改善衰弱的民族体质,使之适应社会主义建设和国防的需要,成为一项重要任务。于是,社会体育得到党和政府的高度重视。以引进的苏联体育制度为基础,结合自己的经验,新中国的社会体育事业在这一时期粗具形态,具体表现在以下方面:

1.在中国体育发展的指导方针中确定了社会体育的地位

1952年毛泽东发出“发展体育运动,增强人民体质”的号召。1953年他又指出:“体育是关系到六亿人民健康的大事。”1954年党中央在国家体委《关于加强人民体育运动工作的报告》的批示中指出:“当前国家已进入有计划的经济建设的历史时期,更需要人民有健康的身体。……人民的体育运动是国家的一项新的事业,各级党委必须予以充分的重视。”中央的这些指示与文件十分清楚地表明,我国发展体育事业的根本目标是促进国民身体健康,这也是我国社会主义制度的性质所决定的。因此,群众体育在这一事业中处于核心地位,其后的岁月里,尽管在贯彻这一基本方针的具体过程中有这样或那样的偏差,但这一基本指导思想作为中国体育发展的主线是贯彻始终的。建国初期的这一阶段,“开展群众性体育活动,并使之普及和经常化”就是这一指导思想的具体表现。

2.初步建立了中国社会体育的组织体系

1949年10月中华全国体育总会成立。1952年11月成立了中华人民共和国体育运动委员会。1955年10月,全国总工会设立了体育部,直接负责职工体育工作。此后,各省市、自治区工会也相继设立了体育部。到1957年,铁路、煤矿、冶金、公安等20个系统相继建立了行业体育协会。农村体育工作则主要由青年团军体部组织负责。1956年第一次全国农村体育工作会议召开,会议要求建立县级体委,配备专职干部,强调农村体育贯彻业余、自愿和简便易行的原则。这个时期的群众体育组织有比较好的群众基础,在促进广大群众参加体育锻炼方面发挥了积极作用。到1957年已有近4万个基层职工体育协会,全国职工体协拥有400多万会员,建立了近2万个体育锻炼小组和8万个群体活动队,队员达80余万,参加“劳卫制”锻炼的人数达22万以上。全国农村有3万多个基层体育协会,拥有90多万会员。67个县推行了《劳卫制》,10多万人达到了标准,有21300多万人参加各种体育活动,占当时全国农村人口总数的5%。劳卫制的全国达标人数为240多万。

3.初步改善了群众体育的基本条件

1949年前,全国只有4982个体育场地,极大地制约了群众对体育的参与,为了改变这一状况,国家投资兴建体育设施。1949年至1952年底,建成各类体育场地10271个。第一个五年计划时期,体育场地设施的兴建继续发展,1953年至1957年,全国共建成体育场地18191个,仅1956年一年就建成5494个,超过了新中国成立前体育场地的总和。与此同时,社会体育的骨干培训工作也在加紧进行,这一阶段共培训4.1万多名。

4.建立了群众体育的规章制度

在借鉴苏联经验的基础上,一系列有关群众体育制度开始出现,如劳卫制、广播操和工间操制度、职工体育制度、基层体协制、产业体协制度等。

这是新中国群众体育发展的第一个“黄金时代”。这一时期的群众体育不仅在中华民族体质的改善、发展国民经济和保卫国防诸方面取得了显著的成果,而且为以后群众体育的发展奠定了基本框架。同时,群众体育在功能上呈现出鲜明的为政治与军事服务的特点。强调体育为生产服务,为国防服务,赋予群众体育极强的政治功能,使之成为一项严肃的政治任务。这种体育将群众体育与爱国主义结合起来,激发了广大人民群众参与体育锻炼的政治责任感,从而迅速将群众发动起来,掀起规模宏大的群众性体育热潮。然而,由于忽视了群众体育的其他功能,忽视了对参与者个体自身发展的作用,造成了群众体育简单化和非业余化的倾向。由于受到体育设施短缺的限制,也是出于为生产和国防服务的需要,这一阶段的群体活动内容较单一,形式简单,突出实用性,以体能练习或军事性较强的项目为主,简单易行,广泛开展的《劳卫制》鲜明地体现了这一特点。

群众体育在这一特定历史时期的重要作用使之成为当时体育事

业的核心，出现以群众体育为核心的体育大格局。不仅使学校体育与之有密切关系，而且竞技体育也处于为群众体育服务的地位，发挥着促进群众体育普及的作用。如1955年举行的第一届全国工人运动会，全国12个产业系统在参赛之前分别举办了各自系统的运动会，参加选拔比赛的职工多达125万人。群众体育在普及的基础上也出现了提高运动水平的势头，如1956年共青团中央发出的《关于掀起一个创造新纪录的群众性体育竞赛的通知》就是在这种历史条件下形成的。

（二）"马鞍形"发展阶段（1958年—1965年）

1958年"左"倾思想占据主导地位，出现全国性的"大跃进"运动，高指标和浮夸风在各行各业中盛行。这种"左"的思想也对体育界产生了巨大影响，造成群众体育严重脱离实际，违背客观规律。在1958年制定的《体育十年发展规划》中，要求全国2亿人通过《劳卫制》；要求"5年内做到每乡有两个体育场、1个体育辅导站、1个体育馆、1个游泳池；4至5年，甚至更短的时间内普及农村体育；参加国防军事训练的人数达8.3亿人次，等级运动员5000万～7000万；全校、全市、全省体育"满堂红"的口号铺天盖地。群众体育活动中虚报浮夸成风，形式主义泛滥。许多地方大搞"千人表演""万人誓师""停产突击"，要求工人"挑灯夜战做体操"，农民"白天千军万马，晚上灯笼火把"突击锻炼。这种"大会战"式的、强制性的活动，不仅冲击了生产，而且挫伤了群众参加体育的积极性。随之而来的三年困难时期，多数群众衣食无着，体育活动很快陷入低潮，大多数群众停止了锻炼，不少体协自行消失，《劳卫制》被迫"下马"，群众体育几乎陷入停顿状态。

在中央"调整、巩固、充实，提高"的方针指导下，国民经济形势开始好转，从1963年起，随着国民经济形势的好转，体育战线恢复了生机。1964年，国家体委在全国大力提倡开展游泳，射击、通讯、登山

“四项活动”,到1965年已有近250万人投身其中。在这两年中,《劳卫制》被修订为《青少年体育锻炼标准》,在试行过程中有52万多人达到标准。群众体育在经历了几年的大起大落,人们开始对群众体育工作的规律有了深刻的认识。群众体育的发展不能超越国家经济发展水平,不能违背身体锻炼的客观规律。在总结正反两方面经验的基础上,国家体委提出“业余、自愿,小型、多样,因时、因地、因人制宜”的锻炼原则。这些原则的提出,是对我国群众体育实践经验的科学总结,也是对群众体育发展规律在认识论上的一次巨大飞跃,标志着我国群众体育向实事求是、注重实效的方向转变。在这些原则的指导下,逐步形成了一整套适合我国国情的发展模式,使群众体育在这一阶段后期出现了第二次高潮,并对以后的群众体育发展产生了深远影响。

(三)畸形发展阶段(1966年—1976年)

1966年中国进入史无前例的“文化大革命”时期。初期,各级体育部门陷入瘫痪状态,新中国成立以来确立的一整套行之有效的规章制度,被诬蔑为“修正主义货色”而废止。在“以阶级斗争为纲”的“极左”路线影响下,职工体育组织网络瓦解、业余体育运动队解散,职工体育活动的组织管理体系也完全被破坏,已形成制度的“工间操”中断,农村一些传统的民间体育活动被列为“四旧”而遭到批判,群众性的运动竞赛活动也因无人组织而停止。

1969年后群众体育却异乎寻常地兴旺起来,全国不少县级以上的机关、工厂开展了以球类、游泳、长跑为主要内容的群众性体育竞赛活动。矿厂在节日期间举办以田径、球类项目为主的竞赛活动和运动会。每年一度的“7·16”游泳活动以及适应“备战”需要的军事体育活动也在职工中普遍开展。职工开始自发地开展体育活动。农民利用当地学校的场地和生产队的打谷场,开展球类、拔河、举石锁、石担等体育活动。出现这一现象的主要原因是:(1)在文化专制主义的压抑下,各种文化形态一片凋零,社会文化生活异常枯燥,人们的文化需求只能转向体育活动而别无选择。(2)由于体育自身的特点,不仅在政治宣传、保卫国防和生产劳动方面有重要作用,也可在相当程度上满足社会文化生活的需要,故可被文化专制主义利用,此时的群众体育处于一种非正常状态,在所谓"突出政治"的干预下,群众体育中的形式主义发挥到极致。如为了配合政治运动,工厂停工停产,大搞"千人操""万人横渡"等形式主义活动;竞赛活动中搞繁文缛节的政治仪式,夸大了群众体育的政治功能。"文化大革命"时期我国群众体育在轰轰烈烈的外表下,出现实质上的倒退,表现在:(1)在群众体育实施原则方面完全背离了"业余、自愿,小型、多样,因时、因地、因人制宜"等前一时期总结出的关于开展群众体育规律性的认识。在思想上和实践中给我国群众体育造成许多混乱。(2)在群众体育组织化方面,瓦解了多年来营建起来的群众体育组织结构。"文化大革命"前,我国群众体育社团性组织已成规模,且具有广泛的群众基础,在组织群众参加体育活动中发挥着十分重要的作用。"文化大革命"使这些组织几乎全部瘫痪,而完全依靠政府发号施令,通过行政手段来开展群众体育。这对以后我国群众体育的发展产生极为不利的影响。(3)在体育与社会互动关系方面也出现了倒退,群众体育以社会为依托,与社会发展相互促进,共同发展的关系遭到破坏。群众体育常被当作政治工具来冲击或干扰生产,影响极坏。

(四)恢复、发展与初步改革阶段(1977年—1991年)

1978年党的十一届三中全会的召开,标志着我国社会进入改革开放时期。自此,我国社会思想大解放,政治稳定,经济快速增长,我国迅速恢复并完善了各级各类群众体育组织,有效地推动了群众体育的发展。群众体育在新的社会环境中得到恢复,迅速进入一个全新的阶段,并且成绩斐然。在城市,1990年共有27个全国性的行业体协,有10.2万个职工体育组织,各种运动队55.3万个,经常参加体育活动的人数已增至5000余万人。活动内容也日趋丰富,由过去以广播操、生产操、武术、球类等运动项目,开始向体育舞蹈、健美操、气功、保龄球、网球、门球等项目扩展,并且出现高尔夫球、赛车、登山、攀岩、热气球等新兴运动项目。自20世纪80年代中期以来,新的群众体育的形态在我国绝大部分城市地区迅速兴起,这就是社区体育。现如今我国拥有社会体育组织3854个,占全国街道办事处总数的69%。平均每个街道有晨、晚练点5.3个。在农村,各地的"农村文化中心""文化站""青年之家"都把体育活动作为重要的建设内容。1985年始,全国开展了"争创体育先进县"活动,对农村体育工作起到了极大推动。到1996年已有5批468个县跨入全国体育先进县行列,占全国县级单位的21%。在1986年,经国务院批准,中国农民体育协会成立,并在各省(区、市)也建立了农民体协,有的乡镇还配备大量的专(兼)职体育干部,为农民体育活动的发展做出了巨大贡献。1990年国家推出"亿万农民健身活动",此活动受到了广大农民的欢迎。1979年11月,我国的合法席位在国际奥委会得到恢复,中国体育开始登上世界体育舞台的中心。这一时期,竞技体育中的竞技水平的提高成为我国一项重要的政治任务。怎么样处理竞技体育与群众体育协调的发展以及两者之间的关系,决定了我国群众体育的发展。但是在实际工作中轻视群众体育的现象层出不穷。同时,随着我国社会经济体制改革的逐步深入和企业经营机制转换力度的加大,在计划经济体制下形成的群众体育模式发展越来越困难,境遇也越来越尴尬。主要表现在以下几个方面:首先,市场经济转变越来越快,而体育体制还是以前高度的集中制管理体系和封闭的"老路子";其次,运行机制过分死板,还是以行政式命令为主,难以适应市场经济的价值规律、供求规律和竞争规律。此外,体育人口的流失也是重要的原因之一,主要是由于行政手段的控制力对群众体育控制的下降,一些被动参与体育的群众失去约束力,从体育人口中流失。其他业余文化活动对余暇时间的竞争也带来很大影响,群众体育活动的广泛开展的难度也越来越大。自20世纪80年代后期,改革开放蓬勃发展,我国体育改革也随之拉开序幕,群众体育的改革为重中之重,如扩大群众体育组织结构中非体委系统的成分,加强群体工作中各项工作的协调与合作;行政拨款以外的经费来源所占的比例越来越大;群众体育与校园文化、企业文化和乡村文化相结合;群众自发的组织形式也得到政府的大力支持等等。但是就总体而言,群众体育还没有脱离原有的计划经济体制下的基本框架。

(五)改革的深化阶段(1992年至今)

随着我国改革开放越来越广泛与彻底,我国经济改革的深化以及经济的增长,人们开始意识到,依托着计划经济体制下的群众体育体制也必须从本质上发生改变,否则新时期它所承担中国体育的任务是不可能完成的,以至于它本身的生存也会遇到危机。1993年4月国家体委下发了《关于深化体育改革的意见》,提出体育改革发展的总目标是:"改变原来在计划经济体制下,单纯依赖国家和主要依靠行政手段办体育的高度集中的体育体制,建立与社会主义市场经济体制相适应,符合现代体育运动规律,国家调控,依托社会,有自我发展活力的体育体制和良性循环的运行机制,形成国家办与社会办相结合,集中与分散相结合的格局,力争在20世纪末初步建立具有中国特色的社会主义体育新体制。"这一目标的提出为群众体育带来了新的机遇与挑战,为了实现这一总目标,我国完善了体育改革的具体目标和实施措施,并且提出群众体育要实现生活化、普遍化、社会化、科学化、产业化和法制化。个人的体育费用从福利型向消费型转变;体育活动从"一家(体委)办向大家办"转变;体育组织形式从行政型向社会型转变;体育干部从经验型向科学型转变;体育事业从事业型向经营型转变;体育工作从"人治"向"法治"转变。1995年6月20日,国务院正式颁布了《全民健身计划纲要》这一我国新时期群众体育工作的纲领性文件,从面向21世纪,提高民族素质的战略高度出发,对20世纪末到2010年我国群众体育的目标、任务、措施提出了新的明确要求。1995年8月29日由全国人大常委会审定通过,于1995年10月1日起施行的《中华人民共和国体育法》,为了维护广大人民群众参与体育的基本权利,为全面落实全民健身计划提供了法律保障。在《全民健身计划纲要》的出台与实施的基础上,我国群众体育的科学化程度大为提高,并在对全国成年人体质研究为依据的基础之上制定了《中国成年人体质监测标准》,面向全国征集科学健身方法,出版了《中华体育健身方法》四卷;在全国推行《社会体育指导员技术等级制度》;1996年度体育彩票公益金(国家体委提存部分)的60%用于建设全民健身活动场所,分阶段、分批在全国城市社区配建群众体育活动场地,设施,实行全民健身工程。各省、市,区体育主管部门投入公益金的比例也大大增加。1995年,随着我国经济和社会改革的迅速发展,人民生活水平的提高以及"双休日"制度的实施,广大群众显示了极大的参与热情,这些都为开展群众体育提供了良好的社会环境。在这种社会环境之下以及上述重大措施的实施,我国的群众体育蓬勃发展。我国群众体育事业在这些改革措施的促进下一日千里,在群体活动内容的完善与创新下,体育事业基本要素的结构得到优化,功能更加改善,体育知识的普及,体育意识的培养及我国体育理论的发展等方面产生积极影响。同时,体育所产生的经济效益和社会效益的大大提高,这也对社会生产要素的改善、效率的提高、医疗费用的降低和社会稳定程度的提高等方面产生积极影响。

同时我们也要意识到，群众体育的基本格局是在建国初期计划经济条件下所确立的，在随后的很长一段时期，尽管有所变化和改进，然而这种基本格局从本质上及其性质没有改变。也就是所谓的“换汤不换药”。于是国家在20世纪90年代初期开始大幅度地进行体育改革，旨在寻找与社会主义市场经济条件下相适应的体育体制及运行机制。由于传统意识上的惰性及大众利益的冲突，这种根深蒂固的封闭式格局并没有从根本上被打破；市场经济机制与公益性极强的群众体育事业正确地结合起来成了当务之急，在理论和实践中存在的大量问题也有待讨论与深入解决；原有的管理体制与组织形式面临转型，但过程困难重重，甚至有的已经出现了生存危机。由于我国经济与社会的快速发展与人民群众日益强烈的物质文化需要存在着极大的矛盾，人民群众对开展社会体育的愿望日益高涨。新与旧两种机制之间的矛盾冲突也日益尖锐，许多难以预料的困难问题也层出不穷。此时，许多新的群众体育生长点也正在形成，新事物的形成在与旧事物相冲突矛盾的同时也提供了大量新的发展机遇与挑战，因此国家对旧的体育体制的改革更加迫切。新事物取代旧事物必将成为一种趋势，社会主义市场经济的群众体育管理体制和良性循环的运行机制必将被建立，但新时期群众体育改革的过程将是长期的，道路是曲折的，任务是艰巨的，是与群众体育的发展过程并生的。

二、我国社会体育的发展趋势

20世纪80年代我国提出并制定了“奥运争光”和“全民健身”的伟大战略。这个战略的基本思想是：“奥运争光”是指在竞技体育中，在大型赛事上，力争拿金牌，拿奖牌，甩掉“零金牌”的帽子，让中国体育在国际地位上占有一席之地；“全民健身”是社会对体育的呼唤，中国要成为真正的体育大国，体育强国，并不只是竞技体育的发展，而是在发展竞技体育的同时，也要发展全民健身的社会体育。

目前，我国正在从全面发展的小康社会向中等发达国家迈进，在这个转变过程中，社会体育也将出现一些变化。

第一，社会体育将进一步社会化。这主要表现在体育人口的增加和社会体育组织化程度提高。首先，体育人口是指在一定时期、一定地域，经常从事体育锻炼、健身娱乐，接受体育教育、参加运动训练和竞赛以及其他与体育事业有密切关系的、具有统计意义的一种社会群体。它是以体育为重要特征并具备人口规模、人口结构、人口空间分布三要素的一种特定类型。随着经济的快速提高，相应地也出现了一些不和谐的现象，“办公室病、电脑病”的增加进一步使人们体质变差的恶果暴露出来，社会体育的发展将很好地解决经济发展带来的弊病，这势必会带动我国体育人口的增加。其次，我国社会化趋势的另一个重要方面是体育组织化程度提高。其中社会体育指导员的地位正在逐步提高，社会体育的发展离不开社会体育指导员的贡献，所以对社会体育指导员的培养显得尤为重要。我国体育专业人才队伍不断壮大，急需有一个体制对其进行规范，所以国家适时地颁布了《全面健身计划纲要》和《社会体育指导员技术等级制度》。

第二，社会体育的发展进一步科学化。首先，社会体育的方法手段更加科学化，人们可以根据自己的兴趣爱好，选择锻炼的项目和内容，再以专业的方法手段为指导进行身体练习，更能增加体育的乐趣，促进其参与体育的兴趣。其次，社会体育科学研究进一步科学化，在网上搜关于“社会体育”的内容，出现了354659条结果，说明已经有越来越多的人参与到研究社会体育的队伍中来。最后，体育检测手段进一步科学化，不论人们是什么职业、什么目的去参与到体育锻炼中，最终都希望有一个比较好的锻炼效果，随着设备手段的更新换代，检测的精密度也越来越高，社会体育提供给国民的自我检测系统也越来越完善。

第三，社会体育的发展将进一步多样化。首先，它表现在组织形式的多样化。各种组织形式的体育活动，促使不同社会成员参与其中，满足参与者的生理、心理和社会的各种需求。政府、社会团体、企事业、家庭和个人都可以采用适合自己的形式开展社会体育活动。其次，表现在组织方式的多样化。社会体育活动资金的筹集、体育场地设施的建设、体育组织的建立等都可以采取比较灵活的方式。最后，表现在体育手段的多样化。随着社会现代化的发展，人们进行社会体育活动的手段更加趋于多样化，常通过游戏、体操、田径、球类、武术、水上运动、冰雪运动等手段来进行体育活动，从而达到健身娱乐的目的。

第三节 社会体育的兴起

1919年1月，一种新的理念被顾拜旦提出。从此，“一切体育为大众服务”的理念深入人心。顾拜旦在致力于推动国际奥林匹克运动发展的过程中，一直强调大众体育活动才是奥林匹克运动的基础与灵魂。四十年后，大众体育理念终于得以真正地实现。在第二次世界大战以后，特别是20世纪60年代以来，西方，尤其是欧美发达资本主义国家体育事业发生了深刻的变化，一方面是以少数人为主体的竞技体育继续沿着“更高、更快、更强”的发展路线前进，新的技术、成绩和新世界纪录不断诞生以及刷新；另一方面全体国民全员参与的群众体育勃然兴起，尤其以美国为代表的西方国家，体育做到了真正地走进千家万户，成为人们每天生活中不可缺少的组成部分。蓬勃发展的大众体育与国际奥林匹克运动交相呼应，成为一道靓丽的风景线。人们将它称之为“第二奥林匹克运动”。大众体育如此迅猛地发展，与广阔、深刻的社会背景密不可分。社会体育在我国的出现与兴起，是体育的发展顺应社会转型和经济转轨双重需要的必然结果。表现为体育的广泛社会化和高度产业化，代表着当代体育发展的时代取向。社会体育兴起的原因主要有以下几个方面：

一、现代文明病的悄然蔓延

随着机械化、电气化和自动化及现代化交通工具的普及，高科技信息技术的发展，人们从事各种体力劳动的机会减少，强度下降，工业发达国家所施行分配方式逐渐变为高工资、高物价、高消费，高科技的冷藏设备的普及，家畜、家禽工厂的工业化，使食物数量和膳食结构发生了重大变化。工业社会存在的生存竞争日益激烈，使人们的心理承受着前所未有的压抑感和紧迫感，运动量不足，营养过剩，营养不均衡，精神过度紧张所引发心脏病、糖尿病、高血压、恶性肿瘤等常见病、多发病和高发病大大威胁人们的身心健康。这些在西方社会肆意蔓延的“现代文明病”影响范围越来越广，危害越来越大，令人触目惊心。以BMI为衡量标准，1976年—1980年间，美国人超重或肥胖的比率为47%；而1999年的统计数字表明，超重或肥胖的比率已经上升到了61%，在英国，1980年肥胖的发病率分别为：成年男性6%，成年女性8%；1998年，肥胖的发病率分别增长为17%和21%。在中国的城市中，52%的成年男性和42%的成年女性属于超重或肥胖。另据北京市疾病控制中心2004年1月17日公布的调查数字，北京人患有血脂异常、肥胖症、冠心病等八种与生活方式密切相关疾病的总患病水平为31.18%，比2000年北京慢性病患病水平高出了4.5个百分点。以上的数字统计令人触目惊心，人们面临着因运动不足，营养过剩，精神压力而带来的种种可怕现象，所以人们一致关注并参与于体育活动，从而来增加活动，消耗多余热量，减少多余脂肪，控制体重，以达到保护心脏，放松心理，调节精神的目的。事实上这些做法确实简单且有效。如美国20世纪70年代比20世纪40年代心血管疾病下降了8.7%，死亡率下降7%。因此，人们参加大众体育活动的热情日益高涨，体育人口大大增加。

二、余暇时间的增多

由于工业发达国家实行了小时工资制、五日工资制、弹性工作制和定期轮休制度，职工余暇时间得到了延长。人们参加大众体育的时间也因此大大增加，在日本，工资照发的假期达到每年148天。联邦德国职工业余活动时间由1969年的平均每天5.6小时增加到1982年的8.7小时，其中可自由支配的时间由1971年的4.3小时上升到5.5小时。美国人每年的工作时间与20世纪初相比减少了20%甚至30%。余暇时间的大量增加为大众体育的开展提供了必要保证，同时越来越充分的余暇时间也需要大量的体育娱乐活动来去充实。我国自改革开放以来，整个社会的劳动效率得到了很大提高，人们的余暇时间逐年增加。据统计，1980年国人的余暇时间为2小时21分钟，1984年为3小时16分钟，到1991就已经提高到4小时48分钟。10年期间余暇时间递增了一倍。到1995年5月1日，又实行每周40小时工作制，使人们的工作时间每周减少了8小时。另外随着人们物质生活水平的提高，各种家用电器日渐普及，服务业的兴起和发展，这就使人们花费在家务劳动上的时间相应减少了。工作时间和家务劳动时间的减少必然带来了自由支配时间的增加，人们的余暇时间增加也就是自然的了。

三、人口构成的老龄化

自20世纪40年代—50年代始，欧美发达资本主义国家人口增长率大大下降，时至今日有的国家甚至出现负增长，出生率的下降，医疗水平的提高，居民的平均死亡年龄大为提升，老年人占整个社会人口的比重越来越大，出现了社会老龄化的现象。在英国、德国、比利时、法国、美国，65岁以上的老人占总人口的17%左右。在日本，40岁以上的中老年人占全国总人口的三分之一。目前我国的老龄化的现象也非常严重。2004年我国60岁以上人口数为11127万，老龄人口比重达到8.56%，这标志中国已经进入了老龄化社会。2008年我国60岁以上的人口已达15989万人，占总人口的12.36%。由于老年人处于退休阶段，余暇时间充裕，对健康的追求也越来越渴望。而能保持身心健康，起到延年益寿的作用的体育活动也就倍受老年人青睐。在大众体育积极的参与者中，老年人占整个社会体育人口的比重也较大，这一群体现已成为现代大众体育中的中坚力量。

四、社会的工业化与城市化

从城市化进程来看，2005年我国的城市化率达到了43%，城市化率以较快的速度由30%向70%攀升，根据西蒙·库兹涅茨的理论判断，我国当前正处于城市化进程中第二阶段的初期。人口大量向城市集中，人口高度密集，城市化步伐越来越快，为开展体育活动、建造体育场馆设施及营造良好的体育环境提供了优越的条件。由于人口的都城市化，人与人之间社会距离逐渐缩短，大规模社会体育活动的出现也成为可能。如百人渡海峡，千人自行车越野，万人马拉松，几百万人参加的体育协会都时刻在我们身边进行。各种体育设施的普及和居民社区的体育场的大量建立也必然成为一种社会需求，人类的城市化推动了大众体育发展。

五、脑力劳动者增多

大量的科学技术在生产生活上应用，不仅大幅度地提高了生产力，而且也决定了生产方式发生根本性的变革。产业由“劳动密集型”转向“技术密集型”，体力劳动所占的比例以及强度逐渐下降。据统计，目前整个社会脑力劳动人数占所有就业人口的50%以上。长时间大量的伏案工作造成的运动不足，肌肉缺乏锻炼已严重影响人们的健康，这已成为普遍存在的社会问题，从事大量脑力劳动的人群，颈椎病、腰椎病、肩周炎、高血压等疾病高发。北京市疾控中心的一份调研表明，脑力劳动者高血压患病率为12.6%，冠心病患病率为14.2%，都比一般人高出2至3倍。因此，脑力劳动者更应该积极主动地参加体育活动。

六、劳动力资源的保护意识增强

随着科学技术的发展与运用，各个国家意识到的投资重点不再是物质，而是人力资源，尤其是高科技人才。人力资本投资具体包括教育、技术培训、保健和体育等。美国经济学家舒尔茨在论证人力资本投资时，把“延长公民的寿命和增进他们的体质”的保健措施列为人力资本投资的首位，他认为这些积极的保健措施“不仅提高了劳动力的数量，也提高了人力资源的质量”，他的这些观点被各国一致认同。据不完全统计，美国由于员工体质问题以及过早死亡每年对国民生产总值造成250亿美元的直接经济损失，相当于生产总值的3%，相当于一亿三千万个工作日。垄断的资产阶级已经感觉到“公司财务的健全，有赖于职工身体是否健康”“付钱给职工锻炼身体比他们因缺席、迟到、肌肤障碍所造成的损失要少得多”。美国前总统卡特说：“鼓励人民参加体育活动是一种可以期望换回最大效益的投资。”因此，一些国家除国家做体育投资外，各企业部门也采取各种措施鼓励职工进行体育锻炼，如投资兴建体育馆和健身房，购置租赁海滨浴场和高山滑雪场，供职工参加体育活动。很多企业还把体育训练作为招收青年新职工的一种人力投资形式。日本为了培养工人的情操和修养，磨炼耐性和体力，组织新工人到山清水秀的山寺去打禅、讲课、锻炼身体，进行野外行军生活训练。公司经过了这些严格的就职教育，才把他们分配到工作岗位上去。

第四节　社会体育的地位与作用

一、社会体育在个人生活中的地位与作用

(一)社会体育是一种健康文明的生活方式，是人的全面发展的必要途径

社会体育作为人的一种活动，其地位与作用首先表现于人的个体，进而通过个体作用的集合影响社会。社会体育对于个人来讲，首先是人们的一种生活方式，即人们精神文化活动、社会交往活动和日常消费活动中的一种生活活动形式。其次，社会体育是反映人们生活质量的一个标志，是满足人的生活需要的一种手段，无论是对生活条件的满足，还是对精神状态、健康状况的满意，都离不开社会体育。再者，社会体育在人的全面发展中有着不可缺少的地位，无论是人的智力还是体力的发展都离不开社会体育的作用。

(二)社会体育是增强体质，提高健康素质的重要手段

参加体育健身活动是改善人的形态和机能，锻炼人的心智和意志的最积极有效的途径。社会体育可以促进人的生长发育，使人健

康成长;可以调节人的精神,健全人的心理,促进人的身体、心理与社会的均衡发展。人们对社会体育的需求一般包括:健康的、强壮的、健美的、娱乐的、休闲的、交友的、冒险的、防范的等等,参与社会体育活动可以满足人们的不同体育需求。

(三)社会体育是提高人力资本的基础

健康资本要素在人力资本中处于基础地位,从而提出了发展体育的要求。生产劳动需要劳动者具有与劳作相适应的力量、耐力、速度、柔韧性和灵敏性以及相应的动作技能、心理品质和适应能力。这是劳动者的基本素质,是劳动者从事生产活动的物质基础。体育锻炼可以提高劳动者的体力和适应能力,预防疾病,提高出勤率;可以使劳动者体力充沛,精力集中,延缓疲劳,提高劳动效率;可以增加劳动者的技能储备,通过技能转移规律的作用,使之向生产技能转移,提高职工劳动技能水平;可以减少劳动者疾病、工伤等医疗费用支出。

(四)社会体育是提高文化素养的重要途径

社会体育作为一种文化形态,具有自己独特的知识和技能。这些知识和技能构成文化的一部分。要想成为一个全面发展的人,不仅需要有文化知识和文化才干,还必须具有体育方面的知识技能。参与社会体育活动可以使人全身心都得到一定程度的提升,身体方面可以使人掌握正确的技术动作和运动方法,达到强身健体的目的,心理方面可以使人学到丰富的体育知识,掌握一定的体育技能,更能愉悦心理,享受到体育运动带来的快乐。现代社会,不懂得文化知识的人被称作“文盲”,不懂得法律知识的人被称作“法盲”,而不懂得体育知识和技能的人将会被称作“体盲”。

(五)社会体育是调控情绪的途径之一

参与社会体育活动后,可以改善人的情绪状态,提高智力功能;

可以形成良好的团结意识，培养坚强的意志品质；还可以消除疲劳，治疗一些心理方面的疾病。体育锻炼不仅能够使人保持积极的情绪状态，改善心境，而且参加一定强度的体育锻炼对抑郁和焦虑情绪有一定的干预作用，能够起到一定的治疗效果。经常参加体育活动不仅能够促进人的身体健康，而且能够使人们获得积极的心理效益，如提高自信心、改善认知功能、降低抑郁和焦虑等。

二、社会体育在体育中的地位和作用

社会体育作为体育的主体组成部分，它的发展规模和发展水平从总体上反映着体育的发展规模和发展水平。社会体育是体育最重要的组成部分之一，它所达到的高度从一定程度上能反映出体育所达到的高度。社会体育在它的发展过程中会受到多方面的制约和影响，包括整个社会的经济、政治、文化的影响，也包括体育发展方向的影响。根据《中华人民共和国体育法》所体现的体育构成来看，体育分为学校体育、社会体育和竞技体育，学校体育是社会体育的基础，是培养人们终身体育意识的最初阶段，而社会体育是学校体育的再继续。从社会学的眼光审视社会体育与竞技体育时，发现竞技体育是社会关系和社会矛盾的聚焦和折射，它们是一种互动关系，竞技体育需要群众的观赏和参与才能体现出它的活力的价值，社会体育需要竞技体育的比赛精神和形式才能体现出它的魅力与乐趣。

三、社会体育在社会中的地位与作用

（一）社会体育是社会发展的基本内容，是提高国民素质的重要环节

社会体育在社会发展中占有一定的地位，是提高整体国民素质的一个重要环节。社会发展是指整个人类社会的向前运动过程。包括两个方面：第一，纵向，指人类社会由低级向高级的运动发展过程；

第二,横向,指在特定的社会发展阶段中一个社会各方面整体的运动和发展过程。从社会发展的概念能够看出,社会体育能够在一定程度上反映出人类社会物质文明和精神文明的进步程度。社会发展包括人类生活的方方面面,当然也包括社会体育,社会体育是社会发展的基本内容之一,它的发展可以提高社会总体的发展,促进社会总体的进步。社会是人的社会,是以人为本的社会,没有人的全面发展,就不会有社会的全面进步。社会发展为人的发展提供了必须的条件,而人的发展也为社会的发展提供了保证。要想促进人的发展,首先得提高人的素质。人的素质包括软素质和硬素质,软素质包括思想道德方面和科学文化方面,硬素质包括身体素质和心理素质。由此可见,体育在提高国民整体素质中占有重要的地位和作用。目前我国已经全面进入建设小康社会的进程中,而社会体育的建设也是建设小康社会的一部分。发展社会体育有利于促进人际关系的和谐,有利于促进和谐文化的建设,有利于促进人自身的发展,发展社会体育,可以使整个社会都活跃起来。

(二)社会体育是社会文明的重要标志之一

精神文明是人类在改造客观世界和主观世界的过程中所取得的精神成果的总和,是人类智慧、道德进步的状态。主要表现在两个方面:第一,科学文化方面,包括社会的文化、知识、智慧的状况,教育、科学、文化、艺术、卫生、体育等项事业的发展规模和发展水平;第二,思想道德方面,包括社会的政治思想、道德面貌、社会风尚和人们的世界观、理想、情操、觉悟、信念以及组织性、纪律性的状况。由此可以看出,社会体育是人类在长期实践中创造出来的精神文明成果,是一笔宝贵的精神财富,从文化发展的角度来说,社会体育的发展就是继承和发扬社会体育文化的过程。发展社会体育,可以为人们提供更加丰富多彩的体育文化知识和成果,可以使人们享受到文化知识以外的文化内涵。同时也有利于人与人、人与社会、地域与地域、汉族与少数民族之间的文化交流与传播。能够看出，社会体育的功能的发挥为社会的物质文明建设和精神文明建设提供了动力的源泉。

(三)社会体育是综合国力的一种表现

综合国力是衡量一个国家基本国情和基本资源最重要的指标，也是衡量一个国家的经济、政治、军事、技术实力的综合性指标。综合国力的提高也是人的整体能力的提高，人如果没有一个强健的体魄，那其他方面的提高也像是空中楼阁，是没有根基的。社会体育的发展可以增强人们的体质，增进人们的健康，由此增强综合国力。马克思说过，经济基础决定上层建筑。社会体育的发展必须要结合经济的发展，跟上经济发展的步伐，才能更好地向前发展。同时社会体育的发展还能促进经济的发展，社会体育通过增加人们的体育消费来刺激消费，从酒店、旅游、餐饮等各方面带动当地经济的发展，增加就业机会，直接推动生产力的发展。

参考文献：

[1]周学荣，谭明义.社会体育学概论[M].黑龙江：黑龙江人民出版社，2004，8:7-9.

[2]卢元镇.社会体育学[M].北京：高等教育出版社，2002，8:8-13.

[3]李建国，吕树亭，董新光.社会体育[M].北京：人民体育出版社，2004，10:7-9.

[4]马斌.社会体育促进健康的理论与实践[M].沈阳：沈阳出版社，2011，5.

第二章 甘肃省小康社会进程中体育社会化目标

本章概要

20世纪后半叶，我国体育取得了举世瞩目的辉煌成就，为祖国和人民赢得了尊严和骄傲。但是，这一时期的体育发展主要还是以竞技运动为核心，以政府意愿为主导的发展形态。尽管除了竞技运动以外，其他体育形式也得到了一定的发展，但从我国体育的管理体制和运行机制的本质上看，小型多样、自愿组织、丰富多彩的大众体育实际上还处于发展缓慢、投入力度小、体制陈旧封闭的局面。全面建设小康体育就是要推动体育体制由封闭向开放转变，发展模式由局部赶超型向全国发展型转变，发展动力由满足政府需求为主转向满足大众需求为主。

世界大众体育的发展历程由两个时期组成:一是社会体育发展阶段，二是终身体育发展阶段。目前，我国终身体育的基本理念还未能形成全社会的共识。各级各类体育组织不仅在指导思想上未能摆脱实利主义思想的束缚，并且在制度上亦未能建立起以社会体育的理念为指导的原则体系。社会体育是迈向全面建设好惠及十几亿人口的更高水平体育的积累过程。因此,我们小康社会体育进程还需要从比较初步的社会体育阶段开始。建立起与小康社会发展相适应的各种指标,形成具有中国特色小康社会的体育体系。这种新的态度和思路包括两方面:第一,从国际化的背景去思索小康社会体育改革和发展的问题与任务,分析和了解新的体育发展资源,寻求改革和发展的新思路。第二,突破传统体育的范畴,从社会经济和文化更加广泛的领域来思考体育的责任和挑战,从一种更加丰富和复杂的关系中把握小康社会体育发展的规律和新的生长点。

本章从马克思、恩格斯辩证唯物的基础理论出发,以科学的发展观为指导,总结了在不同物质生产方式的社会条件下体育的需求和发展选择。客观分析了甘肃省小康社会进程中体育的政策法规、运行机制、社会基础、大众健康水平、体育基础设施和体育产业状况等体育社会化发展现状。在总结已有研究成果的基础上,探索性地提出了以"提高体育产品和服务的供给能力,满足人民群众日益增长的多层次、多样化的需求,让大众分享体育发展的成果和利益"的小康社会体育的总目标和发展方向。通过专家问卷,参照《中国体育事业评价指标》,对甘肃省体育社会化的程度、特点、形式进行调查与分析的基础上,构建了甘肃小康社会体育社会化评价指标。

第一节　小康进程中体育社会化目标研究的理论基础

一、马克思主义哲学的理论起点

存在决定思维、物质决定意识,是马克思和恩格斯的唯物哲学观。物质资料生产是一切生产的前提,物质资料的获得方式——生产方式随着生产力的发展而发展。“随着新的生产力的获得，人们改变自己的生产方式，随着生产方式即谋生方式的改变，人们也就会改变自己的一切社会关系。手推磨产生的是封建主的社会，蒸汽机产生的是工业资本家的社会。”因此，“每一历史时代主要的经济生产方式和交换方式以及必然由此产生的社会结构，是该时代的政治和精神的历史所赖以确立的基础，并且只有从这一基础出发这一历史才能得到说明。”

物质生产决定人的精神世界，人们的观念、思维最终来源于人们物质交换的关系。人类的精神文化是物质世界的反映，是物质资料生产方式的社会表现。在一个较长的历史时期内生产力的发展从根本上制约着社会文化的发展，物质生产是一切生活活动的基础，什么样的物质生产方式决定了什么样的社会结构和精神文化。体育的产生和发展也无法逃脱物质生产方式的制约。体育理论的研究必须遵循这一规律，才能清楚地把握体育发展的历史形态和本质特征。

二、纵向认知体育的新视角

社会是自然与人的统一，是处于不断运动变化发展中的。“一切依次更替的历史状态都只是人类社会由低级到高级的无穷发展进程中的暂时阶段。每一个阶段都是必然的，因此对它发生的那个时代和那些条件来说，都有它存在的理由；但是对它自己内部逐渐发展起来的新的、更高的条件来说，它就变成过时的和没有存在理由的；它不得不让位于更高的阶段，而这个更高的阶段也要走向衰落和灭亡。”社会和自然界进化的规律一样，遵循着由低级到高级、由简单到复杂的过程。

关于社会形态的演进，恩格斯总结摩尔根的论述为：“人类社会分为蒙昧时代、野蛮时代和文明时代。蒙昧时代是以获取现成天然的产物为主的时期,人工产品是用作获取天然产物的辅助工具;野蛮时代是学会畜牧和农耕的时期,是学会靠人的活动来增加天然产物生产方法的时期。”文明时代是学会对天然产物进一步加工的时期,是真正的工业和艺术的时期。马克思在认识社会形态演进时从社会生产关系着手,将社会发展分为五种形态:原始社会、奴隶社会、封建社会、资本主义社会和共产主义社会。“马克思还根据社会生产的不同技术形式为依据,将社会发展划分为四种经济形态:石器时代、青铜器时代、铁器时代和机器时代。机器时代,则是自资本主义工业革命完成以后社会生产所具有的典型特征,这一生产时代包括资本主义社会和共产主义社会(低级阶段和高级阶段)两大社会形态。”另外,马克思根据生产力发展水平与生产关系中人和物的关系的性质将社会分为三种形态:自然经济——人对人的依赖关系;商品经济——人对物的依赖关系;未来社会——人的自由全面发展。马克思的三形态图式、四形态图式或五形态图式都有各自的特点,为我们纵向认识社会发展提供了科学理论根据。为此弄清社会纵向发展历程会更清晰地把握体育的发展历程,对体育研究做出新的理论突破。

三、人类体育需求行为是人的社会性特征

人区别于动物的特征在于人具有社会性,人是有思维、有意识地进行社会生产。“人的本质不是单个人所固有的抽象物,在其现实性上,它是一切社会关系的总和。……动物能做的最多是收集。而人则从事生产,制造最广义的生活资料。”人能够客观地改造世界。“动物仅仅利用外部自然界,简单地通过自身的存在,在自然界中引起变化;而人则通过他所做出的改变来使自然界为自己的目的服务,来支配自然界。……人自身作为一种自然力与自然物质相对立,在进行生产的过程中人就使他身上的自然力——臂和腿、头和手运动起来,

通过这种运动作用于他身外的自然并改变自然时,也就同时改变他自身的自然。”

人是社会的人,人的活动是有意识的,能够创造工具改造自然界。人的活动在改变自然的同时,也改变着自身。人类通过生产劳动在社会中结成一定的社会关系,通过分工和协作,联合集体的力量改造自然维持整个人类的生存和发展。随着生产的发展,人类在改造自然和社会的同时,逐步意识到改造自身的重要性,改造自身自然是体育最淳朴的动机。当社会发展到一定阶段时,体育的社会文化形态就产生、发展。因此,根据人具有的社会性特征,从作为社会性动物有意识改造自己身体的思维出发,是分析人类主观需求体育行为的理论源头。

四、“人的需求”理论表明体育是人类社会一定历史阶段的必然产物

人的需要是受到社会生产力发展水平所制约的。根据马克思关于人的需要的生存、享受和发展层次的分类:在生产力水平较低的自然经济时代,人的需求基本处于生存的层次;而社会进化到生产高度发达的现代社会,人的需求基本处于享受与发展的层次。不同的社会发展阶段,人类的需求层次不同,决定了身体活动文化的表现形式也不同。在原始的天然经济社会,人类的一切活动都是为了满足基本的生存需要,身体活动形式主要为生产性的体力劳动。人类开始借助自然力的自然经济社会,绝大部分的生产目的还是为了满足生存的需要,社会开始出现极小部分有闲阶级,“娱乐和休闲”的需要有所体现,娱乐和竞技性体育萌芽形式的身体活动在社会上有小范围的出现;工业经济时代,生产工具的革新引发了人们新的需要,工人劳动的异化和固定闲暇时间的出现,享受和发展层次的需要突现,于是近代体育从工业化社会较早的西方产生。体育成为工作之余身体放松的有效手段,全社会形成培养劳动力、增强体质的目标。

五、马克思关于人的全面发展理论明确了身体教育的重要作用

大工业时代的自然分工和流水作业造成工人的身心片面发展,是马克思和恩格斯发展全面教育理论的基本依据。"由整个社会共同地和有计划地来经营的工业,更加需要才能得到全面发展、能够通晓整个生产系统的人。教育将使年轻人能够熟悉整个生产系统,将使他们能够根据社会需要或者他们自己的爱好,轮流从一个生产部门转到另一个生产部门。因此教育将使他们摆脱现在这种分工给每个人造成的片面性。"这种片面性劳动对工人身体的异化作用,迫切需求对身体的教育。"教育被理解为以下三件事:第一,智育;第二,体育,即体育学校和军事训练所教授的那种东西;第三,技术教育,这种教育要使儿童和少年了解生产各个过程的基本原理。"马克思理论上明确了体育作为全面发展教育的一个重要方面。

"在社会主义社会中,劳动将和教育相结合,既使多方面的技术训练,也使科学教育的实践得到保障。"劳动与教育的结合起来是马、恩教育方法的主流思想,其中德育和体育相结合达到人的全面发展之观念成为近代体育发展坚实的理论基础。

六、人的自由全面发展学说指出了体育发展的终极目标

马克思第一次确立了科学的人的发展观:"人的发展是一个社会历史过程,它是与生产的发展相一致的。"马克思在对人的片面发展的历史和现实进行考察时,社会的经济事实,社会的生产方式,是他最根本的出发点,这正是马克思得以建立科学的人的全面发展的关键所在。"自由发展"是指个人的发展不屈从于外在目的,不屈从于任何活动和条件,个人可以根据自己的兴趣和爱好自由地从事多方面的活动和发展多方面的能力。马克思主义个人全面发展的真正内涵

是,个人劳动能力的全面发展,即作为劳动能力构成要素的智力和体力在个人身上的统一和充分发展。可以理解为:人的全面发展首先是个人身心统一、充分的发展;个人的全面发展必须统一于物质生产过程;个人的全面发展,是一切社会成员的全面发展;社会生产力发展状况是人的发展的物质前提,社会关系和分工决定人的发展的性质和方向,社会需要、社会环境和教育决定人的发展的程度。人的发展水平在不同的历史阶段表现不同,由生产力发展水平、社会关系性质以及个人在社会关系中所处的地位决定的。

生产力发达的工业社会,由于片面异化劳动和信息社会,人类的智力劳动逐步取代体力劳动,从而出现身体的片面发展、体质的弱化、健康水平降低,这些无疑都要求人类要回归本源:身体与智力的协调全面发展。体育以其特有的本质属性——身体活动性,成为促进人的身体和心理协调全面发展的重要途径。体育运动是对人产生生活和文化双重影响的活动,是未来社会有效维护健康的积极方式。在新的生产方式所带来的体力劳动比例下降,身体负荷由全身性向局部性转移,脑力负担加重,工作节奏加快等现象的影响下,人们客观上就出现了运用适宜的活动来进行自我调节的需要。于是,利用体育活动来弥补身体活动的不足或者使身体的局部紧张得到缓解、精神得到放松等就成了人们的主观意识,这同渔猎时代体育和生产劳动关系的混沌状态,冷兵器时代体育与军事的密不可分,工业时代体育主要为工作做好体力方面的准备的价值观念是截然不同的,社会体育的价值取向必然会随着社会生产方式的调整而出现适应性变化,表现出多元化的特点。

七、小康社会体育发展的理论框架

体育作为人类积极维护自身健康的活动,是人类文化的积淀和理想的追求,是人类身体和精神的乐园,它所弘扬和表达的,是生而为人的意义和价值——健康、强壮、快乐、豁达、平等、自由、善良、竞争和爱。体育作为一种"玩"的身体文化,通过给人带来欢乐的方式,显现出对人类的终极关怀。

在体力作为生产力重要组成部分的年代,体育培养体力强壮的生产者,可以生产更多的物质财富;增强体质就是增强生产力,几乎可以直接导致产量的增加;生产的目的是为了再生产,体育提高体力相当于提高生产力,在那个时代这样的理论得到认可是历史决定的。

进入21世纪,我们的身体运动方式在整体上突然脱离了生产劳动领域,而且出现了违反生物节律和其他自然规律的异化状况;在生产方式快速升级、体力劳动大幅减少的背景下,人类整体上突然出现"肌肉饥饿",使我们不得不在生活的休闲时间里迅速增加身体活动量。

随着时代的发展,脑力劳动已在生产活动中跃居主导地位,体力不再作为关键的生产力要素,并使人的身体活动单调化,劳动也就丧失了对体力的需求,人类失去了生物适应的自然选择,因此人们比以往任何时候都需要体育。从某种意义上说,从生产到生活,使体育具有了更重要的价值,体育从主要满足生产需要而对人体的"修复"转向了真正为了人的全面发展的"完善"。

生产目的的变化也导致体育功能的转变。传统的生产很大程度是为了扩大再生产,最大限度地增加物质财富,追求利润最大化,但现代的生产必须顺应人类社会的可持续发展,经济建设的目的是为了让人过上更好的生活。通过愉快而健康的身体活动来提高人民的生活质量,是体育新的发展趋势。今天,中国跨入全面建设小康社会的历史时期,体育作为生活质量提高的一个标志;让娱乐发挥其吸引人参与体育的魅力,游戏成为体育活动的灵魂轴心,竞技在体育里如同人体的激素,健康反映出体育融入生产方式的更高目标,这样将形成一个新的理论框架。而小康生活是几千年来就一直向往的休闲生活状态。进入全面建设小康社会的中国体育,其社会功能正在发生明显的转变。小康社会和休闲时代的到来,使体育具有"从生产到生活"的社会条件,提高生活质量促使对健康的追求,"从群体到个体"的主要服务对象。新时期人文体育潮流对娱乐功能的强调,促使体育从"工具到玩具"的形式转轨,也体现了经济发展到一定水平和人们对幸福生活的追求,表现着人类自由精神的指向,反映出体育作为文化的真正魅力。体育的宗旨将充分体现"为了每个人的全面发展"的人文本体价值。

第二节 甘肃省全面建设小康社会的发展目标

一、小康的概念

"小康"是相对"大同"而言的,"小康"和"大同"语出《礼记·礼运》,最初它们被中国古代儒家学派用以描述两种社会状态。他们从历史循环论的观点出发,把"大同"社会描述为天下为公的最理想社会,或者说是儒家的"乌托邦";而"小康"则是天下为家,靠礼仪关系维持的社会。

很长时间以来,民间把在经济上薄有资财,不愁温饱,可以安然度日的家庭称为小康之家。小康既区别于家财万贯的富庶之家,也区别于贫困拮据、不得温饱的穷苦家庭。鲁迅先生在《呐喊》自序中说:"有谁愿小康坠入困顿的么?"可以看到,一直到现代,小康这个概念是群众中十分熟悉、通俗的习惯用语。历史上,政治家、思想家则常常把这个群众熟悉的小康概念,用来作为社会理想来宣传。

随着时代的变迁,小康含义也随之发生变化,其内涵日益向广度和深度发展,从古代对丰衣足食、安居乐业生活的形容,发展到对现代意义上更高的生活水平的描述。

改革开放后,邓小平同志针对我国基本国情,对"小康社会"这一概念赋予了马克思主义的科学内涵,作为中国社会现代化发展目标提了出来。"从1981年开始到20世纪末,花20年的时间,人均国民总收入翻两番,达到小康水平,就是年国民生产总值人均800到1000美元。"1987年邓小平同志按三步走的战略构思,再次提出了实现小康的目标,他指出:"我们原定的目标是,第一步在20世纪80年代翻一番。以1980年为基数,当时人均国民生产总值只有250美元,翻一番,达到500美元。第二步到20世纪末,再翻一番,人均达到1000美元。实现这个目标意味着我们进入小康社会,把贫困的中国变成小康的中国。"

党中央和国务院从我国国情和人民生活习惯出发,对小康水平的内涵及其具体蓝图做了概括性描述。"我们所说的小康,是适应我国生产力发展水平,体现社会主义基本原则的人民生活的提高,既包括物质生活的改善,也包括精神生活的充实;既包括居民个人消费水平的提高,也包括社会福利和劳动环境的改善。"到20世纪末人民生活从温饱达到小康,生活资料更加丰富,消费结构趋于合理,居住条件明显改善,文化生活进一步丰富,健康水平进一步提高,社会服务设施进一步完善。因此,赋予概念的新内涵,使它既反映历史的进步、时代的特征,又体现政治、经济和社会发展水平。我们把小康或小康水平作为一种介于温饱与富裕之间的生活发展阶段,从广义的角度研究这种特定阶段的社会发展水平,以反映社会经济发展水平,人民物质和精神生活水平、社会环境发展和社会进步程度。

二、小康社会特征

(一)一般特征

从目前看,小康是指居民生活资料相对宽裕,丰衣足食而有余,人民生活需求从数量型向质量型转化的生活水平状态。"吃"的方面,由"吃饱"转向"吃好",讲究营养的科学摄入,食物的质量不断提高;"穿"的方面,衣着的作用不再只是"御寒遮体",人们逐步转向追求美观和体现个性;"住"的方面,人们不再只是图个栖身之所,而是更加讲究陈设和居住环境;"用"的方面,随着科学技术的发展,家庭电气化程度不断提高;在精神生活上,居民将有更高的追求,文化知识水平将比温饱阶段提高一个层次,精神需求品显著增加;生活环境和劳动环境进一步改善,健康水平不断提高。所以,小康作为衡量介于温饱与富裕之间居民生活水平的标志,具有以下主要特征:

1.阶段性

小康是在一定时期生产力水平下定义的,具有历史的阶段性特征。小康作为现代意义上居民生活水平的一个次高级发展阶段,其含义显然较历史概念有所拓展。

2.客观性

小康虽然具有阶段性,但其内涵是确定的、客观存在的,是由该阶段生产力水平、社会、经济发展状况所决定的,不同于温饱和富裕等生活水平。20世纪末小康生活水平是指,经济和社会有较大发展,居民生活质量和环境有提高和改善,人均GDP、居民收入和消费水平达到中上等国家平均水平。

(二)现代特征

小康水平是介于温饱和富裕之间的一个生活发展阶段。这个阶段,我国整体经济实力将进入世界中等发达国家水平,人民生活质量在温饱基础上进一步提高,达到丰衣足食、安居乐业、生活殷实的水平,但还不够富裕。1990年世界银行以人均国民生产总值作为主要衡量标准,对世界各国人均生活状况做了这样的划分,人均600美元以下为低收入国家,610美元—2400美元为中等收入国家,6020美元以上为高收入国家。按照这个标准划分,我国的小康水平即相当于世界中等收入国家的平均水平。

三、目前中国小康社会发展的现实状况

正如十六大报告明确指出:"现在达到的小康还是低水平的、片面的、发展很不均衡的小康。"也就是修改后的《中国共产党党章》中论述的中国目前"初步达到小康水平"。2001年我国人均GDP为7543元(折合912美元)。全国城镇居民年人均可支配收入6859.4元,月均571.6元(折合69美元),恩格尔系数37.94%。2001年农民年人均纯收入2366.4元,月均197.2元(折合23.8美元),恩格尔系数为47.41%。一般说来,恩格尔系数高于60%以上为绝对贫困,56%~60%为温饱,40%~50%为小康,30%~40%为富裕,30%以下为最富裕。用恩格尔系数来衡量,我国城镇居民已经实现了小康,进入初步富裕,但占人口总数62.3%的农民则刚刚进入小康的门槛。而且至今还有3000多万贫困农民连温饱都没有解决。城市也有2000万人口的收入在最低生活保障线以下,还有约1000万的下岗失业人员。且城乡差别和地区差距的扩大以及城乡发展不协调、不平衡的等矛盾亟待解决。因而,我们现在达到的小康确实还很不平衡,还是低水平的小康。

虽然过去24年我国经济保持了年均增长9.3%的高水平,但毕竟人均GDP才1000美元,与发达国家的2万、次发达国家的1万相比,差距很大。这是其一;其二,国内地区人均GDP高的达4000美元(上

海),低的才300美元(贵州省),差距很大,发展的空间也很大;其三,以我国经济总量占世界经济总量的比重来分析,虽然我国的人口占世界人口的22%左右,但经济总量只占不到4%。我们的人口比美国多3倍,美国经济比我们大9倍。如果经济比重与人口比重相适应,就算前者只达到后者的一半,那也意味着经济可翻两番;其四,我国城市化水平很低,2001年只有37.7%,城乡差距也很大。城市化水平每提高一个百分点,都会创造数千亿元的需求,带来GDP的1到2个百分点的增长;其五,从产业差距来看,我国第三产业只占GDP的1/3,而发达国家占60%～70%。服务业比重每提高一个百分点,就会带来GDP近1个百分点的增长。即使与45%左右的世界平均水平相比较,我们也还有10个百分点的增长空间。

近几年来,推动经济增长更多是靠政府实施积极财政政策创造了需求,随着经济体制改革的深化,政府主导的格局逐步向民间主导格局转变,市场本身创造的需求越来越大。就拿民众的金融资产来说,去年底已达到11.2万亿元,第一次超过了国有资产10.9万亿元的规模,这是我们发展经济的重要资源。随着民众创业热情的进一步激发,创业环境的进一步改善,它一定能创造出更大的需求。从世界经济发展的大趋势看,中国正在成为投资者越来越看好的投资热土。其原因有三个:一是劳动力数量充足、质量不低、价格相对低廉;二是近13亿人口的巨大国内市场,潜力还远未释放完;三是有相对较为发达完善的工业体系,产业链比较齐全。发达国家已发展到信息化社会,而我们刚发展到工业化中期,通过走新型工业化道路,就具备了跨越式发展的条件。这些潜能的发掘,正是我们实现目标的现实条件。

经济方面,据专家测算中国经济至少还有20年以上7%～8%的高增长。如韩国和我国台湾,从它们经济起飞算起,高增长都持续了

40年。我们有比它们更多的劳动力供给,有更大的市场规模,把握得好就会有更长时间的高增长。也只有更长时间的高增长才能更好地解决中国的问题,比如城市化问题、工业化率问题等。一个国家衡量工业化率一般从三次产业在国内生产总值中所占份额和就业份额两个指标来考核。2000年我国第二产业的国内生产总值占到全部国内生产总值的50.9%,这表明已经初步实现工业化。但2000年的三次产业就业份额分别为50%、22.5%、27.5%,还远未达到工业化发展水平。全面小康社会是社会的整体进步,除了经济的发展外,强调民主更加健全,科教更加进步,文化更加繁荣,社会更加和谐,人民安居乐业。

在文化方面,更注重社会文化的内涵,要为新的时代建立新的社会价值体系与行为方式,为新时代的到来提供源源不断的强大动力。2020年前,中国仍将存在农耕经济、工业经济、知识经济等不同发展模式共存局面,由此就会产生一定的利益矛盾、发展取向矛盾。先进文化善于整合、化解它们之间的矛盾,使它们互相沟通,相互协调,相互兼顾,形成优势互补,为社会稳定与发展提供强大的凝聚力,并使全体人民始终保持昂扬向上的精神状态。

国际经验告诉我们,人均1000美元是一个国家经济发展非常重要的战略关口。在这个关口上,有的国家跃起腾飞,有的国家则长期徘徊。比如从1000美元到4000美元,美国花了100年,日本也用了70年。而印尼、菲律宾在此起点长期低水平徘徊。

日本人均GDP突破1000美元是1966年,而1968年日本的国民总收入达到1000亿美元,超过当时的英国、法国和西德,在经济规模上成为仅次于美国的第二经济大国。但是这一年日本的人均GDP仍排在世界的第20位。1971年人均GDP突破2000美元,1973年达到2964美元。这一时期的显著特征是社会均等化发展,首要标志是经济收入差距缩小。在持续18年的高速增长时期,“终身雇用”等日本式经营制度促使日本实现了发达国家中最高的就业率。税收政策有效地发挥了缩小阶层差异的作用。构成战后初期最大社会差别的农户与城市工薪家庭的消费支出水平在1973年发生了逆转,消除了城乡二元结构。引人深思的是,社会的均等化发展又成为日本自民党长期稳定执政的重要社会基础。

四、甘肃省小康社会的发展指标

到2020年,中国全面建设小康社会的基本标准:一是人均国内生产总值超过3000美元,达到当时中等收入国家的平均水平;二是城镇居民人均可支配收入到2020年达到18000元;三是农村居民家庭人均纯收入8000元;四是城乡恩格尔系数25%～35%;五是城镇人均住房建筑面积达到30平方米;六是城镇化率达到56%;七是居民家庭计算机普及率达到20%;八是大学入学率达到20%;九是每千人医生数达到2.8人;十是人均预期寿命达到75岁;十一是城镇居民最低生活保障率达到95%以上;十二是城乡居民收入差距控制在1.5∶1。

《甘肃省全面建设小康社会规划纲要》具体提出小康社会目标,第一步,从2001年到2010年。目标是:超越总体小康水平,奠定建设全面小康社会的坚实基础。集中力量抓重点,全力以赴打基础。经济增长速度力争高于全国平均水平,年均达到9%以上。到2005年超额完成第十个“五年计划”;2008年国内生产总值比2000年翻一番;2010年国内生产总值达到2330亿元(2000年价格,下同)。城镇居民人均可支配收入年均增长8%,达到10500元。农民人均纯收入年均增长6%,达到2560元。三次产业结构比例由2000年的19.7∶44.7∶35.6调整为13∶48∶39,城镇化率每年增加1个百分点,达到34%

以上。完成工业化初期向中期阶段的过渡，社会事业得到全面发展。

第二步，从2011年到2020年。目标是：初步建成全面小康社会，有条件的地区率先实现全面建设小康社会的目标。经济增长速度力争达到10%左右，在2016年实现国内生产总值比2000年翻两番。到2020年国内生产总值达到6040亿元，人均国内生产总值达到21200元；城镇居民人均可支配收入达到20000元；农民人均纯收入达到5000元；产业结构更趋合理，第三产业增加值比重达到45%；城镇化率达到55%左右；恩格尔系数城市35%、农村40%；人均预期寿命75岁；而城镇人均住房建筑面积、居民家庭计算机普及率、大学入学率、每千人医生数和城镇居民最低生活保障率与全国持平。新型社会格局基本形成，可持续发展能力明显增强，物质文明、政治文明、精神文明协调发展。

第三节　甘肃社会发展水平与体育社会化发展现状分析

社会评价指标是如实反映各地区发展中的进步和差距，反映了社会与经济的协调度，揭示发展中存在的矛盾和问题，可为各地区决策部门提供决策的科学依据。

一、全国与甘肃社会发展水平的比较(以2000年为例)

(一)社会结构

社会结构包括产业结构、城乡结构、投资结构和就业结构等8个指标。社会结构的优化是提高经济效益的基础和促进社会经济协调发展的前提条件。社会结构的全国平均得分为10.9分，北京、上海最高，分别为18.1和17.2；甘肃为8分。从主要指标看，第三产业从业人员的比例是反映社会化、现代化的重要指标，全国平均为27.5%，京、沪、津最高分别为55.9%、44.1%和39.1%；甘肃为26.5%；反映城市化水平的城镇人口比重，沪、京、津三市最高，分别为88.3%、77.5%、72%，甘肃为24%；实际失业率包括登记失业者和国企下岗职工，实际失业人数共有1200多万人，失业率为6.4%。北京市较低为2.3%，甘肃为10.4%；出口占GDP的比重差异很大，广东最高达80%，甘肃仅为5%，差距较大。

（二）人口素质

人口素质是实现现代化、促进社会进步的重要因素，同时又是社会发展的成果，它由文化素质、科技素质、身体素质等8个指标组成。全国平均9.9分，上海、北京、天津最高分别17.2、18.1、15.1，甘肃为8.4%；初中以上文化程度人口占总人口的比例，全国为47.8%，北京、上海分别为74.4%和70.8%，甘肃为36.5%；每万人口医生数全国地区性差距不大，全国平均为16.4人，甘肃为14.7人。

（三）经济效益

经济效益是社会发展和生活质量提高的基础，也反映经济增长的质量。它由人均GDP等8个指标组成。全国平均得10分。上海、北京、天津、江苏最高，分别为15.4、14.7、13.0、13.2，甘肃为4.9，处于最低位置；人均GDP反映经济社会发展总水平，全国平均为7078元，上海、北京、天津最高分别为3.45万元、2.25万元、1.80万元，甘肃为3838元；人均地方财政收入地区间差距较大，全国平均507元，上海为3084元、北京为2615元、天津为1363元，广东为1144元，甘肃为240元；工业企业总资产贡献率反映工业企业的综合效益，全国平均为9.0%，黑龙江和云南最高分别为21.6%、15.8%，甘肃为5.1%。

（四）生活质量

以人为本的发展的最终目的是生活质量的提高，而生活质量的提高又是促进社会经济发展的动力。它涵盖居民的物质生活、精神生活和环境质量等三个方面。全国平均得分18.5。最高为北京、上海、天津，得分为29.8、28.0、26.0，甘肃为14.9。城镇居民人均可支配收入的全国平均值为6280元，上海达1.17万元、北京为1.04万元、广东为0.98万元、浙江为0.93万元。农民人均纯收入的全国平均值为2253元，上海、北京高达5596元和4605元，甘肃为1429元。

（五）社会秩序

社会秩序是保证社会稳定发展的前提，由刑事案件、交通、火灾等指标组成。全国平均得5.2分，北京、上海最低，分别人3.7和3.6，甘肃为6.0。每万人口刑事案件立案件数的全国平均值为28.8件，上海、北京、浙江最高，达62件～67件；西部地区较低只有10件～20件。每10万人交通事故死亡人数的全国平均值为7.4人，宁夏、西藏、新疆和浙江最高，达16人～13人，甘肃为9人。

（六）政策法规

体育是社会发展的产物，它对社会发展起积极的促进作用。体育社会化，就是由全社会来办体育，发挥体育的社会功能，使体育成为社会活动的重要形式。体育社会化也是提高我国全民族人口质量最基本的途径。国务院《全民健身计划纲要》的颁布，是实现体育与国民经济和社会文化协调发展，全面提高中华民族的体质与健康水平的新时期的国家目标。那么《中华人民共和国体育法》的颁布，则是体育工作从此有法可依，体育事业踏上了依法行政，依法治体的新里程。而《国民经济和社会发展"九五"计划和2010年远景目标纲要》提出：要"形成国家和社会共同兴办体育事业的格局，走社会化、产业化的道路"。这是党和国家对体育事业和人民健康的关注，并第一次将体育社会化、产业化写入跨世纪的纲领性文件中，明确地指出了体育事业改革发展的方向和道路，为21世纪我国体育走社会化、产业化道路奠定了重要的政策、理论和法律基础。为了推进体育社会化,落实全民健身计划,1995年2月,“甘肃省实施全民健身计划委员会”成立,全省14个地、州、市以及大部分县市、大型企业也相继成立相应机构。省政府向全省发布《甘肃省全民健身计划实施方案》。有关部门制订和发布了《2003年—2008年甘肃省实施〈全民健身计划纲要〉第二期工程工作计划》。强调要推进体育社会化,实施全民健身战略,提高劳动者身体素质。目前,一个以全民健身为基本内容,初具特色的群众体育社会化网络体系在全省初步形成,并在运作中取得显著成效,为甘肃体育的社会化进程奠定了政策性保证。

二、甘肃省体育社会化现状

现代体育的社会功能已大大超出增强人民体质的范围,成为改善生活方式和提高生活质量的不可缺少的因素。构建和谐社会是当代中国社会发展的首要任务,体育作为促进社会和谐发展的重要内容有其独特的社会作用。在小康社会进程中体育社会化研究其意义在于为政府决策部门和大众从社会学角度认识体育角色的形成提供参考,从而使社会能创造更好的、便于市民成为体育角色的社会环境、政治、经济环境并促成大众都能喜欢体育的心理状态。

(一)体育社会化的政策管理和法律保障机制

新中国建立50多年来,我国体育事业逐步形成了层次制和分职制相结合的管理体制,即自上而下分为若干层次,层次越高管辖范围越大,国家体育总局为体育运动管理的最高层次领导,通过制定体育管理的方针、政策及有关法规、条例,对全国体育事业实施领导。各省、自治区、直辖市人民政府所属的体育部门属第二层次,它们在贯彻执行体育总局制定的体育管理的方针、政策、法规、条例的同时,还结合本身局部的实际情况,制定相应的体育管理法规、条例,对本省、自治区、直辖市的体育事业进行调控。各地(市)、县体育主管部门是体育管理的第三层次领导。其特点是职权明确,体育资源由国家控制,甘肃省也沿用这一管理机制。为了进一步加快发展我省体育事业,促进全省经济发展和社会进步,甘肃省委、省政府出台了《关于进一步加快发展体育事业的决定》,将体育事业发展作为我省全面建设小康社会的大事来抓,对全民健身、竞技体育和体育产业的发展有了新的历史定位和决策方向,对体育社会化进程必将有积极的促进作用。

(二)甘肃省全民健身活动状况

据甘肃省体育局统计资料显示,"九五"末全省经常参加体育锻炼和活动的人数增加到870万,占全省总人口的33.96%;学校施标率和达标率分别达到97.02%和93.41%。体育教育与业余训练形成规模。全省有5所大专院校开设了体育专业,有6所师范学校开设了体育班,有8所高等院校试办高水平运动队。全省已建成中等专业运动学校10所(其中三所已被国家体育局确定为输送高水平运动员基地),重点业余训练学校83所,开展传统体育项目训练学校613所。到2002年底,全省已有各级社会体育指导员12500人,已成为全民健身指导工作的中坚力量,为体育社会化进程提供了极好的人才保障。

自1996年实施全民健身计划以来,全省每年坚持开展"百万农民健身活动",年均有300万人次参加各类体育活动,组织各类体育比赛近万次,到2000年已涌现出"全国体育先进县"10个,"全国田径之乡"2个,"全国武术之乡"2个;建成全省体育先进县14个,占全省87个县的16.1%,体育达标县54个,占62.1%,先进乡(镇)235个。现在全省每年坚持举办一次以上农牧民运动会的乡镇达到65%,到2002年经常参加体育锻炼的人数达到892.9万人,占全省总人口的34.8%。这为甘肃省体育社会化进程奠定了良好的基础并起到了积极的促进作用,但与发达省份相比还有较大差距。

(三)甘肃省体育场地设施现状

由于群众体育不断向深度和广度发展,体育基础设施得到改善,截至2003年底全省各级各类体育场地发展到21900个。但与社会发展相比,现有体育场地严重不足,人均占有的体育活动面积只有0.76平方米,人均比全国低0.27平方米。而且绝大部分体育场馆集中在城市,农村极少,城市中的大部分场地又多集中在学校,教育系统体育场地占全省体育场地总数的80.6%。为此马路、广场和公园就成为健身爱好者的"乐园"。

自实施全民健身工程以来,国家体育总局共投入彩票公益金1129万元,甘肃省投入2037万元,地方各级政府配套投入995万元。新建成健身工程187个,健身路径218条,工程和路径分布在全省14个地州市63个县,在一定程度上缓解了人民群众对健身场地设施日益增长的需求,受到社会各方面的好评。为了解决甘肃体育基础设施薄弱,人均占有体育场地面积和经营投入低于全国平均水平这一现状,甘肃省体育局决定每年在全省要新增80条健身路径,并每年从省级体育彩票公益金中划拨出200万元作为引导资金,支持基层场地和路径建设,这些体育场馆设施必将会有较大改善。

(四)甘肃省体育产业发展现状

目前,我省已有70%的体育单项协会推向社会,并逐步实现实体化。各级体育协会组织形成网络,各类体育俱乐部迅速发展,国家和社会共办体育的格局正在形成。群众的体育消费观念不断增强,体育表演、竞赛、健身娱乐和体育用品市场得到开发,体育彩票为主的体育产业已逐步成为扩大内需、促进经济增长的重要方面。

各地发挥各自优势,抓住西部大开发机遇,依托体育社团组织,有计划组织大型群众性健身表演比赛,2004年度承办全国、全省高水平竞赛表演共7项20多次，2003年承办全国、全省高水平竞赛16次。采取市场运作，积极引导大众体育消费，营造良好的体育市场氛围，取得了较好的社会效益与经济效益。

近几年来体育旅游业的已初步成为甘肃特色项目，如徒步穿越酒泉的沙漠与戈壁、玉门关——嘉峪关——山海关的汽车、房车越野和爬海拔5483米的祁连大雪山等。到2004年底，有30多个国家和地区8000多人次来我省开展体育旅游活动，体育日益成为甘肃联络世界、促进经济发展的桥梁和纽带。

目前甘肃省尚无“体育职业市场”，但业余“体育市场”正在不断发展和壮大中，我们有理由相信，在不远的将来，一定会有甘肃的“体育市场”。

（五）全民健身服务业发展现状

服务业的发展离不开当地居民消费水平和市场规模。随着我省国民经济的快速增长和人民生活水平的不断提高，我省城乡居民体育锻炼和体育消费意识不断增强，体育消费支出不断增加，满足广大人民群众多元化体育健身需求的全民健身服务业也将会有巨大的发展空间。一些深受广大群众喜爱的体育娱乐项目和健身场馆逐步成为社会投资的热点，健身服务投资多元化的局面正在形成。据调研，全省共有各类体育场馆8930个（甘南、临夏两州未调研），其中体育系统182个，各类学校6165个（城市社区1676个，农村乡镇967个），所有场馆均向社会开放。截至2003年底，全省共有不同所有制健身服务业经营单位3965个，其中个体民营经济投资兴建的全民健身服务业单位1054个，占36%；健身服务业从业人员25172人，其中个体健身服务业从业人员10896人，占总数的43%；个体民营经济投资兴建全民健身服务业总金额近4000万元，并且呈明显的快速发展趋势；2002年—2003年全省个体健身服务经营收入约500万元。全省经常开展的体育经营活动项目有十几类,群众首选的项目依次是健身、棋牌、垒球、乒乓球、羽毛球、保龄球等项目。经常参加活动的人数平均每月达到90多万人次。在我省全民健身服务业发展中,个体健身服务业单位占有明显比重,它们为繁荣健身服务业市场、满足广大人民群众健身需求、促进体育产业发展、扩大就业渠道发挥着重要的作用。不足之处是他们所拥有的固定资产少,发展规模小,市场竞争力弱,经济效益偏低,从业人员整体素质有待进一步提高。

(六)甘肃省居民体育消费状况

城乡居民体育消费受当地社会和经济发展水平等因素的影响,随着城乡居民收入的增加,体育消费支出的比例也在发生变化。从国民生产总值来看,中等收入的国家国民生产总值年人均2040美元,而我国2003年达到1000美元小康标准,这是影响我国文化娱乐消费支出的最基本因素,尤其是对体育消费水平的增长。

据调查资料表明,2001年我省城市居民对体育的投入主要去向是以运动服装鞋袜等体育实物消费资料为主,占体育消费支出的42.42%,体育信息消费支出占15.8%,体育劳务消费占14.48%,体育服务消费占16.5%,其他体育消费占10.77%。也就是说,我省居民的体育消费正朝多元化发展。居民体育消费的总体变化趋势是随着经济的逐年增长,呈上升趋势,其原因为个人收入的增长和国家推行"全民健身计划"和体育产业化的影响。但农村居民总体体育消费水平在上升中有下降,其原因是农民收入增长极为缓慢,且差距较大,而农村体育消费的主要群体是学生,他们几乎占家庭体育消费的80%,大部分农民还根本谈不上体育消费,尤其是那些还未解决温饱问题的农民,体育消费对他们来说是奢望或者不可思议,或者持体力劳动就是体育锻炼的观念。现有体育设施及其配套服务集中在城镇,也是影响农民体育消费的主要制约因素,多方原因造成城乡体育消费的巨大差距。

（七）甘肃省体育总会与体育社团

甘肃省体育总会，垂直辖设14个市（州）体育总会，各行业都拥有各行业体育协会，其主要任务是形成以大众服务体系为主要内容的全民健身体系。

甘肃省体育总会充分发挥桥梁纽带作用，组织协调各级体育社团，开展了丰富多彩的全民健身活动。目前，甘肃省具有法人代表的体育社团有17个，没有法人代表的体育社团有十几家。国家和省、地共投入资金928万元，新建31个全民健身工程和12个青少年体育俱乐部，补充和完善体育社会化的服务体系。

三、甘肃省农民健身不容忽视

据甘肃省国民体质监测中心国民体质监测公报显示，甘肃省成年人体质综合测定达标率中，男性农民的达标率只有70.1%，低于非体力劳动者；女性农民的达标率更低，仅为59.1%，位居测试人群达标率最低点。在身体素质的9项测试中，有7项测试农民的达标率居末位。“我天天在干活，还需要体育锻炼？”这就是农民对体育活动的真切认识。对于刚解决了温饱的农民来说体育锻炼更是一种奢谈，然而他们又确实是最需要体育锻炼的一个群体。由于历史的和自然的社会原因，农村经济的不发达和文化活动的匮乏，是造成农村贫穷的重要原因。而体质差导致许多农民每年要拿出相当一部分收入用来看病吃药，这更会使贫穷雪上加霜。

体力劳动不能等同于体育运动，许多疾病甚至是由过于繁重的体力劳动引起的。目前农村医疗保障制度还不完善，加强锻炼，增强体质，提高免疫能力，也许是遏制农民因病返贫最经济、也是最有效的办法之一。诚然，农民的体育条件和体育意识、健康意识与城市相比，都要差得多。越是贫困地区，生活条件和卫生条件越差，越需要进行体育锻炼以增强体质。然而由于农民忙于生计的缘故，在意识上和行动上往往容易忽视自身健康，公共服务的不足、农村社会体育指导员缺乏等原因使农民没能养成通过体育促进健康的良好生活方式。

四、甘肃省少数民族体育发展状况

甘肃省是一个多民族省份，全省共有汉族、回族、藏族、东乡族、土族、满族、裕固族、保安族、蒙古族，撒拉族、哈萨克族等54个民族，其中回族人口最多，超过100万人，甘肃省有裕固族、保安族、东乡族三个全国独有的少数民族，境内还有甘南藏族自治州、临夏回族自治州两个少数民族自治州。少数民族体育是丰富多彩的，由于所处的特殊地理环境、大自然的赋予造化，长期积淀的民族文化，传统的民族气质和风情，使少数民族体育文化别具特色，至今流传着有特色的传统体育运动项目，如押架、马术、赛马、民族式摔跤、角力、武术、赛跑、跳跃、赛牦牛、赛骆驼等。仅民族式摔跤就有绊跤、北嘎、搏克三种形式。少数民族群众由于其生活的地域和生活方式的原因，已形成了具有民族体育活动的历史和生活习惯。甘肃已举行的四届全省少数民族传统体育运动会都在少数民族聚居的甘南、临夏、肃南等地举办，对民族体育的发展起到了积极的促进作用。与现代竞技体育不同，民族传统体育运动会更像文化的展示。农运会上民族式摔跤、武术、押架、马上项目等四个大项目，不仅是民族文化的展示，更是民族精神的缩影。但必须引起重视的是民族地区又是经济和文化相对落后地区，其传统体育的发展受到主、客观因素的制约。

第四节　小康社会体育社会化目标、特征及发展方向

体育社会化是我国体育改革的基本方向之一,它是中国社会发展的自然选择,也是体育自身规律的必然要求。体育社会化的内涵为:体育广泛渗入社会活动之中,使体育成为社会生活的组成部分之一,体育社会化也是人的社会化过程,它是我国经济、政治、思想的变革在体育上的反映,是社会变革的必然结果。

一、中国体育发展的社会化特征

体育社会化的特征就是体育发展的国家性质不断弱化,政府机构对体育直接实施行政控制的力度和范围不断减小,社会团体或组织在体育中的独立性和自治性不断增强,体育越来越成为社会成员自己支配的社会生活事务,而非由政府操纵的国家政治事务。体育的发展,与国家的政治、经济、文化等密切相关。一般而论,国家的政治态度常常左右着体育的发展方向;国家的经济实力,决定着体育的发展规模和速度;国家的文化传统,赋予体育发展内在的民族精神。正因为如此,现代奥林匹克运动在一个多世纪的发展过程中,历经磨难和坎坷,不断受到战争问题、政治问题、民族问题、经济问题的冲击。在国际关系趋向缓和的大环境下,各国政府都积极致力于本国的现代化建设和人们生活水平的提高。对于现代化,“许多社会学家将社会结构的分化程度作为衡量一个国家现代化水平的主要指标之一,将结构分化的形态作为观察和描述现代化过程的一个重要方面”。也就是说,现代化建设,已把国家与社会的分化由一种“客观的社会化趋势”变成了一种“主观的社会化取向”。这一切,对当代世界

体育的发展产生了深刻的影响。一方面,竞技体育国家化的模式被解构,国际体育竞技的政治色彩在不断弱化。人们对体育竞技的胜负,越来越持有理性和平常心,更多地从艺术欣赏和娱乐享受的角度来看待体育,而不再从狭隘的民族心理和国家利益出发,赋予它太多的思想内涵或政治情感。另一方面,单纯依赖政府办体育的习惯认识被消解,体育的发展日趋大众化和生活化,使传统的体育观念和组织行为发生着根本性的变化。联合国教科文组织在《体育运动国际宪章》中提出:参加体育运动"是所有人的一项基本权利"。因此,体育人口的新概念被当今国际社会普遍接受,并逐渐成为衡量一个国家体育发展水平和体育社会化程度的基本指标。目前在世界各国兴起的、各具特色的所谓"大众体育""国民体育""全民健身""终身体育""快乐体育"等,名称各不相同,但均体现了人们对体育基本权利的追求与享有,并以参与体育活动的社会广泛性、行为自治性、组织自主性、过程随意性为其共同的特点。体育作为人类社会的一项基本活动,只有自我存在越独立,发展越充分,所起的社会影响与作用才越大。所以,应从人类社会的现代化建设和可持续发展的角度来看待和理解世界体育发展的社会化趋势。

二、小康社会体育的文化特征

随着小康社会进程,人们余暇时间将从每周19小时增加到30小时,体育以休闲、健身、娱乐的形式成为小康社会中的一种文化现象,由于这一具有特殊魅力的文化形式将逐步渗透到人们的日常生活领域,并促进其发生深刻的影响和变化。为此小康社会体育文化将表现出如下特色:

1.休闲内容丰富:国际国内的各类体育竞赛活动和丰富多彩的大众性体育活动将为人们休闲娱乐和健康提供强大的内容支持,真正体现体育文化的社会价值。

2.体育娱乐生活化:物质的丰富和闲暇时间的富裕。人们发现休闲是工作的目的、休闲是改善身心的过程、休闲是回归自然的新生活方式。体育娱乐生活化是社会发展的必然选择。融入新生活方式的休闲娱乐体育活动,具有运动方式和休闲消费可自由选择、身体动作要求不高、以有氧运动为主、参与时间灵活、心情愉快的特点,渗透着体育对人类终极关怀的人文精神。

3.体育消费成为时尚:新时期人们价值观的变化使体育消费理念发生重大改变,体育休闲娱乐作为新的消费时尚步入家庭,体育消费将成为生活消费的重要部分,成为国民经济的新增长点。

4.体育设施列入建设规划:体育文化设施将列入城市规划建设的配套法规行列,社区或乡镇每个建筑群落都有一定的体育文化配套建筑,体育的设施有法可依,保障公民享受体育公共服务的基本权益。

体育体制社会化:宏观上体育体制仍由国家体育行政机构制定符合实际的总体管理和控制,形成宏观控制的社会自我协调模式。微观上则主要由社会各级体育部门、体育社团和体育市场具体协调。逐步将原国家主管的体育资源、体育权利社会化。对各类体育团体、国家体育行政部门主要是采用竞赛制度的杠杆作用和法律手段来调节,充分运用市场调节机制,达到资源的合理配置和有效利用。

三、小康社会目标赋予体育新的时代特征

1.服务性与保障性

服务性和保障性是小康社会体育的本质特征。服务性是指以人为本,为公民参与体育活动提供直接服务,从而提高公民参与体育的

质量和水平,提高公民健康素质,通过服务使公民享受体育的乐趣并使体育成为其生活的一部分,相伴终生,这也是小康体育的核心理念。保障性是指小康社会体育保障公民平等参与体育和享受基本服务的权益,并保障服务功能的持久性和有效性。这是群众体育事业的公益性质和公民法定的体育权益所决定的。

2.全民性和平民化

全面建设小康社会要以“惠及十几亿人口”的目标和《全民健身纲要》的一致性决定小康社会体育要服务全体公民、惠及全体公民,也是人的体育需求多元化、多层次所决定的。平民化是指小康社会体育服务和惠及全体公民的主体是平民,要以占人口大多数的工人、农民、学生以及弱势群体等普通公民为主要服务对象,保障他们享有基本的公共体育服务。也只有平民化,才有真正意义上的全民性。

3.公益性和社会化

公益性是指小康社会体育代表占大多数人的公共体育利益,保障他们的公共体育利益,满足他们的基本体育需求。政府通过公共财政,提供基本的公共体育设施和公共体育服务,来满足和保障普通平民享受基本的公共体育服务。社会化是指要利用社会力量和社会资源参与小康体育建设,与政府共同发展小康社会体育。这也是社会主义市场经济条件下发展社会事业,政府与社会职能定位特点决定的。社会通过市场和“第三部门”,提供更加丰富的体育产品和体育服务,补充公共体育资源的短缺,从而形成政府通过公共财政提供公民应当享有的基本体育公共产品和公共服务,满足广大公民基本体育需求。而市场和“第三部门”提供公民个性化体育产品和服务,以满足人们多层次的体育需求。

4.科学性和经济性

科学性是指以科学发展观来指导体育发展,小康体育的健康发展必然要以小康体育发展理论以及其决策、管理、运行的科学化为依托，而其实践活动应成为科学理性的自然行为。经济性是指小康社会中体育与国民经济发展密切结合，与生产力发展广泛联系，将体育成为国民经济的新的经济增长点。

5.国际化和信息化

被誉为世界通用"语言"之一的体育，其广泛的国际化和信息化将促进我们借鉴和共享人类文明成果的同时，发展自身的民族特色来充实和发展小康体育理论与实践活动，满足小康社会公民的体育多样化需求。

四、小康社会体育拓展了人类休闲理论内涵

江泽民在十六大报告中提出了全面建设小康社会的目标，强调指出，"我们要在21世纪头20年，集中力量，全面建设惠及十几亿人口的更高水平的小康社会，使经济更加发展、民主更加健全、科教更加进步、文化更加繁荣、社会更加和谐、人民生活更加殷实。"小康体育的总目标应为提高体育产品和服务的供给能力，满足人民群众日益增长的多层次、多样化的体育需求，让大众分享体育发展的成果和利益。在此目标下小康社会体育的发展将具有明显的时代特征。从国际比较的视角看，我们正步入全面建设小康社会体育的历史阶段，此阶段正是西方资本主义国家的工业化高潮时期，其体育发展特征表现为体育人口快速增长、体育朝着平民化、生活化、组织化、消费化、娱乐化方向发展。职业体育、商业体育快速启动，体育作为文化娱乐业的新业态，拓展了休闲内容，并迅速成为全社会的消费热点和投资热点，体育产业成为国民经济的新型增长点。

小康体育是时代发展的必然选择，是实现体育与社会经济协调发展，以人为本，促进人的全面发展，满足公民多层次、多样化的需求的体育，是倡导文明健康生活方式，提高全民健康水平和生活质量的新时期体育。体育需求由过去以满足政府需求为主向满足大众个体需求为主转变；体育体制由封闭向开放型转变，即由国家单一型办体育向社会办体育转变，形成体育的多元化发展态势。发展模式由局部赶超型向全面发展型转变，发展动力由满足政府需求为主转向满足大众个体需求为主的转变。因此，全面建设小康体育有着实际的、丰富的内涵，它对中国休闲领域来说是一个新的课题。

五、体育社会化是我国体育发展的时代取向

新中国的体育事业一开始就纳入了“全国一盘棋、组织一条龙”的总体性社会结构中，由国务院组织参与，前国家体育运动委员会统一领导、协调、监督和发展。应当充分肯定，这种自上而下、组织落实、措施到位、责任到人的行政管理模式，在“发展体育运动，增强人民体质”的群众性体育活动中，取得了举世瞩目的伟大成就。但是，这种单纯依靠国家办体育的发展模式，虽有着很强的动员和组织能力，却不可避免地带有社会所固有的弊端。具体地说，体育体制高度集中和统一，其结构必然僵硬凝滞，仅靠行政命令来运作和靠资源控制来维系，这对于十几亿人口的大国是很难面面俱到，很难满足广大人民群众日益增长的多种体育需求的。而同时建立在社会主义计划经济体制之上的体育体制，虽然十分有利于集中人力、物力、财力，搞短时效的“大兵团作战”，甚至在短期内掀起一阵全国性的体育热潮，但难以持久，更难以深入。因为一个经济基础十分薄弱的发展中国家，不可能有足够的资源予以保障，必须从国家当前所处的政治形式和实际利益出发，按“轻、重、缓、急”进行资源调配，其结果必然造成体育发展的不平衡。如新中国成立后，政府始终没有解决好群众体育和竞技体育协调发展的问题，各种资源投放，明显地向竞技体育倾斜。计划经济下的体育发展仍使国家背上越来越沉重的包袱,也是人们逐步形成了“福利体育”的思维定式,养成了“政府花钱,个人出汗,为国家锻炼”的行为习惯。随着国家与社会间的结构分化与关系调整,一个相对独立的社会开始形成,为社会体育的滋生提供了现实的社会基础;同时,体育为适应社会主义市场经济的发展需要和顺应世界体育的发展潮流,对原有的管理体制和运作机制进行了大胆的改革和探索,并明确提出了国家办与社会办相结合,逐步过渡到以社会办为主的格局,走社会化和产业化道路的发展思路。这些积极的改革实践为社会办体育的真正产生和迅速兴起提供了社会动力和自身活力。1995年6月30日,国务院颁发了《全民健身计划纲要》,这是一项与实现社会主义现代化目标相配套的社会系统工程和面向21世纪的体育发展战略规划。它的启动,标志着我国体育发展进入了国家调控、依托社会、全民参与的新时期。而新时期最鲜明的时代特征就是社会体育的地位与作用得到了肯定,方兴未艾的社会体育终将成为体育发展的主导和主流的趋势得到了较广泛的认同。

体育社会化反映的是全社会参与体育的程度,体育本身就具有很强的社会属性,体育的产生和发展正是来源于是社会的需要。任何事业离开社会的广泛参与,就失去生存和发展的基础和条件。而体育社会化是增加体育自身发展的活力和后劲的基础,离开了社会的广泛参与和投入,体育及其相关发展将会是无源之水、无本之木;而社会的物质生产的日益发展自然会产生对体育的需求,为此体育是适应社会主义市场经济的发展而发展的。

随着社会经济发展,恩格尔系数会呈现下降趋势,人们更加注意到如何满足精神愉悦的需要、懂得了休闲和享受生活,消费能力提升必然引起消费目的和消费对象的变化,孔子就曾有“食不厌精,烩不厌细”之说。时至今日,美食文化、服饰文化包含的精神之需、享受之需已远在温饱目的之上。就以服装的功能来说，从人类最早的赖以御寒（生理的需求）到借以遮羞（尊重的需求）、再到满足审美（价值取向的需求），这类生活现象令人不胜枚举。极限运动、健美大赛以及名流汇聚的高尔夫球场，其功效绝不仅仅限于强身健体，可见，高档次的物质条件实际上变成了人类精神享受的工具。

六、小康社会体育发展方向

从中国体育自身的发展阶段看，我们要建设的小康体育，是指体育与社会经济协调发展的体育，是以人为本，着眼于提高人的素质和生活质量，满足大众多层次、多样化体育需求的体育；是竞技体育、大众体育、体育产业协调发展的体育；是业余体育与职业体育、公益性体育与商业体育有机融合、协同发展的体育。小康体育的核心是提高全社会的体育产品和服务的供给能力，满足人民群众日益增长的多样化的体育需求，让老百姓分享体育发展的成果和利益。应该说，20世纪后半叶中国体育取得了举世瞩目的辉煌成就，为祖国和人民赢得了尊严和骄傲。但是，这一时期的体育发展主要还是在满足政府需求，尽管政府需求是公共需求，但毕竟不是个体生动活泼的、多样化的、差异化的需求。全面建设小康体育就是要推动体育体制由封闭向开放转变，发展模式由局部赶超型向全面发展型转变，发展动力由满足政府需求为主向满足大众个体需求为主转变。因此，全面建设小康体育有着实际的、丰富的内涵，它对中国体育来说是一个全新的实践。

全新的实践需要有创新的理念来引导。建设小康体育要切实贯彻江泽民提出的“发展要有新思路，改革要有新突破，开放要有新局面，各项工作要有新举措”的重要指示，解放思想，更新观念。各级体育行政部门要树立群众体育、竞技体育、体育产业三位一体的现代体育发展观、体育事业全面融入经济、社会、文化建设的发展观，利用体育的多元功能和独特的魅力，为全面建设小康社会做出实际的贡献。同时，要以“体育，让生活更美好”为主题，确立亲民、便民、利民的发展理念，引导大众更新健身观念，在全社会倡导“健身就是素质、健身就是品位、健身就是发展机会、健身就是生活质量”的新观念，为全面建设小康体育奠定坚实的需求基础。

全面建设小康体育必须切实把体育工作的重点转移到提高国民健康素质和生活质量的轨道上来，要大力发展大众体育，推进体育的普及化、生活化、娱乐化和消费化，构建以政府为主导、以市场为主体的多元化的体育服务体系，形成政府保障人民群众的基本体育需求，市场满足人民群众有消费能力的多样化、差别化体育需求的格局。要大力加强大众体育的组织化建设，鼓励不同所有制的单位和个人投资兴办面向大众的各类健身俱乐部，构建民办、民营、民有、民享的经营性体育组织体系，引导城镇居民消费组织化、专业化的健身娱乐服务。同时，小康体育要更加关注农村体育、欠发达地区的体育和社会弱势群体的体育，政府要加强专项财政转移支付的力度，要利用彩票、基金多渠道筹集资金，保障困难群体享有基本的体育权利和公共服务，实现体育对全民的关爱。

全面建设小康体育必须切实推动体育与经济的融合，大力发展现代体育产业。小康体育与其他体育最大的不同在于，小康体育具有明显的生产性。随着人民群众有支付能力的体育消费水平的不断提高，政府提供的体育服务将难以适应人们日益增长的、更高水平的体育需求。发展体育产业，满足人民群众多层次、多样化的体育需求，就成为必然的选择。从一定意义上讲，体育产业是市场经济条件下体育事业客观的、现实的存在方式，是体育与经济互动的必然结果。发展体育产业，从宏观上讲，是建立和完善社会主义市场经济体制的需要，符合经济结构战略性调整的要求，对于扩大内需、促进就业、拉动经济增长有显著作用；从体育自身发展上看，是建立和完善与社会主义市场经济体制相适应的体育体制和运行机制的现实需要，是新时期创建体育强国的重要内容，也是发挥现代体育的多元功能，增强体育事业发展活动和动力的必然要求。在体育日益全球化的今天，没有高度发达的体育产业，一个国家的体育事业就没有核心竞争力，甚至还会失去自主发展的能力。因此，必须把加快体育产业发展作为全面建设小康体育的重要内容和战略措施，尽快做大、做强我国的体育产业，这也是小康社会体育的发展方向。

七、甘肃省小康社会体育社会化目标

小康社会体育发展内涵是指体育与社会、经济、文化、教育、生态协调发展的体育。小康体育发展的总目标是提高全社会体育产品和服务的供给能力，满足人民群众日益增长的多样化的体育需求，让老百姓真正享受体育发展的成果和利益，使每一位公民都有参与体育、享受体育、发展体育的权力。在此目标下确立了在小康社会进程中甘肃省的体育社会化目标，具体如下：

1.公共目标

体育社会化公共目标包括物质目标和精神目标。以政府为主导、由社会广泛参与的，为广大公民提供基础性体育公益服务产品。诸如：健身场地、器械，用于健身和服务类产品等的物质目标，以满足广大公民健身娱乐的物质需求。

以社会力量和国家提供享乐性体育服务产品的精神目标。诸如：国际国内高水平体育赛事和中国民间传统体育表演项目，各种媒体提供的体育文化娱乐产品以及体育文化本身所蕴含的体育精神的教化和感化作用。从而建立大众心理所关注、依赖和寄托的体育文化。

2.社会目标

以社会投资为主体,形成政府、民间、团体、个人等的多元投资环境,形成为全体公民提供多层次、多样化的体育精神和物质产品等社会发展目标。

3.公共健康目标

公民人均预期寿命在75岁以上、体育人口占全省人口的40%以上、社会指导员人数超过30000人、人均体育活动面积达到1平方米、体育公共投入达到5000万元以上、体育健康意识明显提高的公共健康目标。以满足全体公民日益增长的不同层次的健康娱乐需求。

4.内容目标

要体现体育文化的多样性、包容性和民族性,形成体育项目的多样化。其表现形式不仅仅是以竞技体育为主的奥运项目为主要内容,更要挖掘和光大中国民间传统体育文化的内涵及其养生娱乐价值,形成具有民族特色的多元体育文化内容。培育地域特色的民族传统体育项目,营造适合不同层次人群的体育参与环境。

5.组织目标

不能仅局限于政府为主的国家、社区或乡镇组织,应全面发挥行业、单位、社会组织和个人影响等组织作用,形成开放型、多样化的组织发展态势以满足不同地域人群的基本体育需求。

6.体育产业化目标

遵循市场经济发展规律,依据国际、国内体育产业发展现状,使我省体育产业步入发展轨道,体育产业产值占GDP的0.1%。

第五节 甘肃省小康社会体育社会化的发展策略

一、健全的管理体系和严格的规章制度是体育社会化的根本保障

体育社会化发展，体制保障是根本。首先坚持以人为本的科学发展观，坚持体育为人民服务、为经济建设和社会发展服务，坚持依法行政、依法治体和科技兴体，构建面向大众的多元化体育服务系统，不断提升体育综合实力，保障体育事业持续、健康、快速发展。其次要真正实现“管”与“办”的分离，理顺与社会体育组织、协会之间的关系，真正地从直接管理向间接管理转变，从微观管理向宏观调控转变，从单纯地依靠行政命令向以依靠法律、政策、经济、市场等多种综合性手段方向转变。在训练、竞赛体制方面，解决好专业队制与协会制、俱乐部制等之间的矛盾，并最终实现全新的管理体制。最后，要完善群众体育的社会机制。从我国当前的形势看，“群众体育”在我国尚未形成成型的运行机制，没有相应的社会组织，缺乏必需的资源，而且群众活动以各种娱乐活动为主，真正具有社会生活内容的有规律的健身活动数量很少，已难承担广大人民群众的日益增长的物质（包括生命物质基础等）文化生活需要。为此在小康社会进程中有必要要求地方政府干预，形成城市以社区为主、农村以乡镇为中心的公共服务组织进行筹划和实施，构建集健身、娱乐、休闲、培训为一体的综合性服务平台，将体育融入文化发展行列，资源共享，以满足社会阶层的不同需要。

二、经济基础是体育社会化的根本动力

国内生产总值(GDP)是衡量一个国家或地区经济总量的指标，而人均GDP则是评定人民生活水平的经济参数。纵观甘肃经济发展状况，甘肃人均GDP低于全国平均指标，甘肃人均GDP的平均水平只达到同期全国平均水平的56.8%，也就是说甘肃居民的收入水平低于全国平均水平，因而造成居民基本生活水平以外的消费水平降低，而使恩格尔系数大于全国平均水平，因而也就减少了居民对体育的投入，影响体育事业的进一步发展。为此经济的不断发达是脱贫后走向富裕的最好手段，更是影响居民消费和休闲的基础保障和根本动力，同时随着经济的不断增长，政府和社会对公共性设施的投入将会增加，这也是促进居民体育消费的基础条件。随着居民收入的增加，居民恩格尔系数会下降，而用于文化娱乐(体育)消费方面的支出会逐步上升。这是发展地方经济，提高居民收入水平，缩小城乡差距，实现小康社会体育社会化，构建和谐社会的必由之路。

三、体育资源是体育社会化的物质基础

甘肃属西部欠发达省，现有体育场馆严重不足，人均占有的体育活动面积有0.76平方米，人均比全国低0.27平方米。而且绝大部分体育活动场馆都集中在城市，农村活动场馆极少，大部分乡镇数万人只有一个篮球场。目前我国已建成的61万多个体育场馆中，67.17%是学校场馆。在我省现有的16714个标准体育场地中，教育系统有13465个，占全省标准体育场地总数的80.6%。人均投入体育场地建设资金为55.74元，比全国人均148.15元低92.41元。就此数据表明甘肃公共性体育场地严重不足，教育系统体育场地的公众性社会开放程度也需引起有关部门的高度重视。因此，除了加快体育设施建设，建设一座能承担大型综合性比赛的综合体育场馆，保障训练和比

赛条件，同时满足群众健身和娱乐需求。各县区的体育设施要达到国家体育总局提出的“四个一”（即一个标准田径场、一个标准游泳池、一个灯光篮球场、一个训练房）的要求。各级学校要按标准配齐体育器材设施，高级中学、高等院校都要建有体育馆、游泳池和健身房。乡镇要建有体育活动中心（站点）和简易健身路径；城镇街道办事处要建有60平方米室内和200平方米室外体育活动场所。新建居民区、经济开发区必须按照《体育法》《体育设施管理条例》等有关法规的规定，经市级体育行政部门审核，规划人均0.3平方米的体育健身预留空地和建设相应的配套体育设施，这些都是推进体育社会化进程的物质基础保证，必须受到各级政府的高度重视。

四、体育产业化进程是体育社会化的发展动力

体育产业是体育自身发展规律所决定的，它受社会、经济发展的影响。体育社会化是体育产业化的基础，而体育产业化又是体育社会化发展的动力源泉。为此如何发展体育产业这一复杂的系统工程，将是小康社会体育发展所面临的现实问题。我们认为，首先，完善政府宏观政策导向，在遵循体育自身发展规律的同时，引入市场机制，建立多渠道筹资机制，鼓励和争取社会力量对体育的资助和捐赠，并积极引进外资兴办一些新型发展项目，来提升体育产业水平。其次，开发体育无形资产，诸如体育无形资产、体育媒介市场、电视转播权转让、广告以及体育冠名等。体育作为一种文化现象，对传播积极向上的生活方式和正确的体育观有其独特的社会功能。反过来讲，人们体育意识的增强，将有利于体育市场的发展。目前，甘肃省体育无形市场还是一片空白，应根据本不同地区的发展、不同竞技水平开发不同的体育市场体系，这不失为推动甘肃省体育社会化进程的有力措施。

五、社会性的群众体育组织和体育指导员队伍是体育社会化的社会基础

培育和发展体育群众性组织和指导员队伍是促进体育社会化的关键一环。城市要以街道、居委会以及所在地单位为依托，成立基层社区体育协会或组织，作为开展社区体育的组织基础；农村以乡、镇为中心成立基层组织，以传统节日为依托进行有组织的体育文化活动。

按照《全民健身计划纲要》和《社会体育指导员技术等级制度》的规定精神，以社区居民和社区单位中具有体育专长的人员为骨干，培育发展社区体育指导员队伍。社区体育指导员组织、带领社区成员开展体育活动，对广大居民进行体育健身活动指导，使其掌握科学锻炼方法，并且负责健康测定、体质测定评价等等，为社区体育指导员队伍更好地发挥作用提供舞台。

根据目前的实际情况，就全国而言，我国城市社区体育的发展应以普及为主，兼顾提高。在大、中、小城市的各个社区普遍建立社区体育场所和体育设施，开展大众化的社区体育活动。社区体育场所和体育设施具有明显的公益性质，要完善无偿、低偿与有偿服务相结合的制度，用足用活社区体育设施，为社区成员服务，努力达到全民健身计划纲要所规定的近期目标。

第六节　小康社会进程中甘肃省体育社会化评价体系

中国于20世纪80年代初开展了社会指标的理论研究与实际应用，并且正在探索和形成适合中国国情的社会指标理论与实践。体育社会化指标是综合社会指标体系和部门社会指标体系的重要补

充，也是在社会科学、社会工作等广泛研究领域获取社会信息的不可缺少的重要方法。建立体育社会化指标体系，对国家和各地区的体育社会化进程进行客观评估，以便为各级党政领导及有关部门了解体育社会化的制约因素，制定社会政策和社会发展计划提供可靠的依据，更好地为全面适应社会主义现代化建设的新形式和新任务服务。

改革开放以来，根据党和政府提出的"在建设物质文明的同时，要建设精神文明，要注重社会各领域的全面发展"的指示，我国体育界开始了将体育工作的重心切实转向增强人民体质的战略转移。1995年6月，《全民健身计划纲要》的出台，标志着"转移"进入了一个新的阶段。它的出台有力地促进了社会体育的蓬勃开展，广大人民群众的体育需求和参与意识空前高涨。但是一些地方上的领导评价体育的标准是：拿了多少块金牌。一些体育行政部门的主要精力还是用在竞技体育上，抓群众体育的力度不够，致使竞技体育指标硬、压力大，社会（群众）体育难以用量化指标衡量的问题困扰着人们，影响着"转移"的深入和全民健身计划的落实。因此，本章旨在通过探索，建立起一个能够包括社会（群众）体育发展程度的体育社会化指标体系，以使政府能比较全面、准确地了解体育的发展状态和变化趋势，客观、全面地评价社会体育的工作成效，也有利于体育行政部门对社会体育工作实施目标管理，有利于调动广大群众参与的积极性，从而进一步推动社会体育的发展。

依据《2001年—2010年中国体育改革与发展纲要》中关于发展所包含的内容和范围之此基础上结合我省经济和社会的发展状况，从现行的中国体育事业计划和统计范围内，参考《中国体育事业评价指标》，针对省情分析了竞技体育、学校体育、社区体育、大众体育、体育产业的指标，筛选出32项指标进行专家问卷调查，根据问卷中专家对各指标的重要程度进行的分值评定。采用加权平均法计算每一指标的专家评分均值，再根据各指标的专家评分均值，取分值20，截取具有代表性的重要评价指标13个，并将其最终确立为甘肃省小康社会体育社会化评价指标。具体预测指标如下：

1.国家及地方性体育政策法规和保障机制

2.体育人口数量

3.体育人口结构

4.人均体育场地面积

5.社会体育指导员数量

6.社会体育活动内容

7.社会体育运作方式

8.体育消费总额

9.社区体育的经费来源

10.社区体育组织建设规划

11.社区市民体质监测服务中心、群众体育指导中心和研究中心建制

12.社区体育保障机制

13.体育场馆的数量

以上13项评价指标基本涵盖了群众体育社会化发展的各个方面，它只是指标评价体系的一部分，指标评价项目的适用性和可操作性还有待于做进一步的实践完善，其评价指标的定量分析还需进行深入研究。

参考文献

[1]扈中平.人的全面发展历史、现实与未来[M].四川教育出版社,1998,11.

[2]胡小明.小康社会体育休闲娱乐理论的研究[J].体育科学,2004,24(10):8-12.

[3]杨楠.试论马克思主义的体育观[J].体育文史,1994,2:16-18.

[4]刘昌年.甘肃省就业现状及对策[J].发展,2003,9:38-39.

[5]张玉平.甘肃省成年人体质监测结果与分析[J].西北师范大学学报,2003,24(1):76-78.

[6]李香华.中国现代体育与体育现代化[J].体育学刊,2002,9(5):20-22.

[7]卢元镇.社会体育学[M].北京:高等教育出版社,2002.

[8]中国统计局.中国统计年鉴[M].北京:中国统计出版社,2000.

[9]崔乐泉.中国近代体育史话[M].北京:中华书局,1998.

[10]黄敬亨.健康促进计划设计[M].上海:上海医科大学出版社,1994.

[11]苗大培.论体育生活方式[J].天津体育学院学报,2000,15(9):6-8.

[12]朱庆芳,吴寒光.社会指标体系[M].中国社会科学出版社,2001.

[13]韩丹.谈我国体育体系的根本性大变革[J].体育与科学,2004,25(1):4-7.

[14]梁晓龙.当代中国体育若干基本理论问题探讨之八—体育社会化[J].体育文化导刊,2003,12:6-9.

[15]陈嵘.中美体育社会化比较研究[J].体育文化导刊,2003,8:

36-37.

[16]段晓红.甘肃农民消费水平的分析[J].甘肃农业,2003,7:27-29.

[17]田鸿章.甘肃省体育回顾与展望[J].人大研究,2001,1:61-63.

[19]孟锋年.甘肃省大学生心理健康状况调查[J].中国体育科技,2003,39(3):38-39.

第三章　甘肃省社会经济发展与国民体质关系研究

本章概要

本章阐述了国内外体质研究历史渊源、人类体质学的形成和发展，比较和分析了国内外体质概念，分析了甘肃省经济社会发展水平和甘肃省国民（青少年和成年）体质（1997年—2005年）变化趋势，重点探究了甘肃省经济社会发展对国民（成人）体质的影响及相关性问题，提出并求证了体质假说，展望了体质健康理论与应用研究的发展趋势，最后提出了建议。

对甘肃省国民体质（1997年—2005年）变化趋势进行了分析，重点就甘肃省经济社会发展与国民（成人）体质关系问题展开探究，将成人体质发展置于经济社会发展的环境之中，探求体质与经济社会发展之间互相影响、相互制约的关系问题，融合和运用多学科理论、借鉴多学科研究方法，对体育界传统研究方法有一定突破，开辟了国民体质研究的一条新思路，研究成果具有一定的创造性和先进性。就此类研究（除青少年体质外）在目前国内还未发现同类研究。

从社会发展的总体趋势分析，国民体质的改善与增强是国家经济发展的结果,同时也是国民体质健康的需求和国家持续发展所需人力资源的需求,它对家庭和睦、社会和谐、国家强盛都具有现实的社会意义。经济社会的发展为国民体质发展提供了物质基础,而国民体质发展为经济社会发展提供了人力资源保障,国民体质是关系到国民身体健康和自身发展的问题,也关系到一个民族发展和国家前途的战略问题,其对国家兴旺和经济社会的持续健康发展极具现实意义。

第一节 中外体质研究现状分析

一、中外体质学概述

体质是一个古老的名词,东西方关于体质的学说都可以追溯到远古时代。西方古代的体质观,自公元前400多年希波克拉底(Hippocrates,公元前460年—前377年)的“体液学说”开始到1935年巴普洛夫神经类型学说为止,体质(与气质)学说已不下30多种。古希腊名医希波克拉底最早从朴素的辩证唯物主义观出发,提出了“体液学说”,他认为人体是由血液、黏液、黄疸和黑胆体液组成,并描述了人体体质分型及其与疾病的关系。按照现代生命科学的研究成果,希波克拉底的“体液学说”并无科学基础,但作为两千多年前的古代学者,他的这一学说的建立无疑是试图运用结构与功能相统一的方法对人类进行分类的一次大胆尝试。而希波克拉底按体型与体力特征把人体分为弱型、强型、肥胖型与湿润型,则与我国目前的体质研究以及中医体质学说均有一定的联系。

较典型的阐述如Pende(1928年)采用症状分析法指出:个体的体质由形态学的、体液动力学的、神经化学的及心理学的内容组成。

Tucker(1940年)在总结了1940年以前研究成果的基础上,将体质定义为:体质是个体在形态学、生理学和心理学一切特征的总和,这些特征大部分取决于遗传,又受到周围环境的影响;由于不同种族、性别和年龄的差异,体质所属特征都将以一个完整的"生物单元"表现出来;体质具有一个宽泛的范围,一旦越过"边界",即成为病理状态。Damon(1970年)从不同角度对体质进行了论述,指出体质对不同研究者有不同的含义:对临床医生而言,它意味着病人的生物个体特征;对流行病学家而言,它是疾病过程中的宿主因素;对免疫学家而言,它是机体内各种组织的特征和适应能力。随着生物科学的发展,在探讨人体产生疾病与体质发展状况方面有了不少进展,国内外提出了一些新的见解或试图建立某些学说,如1959年Roney提出了"医学体质人类学"、1957年Hertzberg从工程学角度提出了"人类工程学",1983年Wienker在美国第52届体质人类学协会上指出,目前正在形成的一个新的学科,即"生物医学体质人类学"。

中国关于人体体质的学说可从2000多年前的《黄帝内经》中找到系统的阐述,其内容涉及个体及不同时空条件下群体的体质特征。它运用阴阳、五行学说,对人体体质进行了十分生动的描述。例如,在《灵枢·阴阳二十五人》篇中根据人群中个体形态特征、生理功能、行为习惯、心理特征以及对环境的适应调节能力、对疾病的易感性和倾向性等把人体归纳为木、金、火、土、水五种不同的体质类型,然后根据阴阳属性、五音太少和手足之阳经的左右、上下,气血之多少、五脏六腑之五种类型,又细分为25个类型的体质。《灵枢·逆顺肥瘦》以体型特征为主,结合气血状态将人体分为肥人、瘦人、肥瘦适中人三型。《灵枢·论勇》则根据人之不同禀性,再结合体态、生理特征,将人体分为两类:心胆肝功能旺盛,形体健壮者,多为勇敢之体;心肝胆功能衰减,体质孱弱者,多系怯弱之人。《黄帝内经》对体质的论述可以称为中国古代医学理论的经典，它不仅详细论述了体质的概念，而且还阐述了体质与自然，先天与后天因素的相互关系。由此可见，我国古代不仅对人的体质做了朴素、生动、形象的描述，并且十分强调了身心的辩证统一，这与现代社会强调身心健康表现得惊人的相似。不仅如此，《黄帝内经》最早提出了预防医学的观念，"治未病"是贯穿《黄帝内经》的预防医学观点，这对于我们今天的体质研究工作仍具有重要的参考价值。

综上所述，古代东西方对体质学的研究有不少共通之处，大都十分注意将人的机能状况和体质发展水平看成是人的生命过程的根本，均认为体质的发展是与各种内外环境的影响密切相关，强调预防与治疗是体质发展十分重要的两个方面。

二、体质人类学概述

体质人类学将人类作为一个生物种，研究其体质形态、身体结构及其生物学的变异和进化，以阐述人类的起源、人种的形成和发展规律的学科。

在西方国家，作为一门独立学科的体质人类学研究开始于19世纪初叶。体质人类学最早来源于人类学(Anthropology)，人类学就是研究人类的科学，传统意义上，英美学者习惯将人类学划分为两大部分，即研究人类自身体质特征的体质人类学和研究人类社会文化特征的文化人类学。例如，《简明不列颠百科全书》对人类学的解释为："人类学是研究人的科学。这门学科试图依据人类的生物特征和文化特征，综合地研究人，并且特别强调人类的差异性以及种族和文化的概念……人类学的两个领域是体质人类学和文化人类学。"《美国百科全书》中对人类学的解释是："人类学是从生物学的观点和文化的观点来研究人类。涉及把人类当作一个动物那部分人类学称为体质人类学，涉及生活在社会里的人类所创造出来的生活方式的那部分称为文化人类学。”体质人类学是研究人类体质特征与类型在时间上和空间上的变化及其规律的科学。在欧美国家，体质人类学有时也被称为生物人类学（Biological Anthropology）。从世界各国出版的体质人类学教科书来看，体质人类学的研究范围并不统一，归纳起来大致涵盖如下内容：哺乳动物、灵长类、人类的形态学、生理学、生态学和行为学、灵长类动物化石、古人类化石及石器文化、进化机制、遗传学、现代人的生物变异、人类分类、血型学、皮纹学、人体测量学、人类的生长发育和生理适应以及应用人类学。

德国人类学家J. F. 布卢门巴赫（1752年—1840年）曾根据人类头盖骨的形态做了人种分类，开颅骨学和现代体质人类学的先河。尔后法国人类学家P. 布罗卡（1824年—1880年）开创了颅骨学和人体测量方法，发明了几种人类学测量仪器。他还于1859年促成巴黎人类学会的建立，1876年创建了巴黎人类学院，使人类学形成一门独立的科学。随后，许多欧洲国家相继建立人类学机构。进入20世纪以后，大量高级灵长目和人类化石（如巨猿、南方古猿、直立人、尼安德特人和其他一些智人化石）的发现，为人类进化理论提供了直接证据。进化原则的确定，促使原来的人种分类被“谱系表”理论所取代。为测定种族之间的差异，建立了新的更准确的测量方法，生物测量学在体质人类学的许多领域中普遍得到应用。随着西方殖民主义的扩张和民族矛盾的尖锐化，又导致了对“民族”和“种族”区分的深入研究。因此，总结种族学说成为19世纪下半叶和20世纪人类学研究的特点之一。

现代人类学是在20世纪初传入中国的。最初有严复等人翻译有关人类学的著作。20世纪20年代，蔡元培在北京大学开设人类学讲座，在中央研究院（现中国科学院）历史语言研究所建立人类学研究组，当时偏重于文化人类学的研究，从事体质人类学研究的较少。20世纪20—30年代，外籍学者中，加拿大学者步达生对辽宁、甘肃和河南史前人类遗骸著有报告，德国学者魏敦瑞以研究北京人和山顶洞人化石著称；清华大学的俄国学者史禄国(1887年—1939年)，对华北、华东和广东人进行过体质调查，成都华西大学的W. R. 莫尔斯对四川一些少数民族做过体质测量和观察。中国学者中，李济和吴金鼎调查过现代中国人的体质特征，分别著有《中国人的组成》和《山东人体质特征的研究》。吴定良曾主持历史语言研究所第4组(人类组)和浙江大学人类学系的工作，发表过一些现代人体质调查和古人类学方面的论文，对应用人类学方面也做过许多工作。1934年，厦门大学林惠祥教授编著的《文化人类学》中，首次提到体质人类学是人类学的重要组成部分，他指出："人类学是用历史的眼光研究人类及其文化的科学，包含人类起源、种族的区分以及物质生活、社会构造、心灵反映等原始状况之研究。"新中国成立后，我国的人类学界又接受了苏联等国家的狭义人类学观点。此后，由于历史的原因，该学科的发展处在相对停滞状态。20世纪50年代以后，伴随古人类学、医学和考古学等学科的快速发展，给体质人类学的发展带来了生机。例如，复旦大学的人类学专业即设在生物系，专门从事体质人类学方面的教学和科学研究。从此以后，我国人类学界将体质人类学划分为人类起源学、人种学、人体形态学、人体测量学和人类遗传学，在开展各类研究的同时，对人类体质学的内涵进行了重新界定，也为体质研究指明了方向。而1982年人类学学会编辑出版《中国八个民族体质调查报告》，1983年黄新美编著《体质人类学基础》以及同年邵象清编著的《人体测量手册》等著作均为体质人类学的发展奠定了良好的基础。

在上述著作中，均从不同角度对体质人类学的内容进行描述。

如《体质人类学基础》中,将体质人类学确定为研究人类体质及其类型在各历史阶段变化与发展的过程及其规律的科学。其研究主题内容包括人类在自然界的地位,各人种各民族的体质特征及其形成过程以及现代人各种体质类型和个体及年龄的变化,各种生活条件和社会因素对人体的影响等。书中还强调体质人类学即为"各族人类学",即应用比较的方法研究各民族的体质特征,并寻找一定的标准,以审视各民族相互间的遗传关系,并依据之区分人类。1991年出版的《人类学辞典》中,将体质人类学确定为是一门研究人类生物学的科学,该学科涉及种族差异、人体发展、人体变化以及生态学和生物机体间的关系。而《文化人类学》(林惠祥)于1996年在商务印书馆再版,说明了体质人类学受到学术界重视。

综上所述,体质人类学是从生物和文化结合的视角来研究人类体质特征在时间和空间上的变化及其发展规律的科学。主要涉及3个主要内容:第一,研究人类的起源;第二,研究人类不同体质特征的形成与分布的原理;第三,研究人类的生长和发育、人体的结构与机能的关系以及人类遗传和变异的关系等,这些为后续人类体质的研究打下了良好的基础。

三、中外体质研究的现状

(一)中国近现代的体质研究实践

我国近代至现代的体质研究活动,多集中于人体测量方面,与解剖学的概念相互交叉。1910年—1926年期间的人体测量研究,主要是由外国基督教传教士进行的,1910年传教士麦瑞恩斯(Merrins)首先发表了《中国学生的身体测量》文章,但样本只有288名学生。此后另一些传教士也陆续发表了约10篇的测量资料,但均属地区性的。由于这些测量的样本小,方法不统一,尤其是年龄的计算方法不一致，往往导致了错误的结论。1922年—1925年，中国学者王吉名在杭州进行了婴幼儿的形态测量，并发表题为《中国婴儿体格之标准》的论文。祝慎之、许世谨、苏祖斐、赵琳等人也分别在北京、上海、南京等地测量了婴儿和4岁—15岁儿童少年的身高、体重等形态方面的指标，但均未涉及生理机能及身体素质和运动能力等项指标。而综合性的人体测量和评价是由20世纪20年代在清华大学进行的，当时的清华大学不仅每年对全体学生进行多达20余项内容的身体测量和姿势检查，还进行了以肺活量、握力、背力、下肢力量、引体向上及双臂屈伸等内容组合成的肌力测定以及支撑跳跃、爬绳、鱼跃前滚翻、跳远、100米跑、游泳等运动能力的测定。1946年，在国民政府教育部供职的刘纪远，对南京市34所中等学校17000多名学生进行过身高、体重、胸围、坐高、背力、肺活量等指标的测定，然而拟测试的身体素质和运动能力却因故未能完成。新中国成立后的1950年—1960年，全国各地以市、区(县)或学校等小型单位，小范围地对一些人群进行了人体测量。与此同时，旨在重点测试和评价人体身体素质和运动能力的《劳卫制》和《国家体育锻炼标准》，也在全国范围内推广。我国广泛开展人体测量与研究，始于20世纪70—80年代，在这一时期，全国性、有组织的人体测试就有：1975年第三届全运会对7000多名运动员进行了人体测量；1976年卫生部首次对全国9省市初生儿至17岁的儿童少年，开展了包括形态、机能、身体素质和运动能力等24项指标的测试，从而为1979年大规模全国性的体质调研奠定了基础；1985年又对9个城市、10省农村7岁以下儿童体格发育状况进行了调查；1979—1980年我国还对几十万国人的头颅进行了测量；1990年原国家体委组织了数万人，对中国人手腕骨骨龄评价方法与标准进行了研究；国家标准局还于1990年前后完成了中国成年人身体尺寸标准的研究等。值得关注的是1979年由原国家体委组织、教育部和卫生部共同领导、参与的，在全国16省市开展了"中国青少年儿童身体形态、机能与素质调查研究"，并首次研制了全国统一的指标评价标准。从此系统地、有组织地在我国开展国民体质测试、评价与研究（包括学龄前儿童、儿童青少年、成年人、老年人四部分人群）步入正轨。从1979年首次青少年体质调研至2005年国民体质监测，我国共进行了六次大规模的学生体质监测和三次成年人、两次老年人和学龄前儿童的体质监测，这使我国国民体质调研步入经济社会发展的轨道中。随着科技的发展，体质研究将随人们对健康重视程度的增加而加快发展。但在测量的指标研究上还需进一步的探索，特别是儿童、成年人、老年人的测试指标，应着力探索体现科学性、实效性和可操作性的指标，以便使体质测量更科学和实用。但随着实践和理论研究的发展，心理、社会适应能力的考察指标将会逐步列入体质测量指标体系中，使体质指标更趋完善。

1.体质监测制度的产生与发展

早在19世纪后期和20世纪初期，许多国家为了促进国民素质的提高，采取积极有效的措施，激励青少年儿童积极参加体育锻炼，从而体育锻炼测验制度应运而生。我国的体育锻炼测验在中华人民共和国成立之前就在部分大、中学校开始实施，却是局部性的，即在当时尚未形成全国性或地区性的统一测验制度。新中国成立后，党和政府十分重视广大人民群众的健康和体质增强，于1951年在北京实施了季节性、地区性的《暑期体育锻炼标准》和《冬季体育锻炼标准》，起到了率先垂范的作用，但其评价工作量大，数据统计处理技术落后，难以推广。改革开放以来，我国体育事业取得了举世瞩目的成就，但是人民的体质究竟增强了多少，却无法用科学的数据说清楚。为此1979年由国家体委、教育部、卫生部共同领导对全国16个省市汉族青少年进行体质调查研究，并以制度的形式每间隔几年国家都会组织全国性的各种体质健康状况的监测工作，从而使青少年体质研究有了科学量化的标准。为了进一步推动群众体育事业的发展、全面了解国民体质状况、评价国民健身活动效果，国务院颁发了《全民健身计划纲要》，并明确规定："实施体质测定制度，制定体质测定标准，定期公布国民体质状况。"按照《纲要》的要求，1996年7月原国家体委正式颁布了《中国成年人体质测定标准施行办法》，并决定在全国开展成年人体质监测工作，获取成年人体质状况第一手数据资料，以期进一步指导国民健身活动的开展。这次体质监测工作填补我国在这一领域中的空白，初步掌握了中国成年人体质的基础数据，了解了中国成年人体质变化及特点，建立了监测网点，培养、锻炼了监测骨干队伍，积累了监测工作经验，至此国民体质监测工作步入制度化轨道。

2.不同人群体质研究现状

我国在1995年以前已经完成几次大规模的体质调查。总结了一套比较稳定的研究对象和人群的划分标准，即儿童（3岁—6岁）、学生（7岁—19岁）、成年人（20岁—59岁）、老年人（60岁—69岁）四大人群，其中在校大学生为（19岁—22岁）。就其研究的覆盖面而言，各部分所占的比例为：儿童占14%，有关儿童的调查研究来看所占的比例不大，其原因可认为是体质测量中学龄前儿童的一些身体素质指标不好确定，或是没有太好的身体素质指标，这就影响研究的整体性或是研究范围受限。学生体质研究占52%，这与国家一贯重视青少年的健康发展，特别是在校学生的体质，同时由于我国学校体育的科学化管理，学生人群的相对集中，易于组织，样本采集相对容易有关。《中共中央国务院关于深化教育改革全面推进素质教育的决定》提出学校教育要树立"健康第一"的指导思想更为学生体质研究提供了政策保障和理论指导，据此教育部、国家体育总局在2002年8

月联合颁布了《学生体质健康标准(试行方案)》,并要求从2004年新学年开始在全国各级各类学校全面实行,从此国内各级各类学校陆续地开展了测试工作。由于《标准》给出了一套完整的测试要求和评分标准,给学校开展学生体质测量评价工作带来了一套科学的指导性标准,并使得更多的学校有了学生体质的第一手资料。有关成年人体质研究占24%,其影响因素是由于年龄跨度大,行业性质各不相同,个体所处职业的差异性特点以及成年人测试指标的选择与确定是限制开展成年人体质测量工作的主要影响因素。另外,由于一些成年人工作性质和地域性等原因,经济欠发地区人们对体质健康的主观重视程度等原因给体质测量的组织工作带来诸多不利,这些都会影响成年人的体质测量工作,所以有关成年人体质方面的研究大多集中在东部的几个大城市的一些机关、学校等研究对象比较集中且有条件的地区,这也是成年人体质研究的一个特点。老年人体质方面的研究近几年有增多的趋势,这与我国城市老龄化进程有一定的关系。由于医疗水平的提高,人们对健康认识的提高以及人们寿命的不断增加,我国从20世纪90年代以来已逐步进入老龄化社会,所以关注老年人健康,关注老年人体质方面的研究在逐年增多,这也是符合我国现阶段的一个社会现象。但老年人分布比较分散以及测试指标的选择与确定同样给测试工作的开展带来很多不便,这也是老年人体质相对学生体质研究数量上较少的主要原因。

近十年来我国国民体质研究的规模在扩大,论文发表的数量在逐年增加,质量也在不断提高。其论文数量为:1994年发表3篇,1995年发表4篇,1996年发表8篇,1997年共发表13篇,1998年发表6篇,1999年发表17篇,2000年发表18篇,2001年发表20篇,这些年体质研究方面的论文发表数量上是逐年递增的,但增幅不大,比较平稳,到了2002年突增到27篇,2003年增长到31篇,2004年增至32篇,2005年已经达到48篇。2006年—2008年10月,共有1612篇关于体质方面的论文与报告。对于体质论文突增的原因可以归纳为:(1)党和政府对国民体质的重视。(2)与我国经济快速发展,人民生活水平提高,人民群众在满足了温饱水平,越来越多的人进入小康水平后对提高生活质量的要求有直接的关系。此后2002年的突增可认为是受2000年我国进行的全国范围的国民体质调查的影响。(3)我国一些大城市已先后进入老龄化社会,老年人数量的增加以及对老年人健康的关注也是近几年体质方面论文数量增加的原因。更多的科研工作者从这一趋势出发,潜心从事体质健康方面的研究与实践,不断地提供新的研究数据与不同角度的研究方法。 而从1995年以来每年都有有关少数民族的体质健康的研究论文,特别是前几年国家提出西部大开发后,国家对西部给予了更大的关注,而西部有众多的少数民族,这也是有关西部少数民族的体质健康方面的论文数量进一步增加的原因。

从研究内容上来看,绝大部分是体格发育水平、生理机能水平、身体素质和运动能力水平这三方面的研究,对心理状况和社会适应能力的研究还没有,在介绍测量方法的文献里也只不过有几篇尝试介绍一些有关心理和适应能力测量方面的研究,还没有进行大规模测量的研究报告,原因是迄今还缺乏能较好地反映心理状况和适应能力的量化指标。故而在实际测试和检测过程中较难选择到既有科学性,又有可操作性的简单易行的指标,对心理、社会适应能力方面的测量指标的确定以及测量的方法还有待进一步完善与发展,而对于体质与其他学科的多学科交叉研究更是少之又少。研究方法基本是对测量的数据进行统计处理后进行不同人群的动态分析、对比分析,并局限在本领域,束缚了体质研究的视野。

3.人类体质的差异研究

人类体质的差异性表现在遗传基础上,但后天的环境对遗传也有较大的影响。例如,无论是欧洲还是东亚大陆都存在由南到北随纬度上升而身高均值有上升的趋势。斯汀森所做的相关分析表明,气温、温度和降雨量与体格大小呈负相关,日照、年最高气温变化与体格大小呈正相关。也就是说,越是生活在温暖潮湿地区的人群,体格(身高、体重)越瘦小;而越是生活在寒冷、年温差大的日照充足地区的人群,体格越高大。张海国等人从遗传学角度对中国56个民族的肤纹研究表明,从52个民族的122个群体指掌纹的11个参数观察到,我国现今民族肤纹体质特征可分为三大群体,即:南方群、混合群、北方群。我国南方群与北方群以长江或北纬30°～33°为界带。这个推测与陈仁虎等利用人类体质测量学研究所提出的"中华民族起源与古代南北两大群体"相吻合。进而说明了人类种族在不同环境中存在不同的变异。

人类体质的个体差异究竟在多大程度上归因于遗传,一直是体育科学界较为关注的课题。1923年,美国学者C. B. Davenport发表了题为"体质与遗传"的研究论文,揭开了人类探讨遗传对体质及运动能力的影响的研究篇章。早期对体质及运动能力的研究手段多采用实验观察、家族相关分析等遗传流行病学研究方法以及种族对比等人类学研究方法。现利用分子生物学技术的发展研究人类体质及运动能力,目前我国学者在这方面的研究比较少。

(二)国外体质研究实践

1.日本体质研究现状

日本是青少年儿童体质调研资料最全的国家,他们把体质称为体力,并积累了1898年以来100多年的青少年儿童生长发育的全部资料,其研究突出地反映了当时的政治和经济环境。其研究主要分为三个阶段:第一阶段(1945年以前):战前酝酿阶段。日本在1879年就对部分学生进行了身体活动能力的调查,检测了身高、体重、胸围、上臂围、下肢围、饮食量、肺活量、握力8项指标,以后又增加了力量(悬垂屈臂)及疾病状况的检查。1939年为战争所需,日本进行了历史上规模最大的国民体质测定,以期实现对外扩张政策。第二阶段(1945年—1960年):战后调整阶段。日本战败后,为恢复国民健康,对其进行了“体力测定”,分别在1949年、1952年、1953年、1954年、1957年、1959年都曾以8岁—18岁男、女青少年为测定对象,进行了跑、跳、投、悬垂及灵活性的测定。第三阶段(1960年以后):快速发展与改革完善阶段。20世纪70年代开始,随着科技水平的不断提高和经济的突飞猛进,日本社会向着信息化、国际化、多样化、老龄化方向发展,国民的身心健康也受到影响,而先进的科技水平和社会环境也为国民体力测定的研究和学校体育的变革提供了条件。于是,在1963年文部省对6岁—9岁学生颁布了《小学低、中年级运动能力测验实施要案》后,1964年开始为10岁—29岁的小学高年级、初中、高中、中等专业学校、短期大学、大学和劳动青年颁布了运动测验实施要案。《要案》中规定,10岁—29岁的青少年必须进行“体力诊断测试”和“运动能力测试”。从1967年开始,对30岁—59岁壮年进行体力测定,并且更加注重国民体质测试的开放性,每年5月—6月份在全国范围内分别按各自《实施要案》对国民进行统一的体力测定,并由文部省提出年度的《体力、运动能力报告书》,以此公布全国体力测定的概况和结果。在施行多年后又于1999年进行了修改,施行了新的测试指标。新的测试指标与过去相比有3个方面的变化:一是减少了测定指标数量。如10岁—29岁年龄段的测定指标原来共有14项之多,新的测定指标在各个年龄段只规定了5项~8项;二是设置了各年龄组通用的测定指标是握力、仰卧起坐和坐位体前屈;三是重新划分了年龄组,分为小学、中学、20岁—64岁、65岁—79岁共4段,加大了低年龄段的跨度。

日本在体质研究方面有明确的科研方向,有严密的科研计划、多渠道的课题来源以及专门的学术机构,并通过这些机构和社会的紧密联系进行多学科的交叉研究和广泛的学术交流,推动学科不断发展。

日本的体质研究指导思想在学校体育中体现得尤为突出,它将青少年体力测定作为中学体育课法定内容,在每年5、6月进行,倡导“快乐体育”和“生涯体育”,通过“生存潜力”和内在动机来唤醒和激发个体积极参与体育锻炼,使每个学生在校期间能掌握1种以上的体育锻炼项目,养成自觉参与体育活动的习惯,从而实现增强体质、促进健康。真正用强烈的自我锻炼意识去倡导终身体育,通过体力测定来检测锻炼效果,以实现终身健康。

我国在这方面的研究不如日本,指导思想在具体实施中与目的不吻合。我国体质测试的目的是增强学生体质,增进其身心健康。在实践中却把重点放在测试的过程和结果上,仅着眼于青少年儿童或国民体质的整体评价,而不涉及个体评价,甚至个体就不知道自己的测试成绩,更不可能知道自己的体质健康状况。而在学生达标测试中,又将运动素质成绩的好坏与体质水平高低对等起来。实际上,运动素质成绩好,并不一定体质好。这就不利于个体合理而正确地认识自己的健康状况,也不利于人们更新思想和树立正确、合理的健康观念。因此,我国在体质研究中,对个体测试结果的评价和激发个体主动参与体育锻炼的指导思想方面显得不足。

(三)中外在体质评价内容和评分方法上的差异

日本测试内容由体力诊断测试、运动能力测试两部分组成。在评分方法上采用标准百分,可以反映出个体成绩在集体中的位置,利于设计未来的锻炼计划。

美国体质评价内容包括心肺功能、肌肉力量与耐力、身体柔韧性、身体组成四方面,它随人们对体质内涵的理解而经历了由掌握运动的基本必备素质逐渐扩大到身体健康所必需的机体适应能力的变化过程。在评分方法上,采用常模标准和效标参考标准,能快速判断被测个体某一指标的水平是否适宜,而且能判断个体与他人的差距如何,并决定是否参加锻炼等。这种评价方法有众多可借鉴之处。

中国的体质评价内容在5次测试中没有太大改变。主要分为4部分:形态、机能、素质、健康(健康指标始于1985年),心理评价内容在测试中未曾涉及,但有部分学者在其他研究中做过调研。在评分方面跟日本有相似之处,也采用百分位法进行评价,但未能建立适合中国人自身特点的健康标准。

各国对体质概念的研究都较晚,体质研究的内容随着各国经济、文化等条件的变化,才逐渐丰富起来,并逐步引起重视。衡量体质的指标经历了由身体形态—素质与运动能力—兼顾机能—健康指标,最后逐渐趋于合理化的变化过程。

(四)中外体质研究的相同点

中外体质研究的目的均受当时的历史、政治、社会等因素的影响,同时,研究的结果也对国民健康、经济发展和法规、政策的颁布起到重要作用,从而也设立了相应的锻炼标准和健身计划。

中外体质研究的对象均由学生开始,并且一直以来都受到重视,因此,对学生的体质研究都较为系统。但由于测试仪器、设备、方法的变化和学生是否发挥出真实成绩等原因,在测试的可靠性和评分方法方面都不同程度地存在一些争议和亟待解决的问题。同时,各国对学生心理方面的研究都落后于生理方面的研究,对其体质某些指标下降的原因分析不足,对提高体质水平的途径和方法的研究也不足。在学生体质发展趋势上,各国的研究都呈现出相似的趋势:学生耐力素质不同程度的下降,肥胖率和心理疾病患病率都有不同程度的上升。

中外体质研究的最终目的都转向全民健康。目前,各国普遍认为身体成分、心血管系统的功能水平、肌肉的力量和耐力、柔软性是影响人体健康水平的主要因素,也是影响人们学习和工作乃至提高未来生活质量的重要条件。现在,身体健康素质这一概念及其评价指标,包含身体成分、心血管系统的功能、肌肉的力量和耐力、柔软性等越来越多应用于各国的学生体质健康乃至全体人群的国民体质健康的评价之中。在体质研究中也增多了医学指标的探讨,想通过体质研究与健康研究紧密结合和加强与国际的联系来改善各国国民健康。

(五)中国体质研究理论和实践体系的综合分析

现有中国体质研究的理论和实践体系能够符合新世纪的要求,具有时代性、综合性和全面性。现有体质研究的概念和范畴从总体上反映了作为整体的人类在朝向完好状态发展的主要方面,与多维健康观念相吻合,强调了身体、心理、社会三个方面,包含了身心统一的理念,与西方的体质观相比,中国的体质研究理论有了明显的升华。其理论的核心内容是:体质具有了应急能力和运动潜能的观念,重视了身体的运动能力,强化了体能的比重,符合增强体质的根本目的和主要手段的原则;强调了体质的多维性,避免了西方仅从身体角度研究和干预体质的不足;从概念上明确指出先天遗传和后天环境两大因素是决定体质的主要因素。但我们也要清楚地认识到,与体质实践活动轰轰烈烈开展的状况相比,我国体质理论的研究有相对滞后的可能,其主要的表现在于:

1.体质属于健康范畴

“体质”作为专有名词,在古今东西方发展史上均有不同程度和不同范围的论述和界定,所含范围广。我国目前的“体质”不能完全涵盖之,即“体质”作为学科名词内涵和外延过大,不能准确表达目前我国体教卫等部门所开展的“体质研究”。

2.缺乏对体质研究方法、实践方式的理论探讨

我国体质研究的实践方式基本上是以大规模的、对群体进行体质调研为主体的,以实践经验指导和推动下一次的调研实践,相关的实践方式的研究停留在经验总结层面,而没有上升到理论高度。对体质指标的基础性研究比较少。

3.体质监测(检测)指标体系涵盖面较窄

虽然在概念和内涵上我国体质研究涵盖了体质的五个方面,但目前的体质调研仍然以形态、机能和素质(体能)指标为主体,缺乏心理指标和社会适应能力指标的相关研究和应用,并且对社会和经济的发展对人们健康和体质的影响以及其对体质影响的有效监测方法,对目前在西方国家普遍采用与体质相关联的研究,如健康风险因素的研究等也很少。

4.在评价标准方面,体质的单项评价和综合评价及其评价理论根据和研制方法有待进一步探讨。

5.体质实践方式相对单一,体质干预相关理论的研究相对薄弱。

本章依据现有国民体质监测系统,以大规模、群体性体质调研数据为准,就其局部的、地域性的经济社会发展水平与国民体质相关性进行研究,旨在寻求一种体质研究的理论视点,探索国民体质研究的新领域,为国民体质的研究提供新的思路。

第二节 甘肃省经济社会发展状况

表 3-1 1997年—2005年甘肃省社会经济发展指标

年份	科学研究支出（万元）	人口数（人）	国民人均生产总值（元）	国民生产总值（万元）	职工平均工资（元）	全社会固定资产投资（万元）	最终消费（亿元）
1997	17663	2494	3199	793.57	6182	2643882	543.95
1998	20490	2519	3541	887.67	6418	3310060	563.03
1999	23854	2543	3778	956.32	6928	3840826	592.61
2000	26486	2556.89	4129	1052.88	7913	4413518	635.71
2001	26535	2575.24	4386	1125.37	9177	5054200	702.29
2002	31105	2592.58	4768	1232.03	10272	5758344	770.54
2003	29531	2603.34	5429	1399.83	11419	6550718	863.46
2004	38201	2618.78	6566	1688.49	12711	7560144	1047.66
2005	44132	2634.59	7477	1933.98	14172	8745250	1217.63

由表3-1纵观甘肃省经济发展状况（1997年—2005年），甘肃省生产总值(GDP)呈逐年上升趋势，年平均增长率为11.9%。增长最缓的年份为2001年，年增长6.9%，增长最快的年份是2004年，年增长20.4%。表3-1数据显示，人均国民生产总值呈逐年上升趋势，年平均增长速为11.3%；职工工资总体呈上升趋势，年平均增长速度为10.9%；全社会最终消费总体呈上升趋势，平均年增长速度为10.7%；

全社会固定资产投资总体呈逐年上升趋势，年平均增长10.7%；居民消费水平呈逐年上升趋势，年平均增长9.6%；城乡居民储蓄存款余额呈逐年上升趋势，年平均增长13.6%；社会消费品零售总额呈逐年上升趋势，年平均增长10.6%。通过分析以上经济指标，我们认为在此时间段（1997年—2005年）甘肃省经济发展总体水平呈不断上升趋势。

表3-2　甘肃省各类人员收支统计（1997年—2005年）

从业人口（万人）	城乡居民储蓄存款年底余额（万元）	各级学校在校学生占人口%	卫生机构人员数（人）	工会基层组织数（个）	工会专职干部人数（人）	社会消费品零售总额（万元）	居民消费（元）
1530.32	5719305	25.92	99219	10596	8601	2915252	430.74
1539.8	6631033	25.47	99276	10519	9703	3177625	437.87
1489	7373607	25.51	99809	9788	9554	3469967	460.49
1476.45	8187607	26.3	95050	10768	8714	3796143	496.35
1488.93	9207078	21	95699	14675	6257	4137796	538.73
1500.59	10422181	21.43	95504	15320	5789	4535024	594.61
1510.85	12173882	21.81	96878	24291	5861	4965852	668.37
1520.46	13831098	21.87	96423	23061	6279	5606447	775.53
1391.36	15866560	22.78	97140	17522	5475	6327997	893.15

表3-2中的甘肃省社会发展指标显示，各级学校在校学生占总人口的百分数总体呈负增长态势，年平均增长率为-0.39%；卫生机构人员数呈负增长趋势，年平均增长率为-0.23%；工会基层组织机构数

总体呈上升趋势，起伏较大，2005年降幅最大，为-24.02%，2003年增幅最大，为58.6%，但年平均增长8.32%；工会专职干部人数总体呈负增长趋势，平均年增长为-4.7%。上述数据表明甘肃省社会机构公共服务人员严重不足，且呈负增长趋势。而各级学校在校学生占总人口的百分数的负增长态势表明，我省受教育水平的下降状态。从一个侧面反映我省社会发展水平与经济发展水平的不协调趋势。本章针对相关经济指标和社会指标在统计数据层面上分析其发展趋势，主旨是寻求其与国民体质指标在统计学上的相关意义，而对经济的上升或下降问题、影响社会发展因素等问题在本章不做讨论。

第三节 甘肃省国民(6岁—59岁)体质现状

一、甘肃省青少年学生(6岁—19岁)体质变化趋势分析

表3-3 2000年—2005年甘肃省学生身体形态指标(男)

年龄(岁)	身高(cm)		体重(kg)		肺活量(ml)		握力(kg)		50米跑(s)	
	2000	2005	2000	2005	2000	2005	2000	2005	2000	2005
6	117.5	118.5	20.7	21	1175	912.2	5.6	9.3	12.1	12.1
7	122.3	124	22.3	23.6	1321	1022.8	6.4	11.5	11.4	11.1
8	127.9	129.1	24.8	25.6	1501.5	1191.9	7.3	12.8	10.5	10.5
9	132.6	134.3	27.4	29.4	1759.5	1375.1	9.1	15.4	10.0	10.1
10	137.9	138.5	30.4	32.5	1903.5	1534.4	10.8	16.6	9.7	9.9
11	142.5	143.3	34.2	35.5	2036.0	1740.0	14.1	18.6	9.5	9.5

续表 3-3

年龄（岁）	身高(cm)		体重(kg)		肺活量(ml)		握力(kg)		50米跑(s)	
	2000	2005	2000	2005	2000	2005	2000	2005	2000	2005
10	137.9	138.5	30.4	32.5	1903.5	1534.4	10.8	16.6	9.7	9.9
11	142.5	143.3	34.2	35.5	2036.0	1740.0	14.1	18.6	9.5	9.5
12	148.4	150.2	38.1	39.8	2332.5	1971.4	14.1	21.7	9.3	9.2
13	158.4	157.4	41.4	45.2	2598.0	2347.3	17.8	27.0	8.9	8.9
14	161.2	162.5	47.7	48.8	3053.0	2592.6	23.0	31.6	8.5	8.6
15	165.6	167.	50.8	53.4	3380.5	2869.5	27.9	36.6	8.2	8.1
16	169.6	168.9	56.7	55.8	3364.0	3175.4	32.6	38.8	7.9	8.2
17	170.2	171.3	57.6	59.8	3802.5	3371.5	34.2	41.9	7.8	7.9
18	171.02	171.3	59.3	59.0	3906.5	3431.3	35.4	42.7	7.7	7.9
19	171.03	172.2	58.5	59.3	4049.0	3759.2	41.4	42.7	7.8	7.8

（一）身体形态

由表3-3可看出，我省青少年(6岁—19岁)身高和体重随年龄的增加而增加，但同年龄间，各年龄段身高和体重都呈现2005年高于2000年，两年度都显示男生12岁到13岁段身高增加值最大，为10.0厘米和7.2厘米；女生9岁—10岁增加值最大，分别为5.6厘米和8.2厘米。男生体重最大增加值是2000年为13岁—14岁、2005年为12岁—13岁，分别增加6.3千克和5.4千克；而女生2000年为11岁—12岁、2005年为13岁—14岁，分别增长4.5千克和5千克。而16岁到19岁年龄段身高和体重增速明显减缓，男生身高平均年增长0.25厘米，体重平均增长0.6千克，女生四年身高增长0.1厘米，体重增长0.3千克。

男女相比，各年龄段身高和体重均男性高于女性；城乡相比，城男高于乡男、城女高于乡女，且差异显著($P<0.05$)。

表3-4 2000—2005年甘肃省学生身体形态指标(女)

年龄	身高(cm)		体重(kg)		肺活量(ml)		握力(kg)		50米跑(s)	
(岁)	2000	2005	2000	2005	2000	2005	2000	2005	2000	2005
6	116.1	117.1	19.5	20.6	995.5	807.6	5.4	7.8	12.4	12.6
7	121.4	121.7	21.3	21.7	1193.0	904.5	5.8	9.6	11.6	11.8
8	126.7	127.2	23.8	24.3	1372.0	1055.9	6.3	11.1	10.8	11.2
9	131.9	132.7	26.7	27.0	1528.5	1200.2	7.6	12.4	10.2	10.6
10	137.5	141.9	29.2	31.4	1716.5	1358.1	9.1	15.0	10.0	10.3
11	141.9	144.7	32.7	34.8	1745.0	1496.2	10.8	17.0	9.8	10.2
12	148.6	150.2	37.2	39.0	2028.0	1705.7	11.9	19.3	9.7	10.0
13	153.2	153.6	41.7	42.6	2169.0	1884.7	14.4	21.2	9.3	9.8
14	156.2	156.7	45.3	47.6	2380.0	1956.9	16.7	23.6	9.2	9.8
15	156.5	157.0	47.7	48.8	2465.0	2005.6	17.9	24.7	8.9	10.1
16	158.5	158.2	49.3	50.1	2585.0	2133.4	18.3	24.9	8.8	10.2
17	158.6	159.0	51.3	50.8	2592.0	2182.0	19.8	25.5	8.7	10.1
18	158.7	158.7	51.6	51.8	2580.0	2179.6	20.0	26.3	8.8	10.2
19	159.1	159.8	51.0	51.9	2759.0	2406.2	24.6	26.9	8.9	10.0

(二)身体素质

由表3-4可看出,我省青少年肺活量在不同年度均呈随年龄的增大而增大趋势,在同年龄间,各年龄段均显示2005年低于2000年,即近年来呈下降趋势。其增加最大值出现的年龄段男生2000年为11岁—12岁、2005年为12岁—13岁,分别为296.5毫升和375.9毫升;女生均为11岁—12岁,分别为283毫升和299.5毫升。男女生均从16岁到19岁肺活量增速明显减缓,男生平均每年增长100毫升、女生平均增长60毫升。

男女相比,各年龄段肺活量均男性高于女性;城乡相比,城男高于乡男、城女高于乡女,且差异显著($P<0.05$)。

青少年力量素质握力在不同年度均呈现随年龄的增大而增大的趋势，整个年龄段显示2005年低于2000年，即近年来青少年学生上肢力量有下降趋势。全年龄段年度增加最大值出现在：男生2000年和2005年均为13岁—14岁，分别为5.2千克和5.6千克；女生2000年为18岁—19岁，2005年为13岁—14岁，分别为4.6千克和2.4千克。

男女相比，各年龄段握力均男性高于女性；城乡相比，城男低于乡男、城女低于乡女，且差异显著(P＜0.05)。

表3-5　2000年—2005年甘肃省学生身体素质指标(男)

年龄(岁)	立定跳远(cm)		引体向上(次)		1500米跑(s)		坐位体前屈(cm)	
	2000	2005	2000	2005	2000	2005	2000	2005
6	107.9	105.2	19.5	18.3	121.7	139.2	4.2	6.9
7	121.1	119.8	24.9	19.3	131.1	130.7	4.2	6.6
8	135.4	132.1	28.3	22.1	124.1	125.5	3.9	5.7
9	143.9	144.6	30.4	28.3	119.0	121.7	3.7	5.3
10	154.4	150.8	32.7	28.0	114.7	119.9	3.7	3.9
11	160.7	159.5	37.0	26.4	114.9	114.8	4.5	3.6
12	166.9	168.5	29.2	31.7	112.2	114.4	3.5	3.3
13	180.1	177.8	0.9	2.2	302.0	303.8	4.5	5.2
14	188.5	189.3	2.1	2.8	275.9	288.7	5.2	6.2
15	201.3	200.2	2.6	3.6	264.6	276.7	7.5	8.0
16	217.7	206.3	3.2	4.0	259.5	266.3	9.0	9.4
17	220.5	212.2	4.3	4.2	252.6	265.4	11.3	10.2
18	222.9	211.9	4.23	4.8	254.5	260.9	9.8	11.0
19	222.8	213.1	5.9	5.9	251.1	249.3	12.1	13.1

注：引体向上项目：6岁—12岁为斜身引体、13岁—19岁为引体向上。
1500米项目：6岁—12岁为50米×8、13岁—19岁为1500米。

由表3-5可以看出，下肢力量素质立定跳远在不同年度均呈现随年龄的增大而增大的趋势。在整个年龄段显示2005年低于2000年，即近年来青少年学生下肢力量有下降趋势。在不同年龄段年度增加最大值出现在男生2000年为7岁—8岁、2005年为6岁—7岁，分别为14.3厘米和14.6厘米。女生2000年和2005年均为6岁—7岁年龄段，分别为10.9厘米和14.2厘米。

男女相比，各年龄段立定跳远为男性高于女性；城乡相比，城男高于乡男、城女低于乡女，且差异显著。

青少年速度素质50米跑在不同年度均呈现随年龄的增大而增快的趋势。各年龄段数据显示2005年高于2000年，即近年来青少年学生速度素质有下降趋势。不同年龄段年度速度变化最大值男女生均出现在6岁—7岁年龄段，男生为0.7秒和1秒、女生均为0.8秒。

男女相比，各年龄段速度素质为男性好于女性；城乡相比，城男好于乡男、城女低于乡女，且差异显著。

续表3-5　2000年—2005年甘肃省学生身体素质指标(女)

年龄	立定跳远(cm)		引体向上(次)		1500米跑(s)		坐位体前屈(cm)	
(岁)	2000	2005	2000	2005	2000	2005	2000	2005
6	103.0	96.3	10.1	10.0	122.6	143.2	6.5	10.3
7	113.9	110.5	14.7	16.3	137.8	136.9	6.2	9.3
8	123.1	122.6	17.9	19.1	131.7	131.6	6.2	10.0
9	133.9	131.8	21.4	20.8	124.6	127.2	6.6	8.3
10	140.2	142.2	21.9	23.6	123.6	123.8	5.8	8.6
11	146.9	147.9	26.2	24.8	121.6	120.9	6.5	7.8
12	151.5	152.3	23.6	25.3	120.2	122.4	6.5	8.4
13	157.5	155.8	23.8	23.6	258.0	262.2	7.5	9.4
14	158.1	157.3	25.6	23.7	248.0	263.0	8.1	9.4
15	159.2	156.6	25.6	22.8	247.3	261.3	8.7	10.7
16	165.1	155.8	25.7	22.3	250.4	267.1	9.6	10.1
17	164.8	157.5	26.9	24.3	251.2	263.1	10.5	11.3
18	165.7	155.7	27.9	24.9	254.5	262.6	10.0	11.5
19	165.2	156.4	25.9	25.3	253.2	252.4	10.9	13.9

注：800米项目：6岁—12岁为50米×8、13岁—19岁为800米。

青少年耐力素质1500米(800米)跑在不同年度均呈现随年龄的增大而增快的趋势。不同年度各年龄段显示2005年慢于2000年,即近年来青少年学生耐力素质呈下降趋势。在不同年龄段年度增加最大值出现在:儿童阶段男生2000年和2005年均为6岁—7岁年龄段,分别为9.4秒和8.5秒;女生2000年和2005年均为6岁—7岁年龄段,分别为15.2秒和6.3秒,少年阶段男生2000年和2005年均为13岁—14岁,分别为26.1秒和15.1秒;女生2000年为13岁—14岁、2005年为15岁—16岁,分别为10秒和5.8秒。

男女相比,各年龄段耐力素质在儿童阶段男生好于女生、在少年阶段女生好于男生;城乡相比,城男低于乡男、城女低于乡女,且差异显著。

男生引体向上在各年龄段均呈现随年龄的增大而增加的趋势。在整个年龄段显示2005年好于2000年,即近年来青少年学生上肢力量有上升趋势。在不同年龄段年度增加最大值出现在,儿童阶段男生2000年为11岁—12岁、2005年为8岁—9岁,分别为7.8次和6.2次;少年阶段2000年和2005年均为18岁—19岁年龄段,分别为1.7次和1.1次。城乡相比,儿童阶段城男高于乡男、少年阶段城男低于乡男,且差异显著。

女生腰腹力量在各年龄段均呈现随年龄的增大而增大的趋势。各年龄段显示2005年低于2000年,即近年来女生腰腹力量呈下降趋势。在不同年龄段年度最大增加值出现在2000年和2005年均为6岁—7岁,分别为4.6次和6.3次。城乡相比,城女好于乡女,且差异显著。

综上所述近年来我省青少年身高和体重整体呈上升趋势,耐力素质、力量素质和速度素质各年龄段均呈下降趋势。男女相比,差异显著。各年龄段身高和体重均男性高于女性;耐力跑素质在儿童阶段男生好于女生、在少年阶段女生好于男生,力量素质男生好于女生;速度素质则为男生好于女生。城乡相比,身高城男高于乡男、城女高于乡女;耐力素质,城男低于乡男、城女低于乡女;力量素质则表现为上肢力量城男好于乡男,城女好于乡女;而下肢力量,城男好于乡男,城女低于乡女;速度素质为城男好于乡男,城女和乡女无显著差异。

二、甘肃省成人(20岁—59岁)体质特征及变化趋势分析

我国从1997年依据《中国成年人体质测定标准》,开始实行国民体质测定工作,其目的就是对国民进行体质测定,评定国民体质状况,检验体育锻炼的具体效果,寻找增强体质的有效方法和途径,指导国民科学健身,不断提高国民的体育健身意识,从而促进国民体质的健康发展。近年来,就国民体质研究问题,针对青少年体质研究较多,而对成人体质研究较少,为此本章重点对甘肃省成年人国民体质现状、特点及发展趋势做以梳理和分析,旨在为甘肃大众体育政策的制定提供科学依据。

(一)成人体质达标率分析

表3-6　1997年—2005年甘肃省成年人体质达标率

年度		优秀(%)	良好(%)	合格(%)	不合格(%)
1997	全国	12.1	25.9	33.4	28.6
	甘肃	9.2	18.5	47.2	25.1
2000	全国	12.8	26	42.2	12.3
	甘肃	7.7	18.9	42.3	31.1
2005	全国	15.5	25.8	45.5	13.2
	甘肃	11.2	23.4	51.6	13.8

我省成年人优良率均低于全国水平(见表3-6),其中优秀率平均低于全国水平4.1个百分点,良好率低于5.6个百分点,只有合格率高于全国水平,平均高出6.7个百分点,而不合格率除1997年外,均高于全国水平。纵观3年达标状况,甘肃省成年人体质达标者呈上升趋势,体质优良者所占比例较低,不合格率总体高于全国水平,平均高5.2个百分点,这也反映成年人体质水平整体不高,应引起个体及相关部门的足够重视。

(二)成年男性形态与机能指标分析

表3-7 1997年—2005年甘肃省成年人身体形态指标(男)

年度	样本数	身高(cm)	体重(kg)	肺活量(ml)	台阶试验指数	坐位体前屈(cm)
1997	3043	169.2±5.7	64.8±8.5	3338±594	56.1±9.9	7.3±9.2
2000	2834	169.5±5.8	67.1±9.1	3496±721	57.0±10.0	7.2±7.9
2005	5032	169.9±5.8	67.7±9.2	3335±657	57.5±9.8	5.3±7.5

表3-7结果显示,成年男性身高均值呈随年度的增长而增长的趋势,但增幅较小。2000年比1997年增长了0.3厘米,2005年比2000年增长了0.4厘米,经统计检验差异显著。不同年度成年男性身高特征均表现为在20岁—24岁年龄段达到最高峰值,而后随年龄的增长而呈下降趋势。成年男性身高的这种变化趋势,既与身高随年龄增长而降低的生物学因素有关,也与人体生长变化的社会因素有关。

成年男性体重均值呈随年度的增长而增长趋势,增幅较大。2000年比1997年增长了2.3千克,平均年增长0.7千克,差异显著,2005年比2000年增长了0.6千克,差异显著。不同年度成年男性体重表现为随年龄的增大而增长的趋势,其最高峰值出现在50岁—54

岁年龄段。

男性肺活量均值总体呈随年度增加而下降趋势,年均下降36毫升,但下降中有上升。2000年比1997年上升了158 ml,差异显著。2005年与2000年相比下降了161毫升,且差异显著。间接反映男性成人耐力素质在下降。但在不同年度成年男性肺活量在25岁—29岁年龄段达到最高峰值,而后随年龄的增长而呈下降趋势,且呈年龄越大下降速度越快,反映随年龄的增长成人呼吸功能逐渐下降的趋势。

男性台阶试验指数均值总体呈随年度的增长而呈上升趋势,但上升幅度较小。2000年比1997年上升了0.9,且差异显著。2005年比2000年上升了0.5,且差异显著。表明近年来男性心血管机能水平有逐步提升的趋势。但在不同年度男性台阶试验均在35岁—39岁年龄段达到最高峰值,然后随年龄的增长而呈下降趋势。

(三)成年男性身体素质指标分析

表3-8 1997年—2005年甘肃省成年人身体素质指标(男)(续)

	样本数	握力(N)	纵跳(cm)	俯卧撑(次)	闭眼单脚站立(sec)
1997	3043	44.3±7.6	37.3±10.0	19±9.0	16±21.0
2000	2834	45.9±7.8	30.9±6.5	17.7±8.8	23.1±28.5
2005	5032	45.6±7.0	34±7.1	20.6±9.6	23.8±22.7

由表3-8可看出,男性坐位体前屈均值总体呈随年度的增长而下降趋势,2000年比1997年下降了0.1,且差异显著。2005年比2000年下降了1.9厘米,有差异但无统计学意义,结果显示男性成人柔韧素质近年来呈下降趋势。但在不同年度坐位体前屈表现为均在20岁—24岁年龄段达到最大峰值,而后随年龄的增长而呈下降趋势。

男性握力均值总体呈随年度上升而上升趋势,但上升中有下降。2000年比1997年上升1.6牛,差异显著。2005年比2000年下降0.3

牛，差异显著。结果显示近年来成年男性手臂力量有不断增长趋势。但在不同年度握力均表现为在35岁—40岁年龄段达到最大峰值，在此之前是随年龄的增长而增长，在此之后随年龄的增长而下降。

男性纵跳均值总体呈随年度的增长而下降的趋势，但在下降中有上升。2000年比1997年下降了6.4厘米，有差异但无统计学意义。2005年比2000年上升了3.1厘米，差异显著。也就是说近年来成年男性下肢力量有下降趋势。就不同年度成年男性纵跳均在20岁—24岁年龄段达到最大峰值，而后随年龄的增长而下降。

男性俯卧撑均值总体呈随年度的增长而上升趋势，但在上升中有下降。2000年比1997年下降了1.3次，差异显著。2005年比2000年增加了2.9次，差异显著。结果显示近年来成年男性上肢力量有随年度增大趋势。就不同年度成年男性俯卧撑均在20岁—24岁年龄段达到最大峰值，而后呈随年龄的增长而下降之势。

男性闭眼单脚站立均值总体呈随年度增长而上升趋势。2000年比1997年上升了7.1秒，有差异但无统计学意义。2005年比2000年上升了0.7秒，差异显著。结果显示近年来男性平衡能力有随年度不断提升的趋势。就不同年度成年男性闭眼单脚站立在20岁—24岁年龄段达到最大峰值，而后呈随年龄的增长而下降之势。

(四)成年女性身体形态和机能指标分析

表3-9　1997—2005年甘肃省成年人身体形态指标(女)

年度	样本数	身高(cm)	体重(kg)	肺活量(ml)	台阶试验指数	坐位体前屈(cm)
1997	2713	158.8±5.4	55.8±7.6	2440±519	56.2±9.6	8.3±8.1
2000	2894	157.9±5.4	57.0±8.1	2437±537	57.9±11.0	8.9±6.9
2005	4991	158.4±5.1	56.2±7.3	2154±545	60.4±11.7	8.5±7.6

由表3-9可以看出，女性身高均值总体随年度增长呈下降趋势，下降中有起伏。2000年比1997年下降0.9厘米，且差异显著。2005年比2000年上升0.5厘米，且差异显著。就不同年度成年女性身高在20岁—24岁年龄段达到最大峰值，而后随年龄的增长呈逐渐下降趋势。

女性体重均值总体随年度的增长呈上升趋势，上升中有下降。2000年比1997年上升1.2千克，且差异显著。2005年比2000年下降了0.8千克，差异显著。就不同年度女性体重随年龄的增长而呈增长趋势，其最大峰值出现在55岁—59岁年龄段。

女性肺活量均值总体呈下降趋势。2000年比1997年下降了3毫升，差异显著。2005年比2000年下降了283毫升，差异显著。反映近年来女性耐力素质随年龄的增长而下降。就不同年度女性肺活量则在20岁—24岁年龄段达到最大峰值，而后随年龄的增长呈下降趋势。

台阶试验指数均值总体随年度的增长呈上升趋势。2000年比1997年上升了1.7，差异显著。2005年比2000年上升了2.5，差异显著，结果显示近年来女性心血管系统机能有逐步提升的趋势。就不同年度女性台阶试验指数则在40岁—44岁年龄段之前随年龄的增长而增长，之后随年龄的增长而逐渐减小。

（五）成年女性身体素质指标分析

表3-10 1997岁—2005年甘肃省成年人身体素质指标均值（女）

年度	样本数	握力（N）	纵跳（cm）	仰卧起坐（次）	闭眼单脚站立（sec）
1997	2713	29.3±5.3	25.8±7.2	13.0±9.0	13±15.0
2000	2894	27.9±5.5	19.8±4.6	10.3±9.8	23.5±31.6
2005	4991	27.6±5.6	21.8±5.5	14.7±9.8	19.7±17.6

表3-9，3-10得知，女性坐位体前屈均值总体随年度的增长呈上升趋势，但在上升中有下降。2000年比1997年上升了0.6厘米，差异

显著。2005年2000年下降了0.4厘米，下降幅度较小，但差异显著，结果反映近年来成年女性柔韧素质有逐步提升趋势。就不同年度女性坐位体前屈在20岁—24岁达到最大峰值，而后随年龄的增长而呈下降趋势。

成年女性握力均值总体随年度的增长呈下降趋势。2000年比1997年下降了1.4牛，且差异显著。2005年比2000年下降0.3牛，差异显著，结果显示近年来女性手臂力量呈逐步下降趋势。就不同年度女性握力在40岁—44岁出现最大峰值，之后随年龄增长呈下降趋势。

女性纵跳均值总体随年度的增长呈下降趋势，在下降中有上升。2000年比1997年下降了6厘米，有差异但无统计学意义。2005年比2000年上升了2厘米，且差异显著。结果显示近年来女性下肢力量有逐步下降趋势。就不同年度女性纵跳在20岁—24岁年龄段出现最大峰值，之后随年龄的增长呈下降趋势。

女性仰卧起坐均值总体随年度的增长呈上升趋势，在上升中有下降。2000年比1997年下降了2.7次，有差异但无统计学意义。2005年到2000年上升了4.4次，有差异但无统计学意义，数据显示近年来女性腰腹力量有逐步增长趋势。就不同年度女性仰卧起坐在20岁—24岁年龄段出现最大峰值，之后随年龄的增长呈下降趋势。

女性闭眼单脚站立均值随年度的增长呈上升趋势，在上升中有下降。2000年比1997年上升了10.5秒，有差异但无统计学意义。2005年比2000年下降了3.8秒，有差异但无统计学意义。数据显示近年来女性成人平衡能力有逐步提高趋势。就不同年度女性闭眼单脚站立均值最高峰出现在20岁—24岁年龄段，之后随年龄的增长呈下降趋势。

综上分析甘肃省成人体质特征及变化趋势（1997年—2005年）形成如下结论：

1.从形态指标看近年来成年男女身高呈逐步升高的趋势，但有随年龄的增加而逐步降低的特点，但幅度较小，在20岁—39岁年龄段降低幅度最大；男女体重均呈增长趋势，且有随年龄的增大而增加的趋势，也就是说成年男女身体形态正朝“纵、横”方向稳定发展趋势。

2.成年男女肺活量均呈下降趋势，且有随年龄的增大而逐步降低的趋势，反映我省成年男女耐力素质在不断下降。而且男性肺活量明显大于女性，男女差异显著，平均差值在1000毫升以上。

成年男女台阶指数均呈不断增高趋势，且2000年与2005年结果均高于全国平均值，反映出甘肃省成年男女心血管机能水平整体呈不断提高趋势。

3.近年来成年男女坐位体前屈、握力以及纵跳等身体素质指标均呈逐渐下降趋势。但男性俯卧撑、女性仰卧起坐以及男性闭眼单脚站立时间指标均总体呈上升趋势，差异显著。但就不同年度成年男女身体素质总体特征均表现为在20岁—24岁（女性握力和台阶指数在40岁—44岁）呈最大峰值，其后随年龄的增长而呈下降趋势。

4.我省成年人体质整体水平呈下降趋势且处于全国平均水平以下。

第四节　甘肃省经济社会发展与国民体质关系

21世纪是知识经济时代，它要求体力和智力全面发展的复合型人才，体质与健康越来越成为人类全面发展的重要途径，体质作为一种资本在于其以健康的生产力为社会发展所做的贡献，经济社会的发展为人类的发展提供物质条件和发展空间，而人类的体质健康则为经济社会发展提供人力资源保障。为此，国民体质的强弱，既是关系到每个人身体健康和自身发展问题,也是关系一个民族种族发展和国家前途的战略问题,并对和谐社会的建设具有现实意义。本章依据甘肃省成人体质健康水平的变化特点与规律,统计分析经济社会发展对国民体质水平的影响,求证影响国民体质水平的经济社会发展指标,探求经济社会发展水平与成人体质发展水平的关联问题。力求使本章为国民体质监测和大众体质的发展提供理论依据,并为政府相关部门和社会机构制定相关政策提供建议。

一、指标筛选

表 3-11 社会经济发展指标与体质指标一览表(相关分析)

经济社会指标	简称*	体质指标
国内生产总值	GDP	身高(cm)
人均国内生产总值	人均GDP	体重(kg)
全社会固定资产投资	固定投资	肺活量(ml)
职工平均工资	职工工资	台阶指数
社会最终消费	社会消费	握力(N)
居民消费	居民消费	纵跳(cm)
全社会零售总额	零售总额	坐位体前屈(cm)
各级学校在校学生占总人数百分比	学生比例	俯卧撑(仰卧起坐)
卫生机构技术人员数	卫生人员	单脚闭眼站立(sec)
工会干部	工会干部	
工会基层组织数	工会组织	

*注:以下表中经济社会指标均用简称表示。

在体质指标选择上，我们依据从1997年开始的全国范围内实施的国民体质检测与统计指标，并力求选择最具代表性的成人体质发展指标。而经济社会指标选择则参阅国家经济发展指标和社会发展指标。筛选甘肃省经济社会发展指标29项，国民体质指标16项，运用统计学方法进行相关分析剔除非相关指标，最终确定经济社会发展指标11项、国民体质指标10项（参见表3-11）。之所以选取上列指标，我们考虑到指标的选取要既符合比较全面的原则，同时又遵循数据的容易性（容易得到）和准确性（客观真实）。为此经济社会发展指标与体质指标相关分析以此为起点，尽可能在某一时间点或时间段上寻求其二者的相关性，并力求使统计分析符合科学性并较真实地反映事实，但其局部性会影响全面的发展概括。

二、关于经济社会发展与国民体质发展的理论猜想

1.经济的高速发展必将伴随生活水平的提升和生活质量的改善，引起成人身高和体重的相对增长，形成中年人身体形态的横向发展（如肥胖等）和身体机能的退行性变化。

2.经济的发展和科技水平的提高所引起的生产方式、生活方式和生活环境的改变，将导致成人身体素质的退行性变化。

3.经济社会高速发展必将导致有闲时间的增加，随之而来的是人们的休闲（部分的对体质或运动需求的偏好者）提供时间上的可能性。

三、经济社会发展水平与国民体质水平相关性分析

基于成年人作为经济社会建设的中坚力量，其体质水平对社会的发展具有一定的影响因素。为此我们力求在经济社会发展指标和成人体质发展指标的变化中寻求其相关性，而对二者的相关分析则为我们的理论猜想提供一点理论支持。

(一)成人身体形态及体质与经济社会发展关系分析

表3-12　成年男性身体形态、体质与社会经济发展指标(相关分析)

		身高	体重	肺活量	台阶指数	握力	俯卧撑
GDP	r	-0.179	0.004	-0.976**	0.957**	-0.779*	0.711*
	p	0.644	0.992	0.000	0.000	0.013	0.032
人均GDP	r	-0.165	-0.011	-0.976**	0.951**	-0.768*	0.720*
	P	0.672	0.977	0.000	0.000	0.016	0.029
固定投资	r	-0.280	0.107	-0.972**	0.988**	-0.847**	0.639*
	p	0.466	0.784	0.000	0.000	0.004	0.064
职工工资	r	-0.238	0.062	-0.983**	0.983**	-0.826**	0.673*
	p	0.538	0.874	0.000	0.000	0.006	0.047
社会消费	r	-0.107	-0.069	-0.982**	0.937**	-0.733*	0.760*
	p	0.748	0.861	0.000	0.000	0.025	0.018
居民消费	r	0.118	-0.058	-0.987**	0.945**	-0.744*	0.755*
	P	0.762	0.883	0.000	0.000	0.022	0.019
零售总额	r	-0.245	0.072	0.977**	0.980**	-0.826**	0.666
	P	0.525	0.855	0.000	0.000	0.006	0.050
存款余额	r	-0.227	0.053	-0.982**	0.978**	-0.817**	0.680*
	P	0.577	0.894	0.000	0.000	0.007	0.044
学生人数	r	0.362	-0.228	0.686*	-0.748*	0.718*	-0.325
	p	0.339	0.552	0.041	0.021	0.029	0.393
卫生人员	r	0.744*	-0.678*	0.358	0.586	0.765*	0.152
	P	0.021	0.045	0.344	0.097	0.016	0.695
工会组织	r	-0.188	0.015	-0.834**	0.816**	-0.685*	0.574
	P	0.629	0.969	0.005	0.007	0.042	0.106
工会干部	r	0.272	-0.127	0.840**	-0.865**	0.762*	-0.514
	P	0.478	0.744	0.005	0.003	0.017	0.157

** 在0.01水平(双尾)显著性相关

* 在0.05水平(单尾)显著性相关

成年男女身体形态总体趋势是身高均值呈随年度的增长而增长趋势，且增幅较小，体重均值则呈逐年增长趋势，而增幅较大，也就说成年男女在1997年—2005年时间段身高和体重呈不断增长趋势，统计结果印证了人体生长发育规律（即从出生到中年身高发展趋势呈单驼峰形从上长段开始步入下降段、体重发展则呈不断增长趋势），而经济、社会的发展在客观上为人体生长发育提供了物质保障和基础条件。但相关性分析显示成年男女身高、体重与经济发展指标无关，只有"卫生机构技术人员数量"一项社会发展指标与身高呈正相关、与体重呈负相关，即随卫生水平的提升，成人身高呈正增长、体重呈负增长。而这一结果反证了我们的猜想1，也就是说成年男女身体形态的发展现实与经济社会发展无关，更进一步地说明经济和社会的发展现实无法改变人体基本生长规律，同时证明了自然规律的不可抗拒性，只有卫生水平的提升对成人形态发展有积极的影响（见表3-12）。

成年男女肺活量与经济发展指标呈负显著相关、而与社会发展指标呈正显著相关（只有卫生机构人员数与肺活量无关），也就是说经济社会的发展对成年人耐力素质的影响是随经济社会的发展而呈下降趋势，这也正好印证了我省成年人肺活量素质指标的发展趋势，同时印证了我们的理论猜想2。

反映成年男女心血管系统的指标台阶指数与经济发展指标呈正显著相关，但与社会发展指标则男性呈正显著相关、女性呈负显著相关，这一结果男性印证了猜想2，女性反证猜想2。也就是说成人男女心血管机能水平有随经济发展水平的提高而提高的趋势（反证了猜想2），而随社会发展水平提升则成年男性心血管机能水平呈提高趋势（反证猜想2）、女性则呈降低趋势（印证猜想2）。进一步分析的结果是经济和社会发展水平的不断提升造成了成年男性耐力素质的提升和女性耐力素质的下降。

反映成年男女手臂力量的体质指标握力与经济指标呈负相关、与社会指标呈正相关，但女性手臂力量则与社会指标"工会组织"呈负相关。也就是说随着经济发展水平的提高，成年男女手臂力量有下降趋势，这一结果印证了理论猜想2，而随社会发展水平的提高，成年男女手臂力量呈上长趋势，这一结果反证了理论猜想2。

而反映成年男性上肢力量的体质指标俯卧撑与经济指标呈正相关（其只与全社会零售总额一项指标无关，但也接近临界水平），而与社会指标无相关性。两者说明经济水平的发展对男性上肢力量的提高有帮助作用，这一点反证了我们的理论猜想2。

女性腰腹力量指标与经济发展指标呈正显著相关、与社会发展指标无关。统计分析结果反证了理论猜想2，也就是说成年女性腰腹力量则随经济水平的提高而得到改善（见表3-13）。

表3-13　成年女性身体形态、体质与社会经济发展指标（相关分析）

		身高	体重	肺活量	台阶指数	握力	仰卧起坐
GDP	r	0.179	0.004	−0.976**	0.957**	−0.779**	0.711*
	p	0.322	0.496	0.000	0.000	0.007	0.016
人均GDP	r	−0.165	−0.011	−0.976**	0.951**	−0.768**	0.720*
	P	0.336	0.489	0.000	0.000	0.008	0.014
固定投资	r	−0.280	0.107	−0.972**	0.988**	−0.847**	0.639*
	p	0.233	0.392	0.000	0.000	0.002	0.032
职工工资	r	−0.238	0.062	−0.983**	0.983**	−0.826**	0.673*
	p	0.269	0.437	0.000	0.000	0.003	0.024
社会消费	r	−0.107	−0.069	−0.982**	0.937**	−0.733*	0.760**
	p	0.392	0.430	0.000	0.000	0.012	0.009
居民消费	r	−0.118	−0.058	−0.987**	0.945**	−0.744*	0.755**
	P	0.381	0.442	0.000	0.000	0.011	0.009

续表 3-13

		身高	体重	肺活量	台阶指数	握力	仰卧起坐
零售总额	r	−0.245	0.072	−0.977**	0.980**	−0.826**	0.666*
	P	0.263	0.427	0.000	0.000	0.003	0.025
存款余额	r	−0.227	0.052	−0.982**	0.978**	−0.817**	0.680*
	P	0.278	0.447	0.000	0.000	0.004	0.022
学生人数	r	0.362	−0.228	0.686*	−0.748*	0.718*	−0.325
	p	0.169	0.278	0.021	0.010	0.015	0.197
卫生人员	r	0.744*	−0.678*	0.358	−0.586*	0.765**	0.152
	P	0.011	0.022	0.172	0.049	0.008	0.348
工会组织	r	−0.188	0.015	0.834**	0.816**	−0.685*	0.574
	P	0.314	0.484	0.003	0.004	0.021	0.053
工会干部	r	0.272	−0.127	0.840**	−0.865**	0.762**	−0.514
	P	0.239	0.372	0.002	0.001	0.008	0.078

** 在 0.01 水平(双尾)显著性相关

* 在 0.05 水平(单尾)显著性相关

(二)男性体质与恩格尔系数相关性分析

表 3-14 成年男性体质与恩格尔系数相关分析一览表

	坐位体前屈	握力	纵跳	俯卧撑	闭眼单脚站立	身高	体重	肺活量	台阶指数
城镇居民恩格尔系数	0.000*	0.239	0.412	0.000*	0.089	0.006*	0.051	0.051	0.035*
农村居民恩格尔系数	0.000*	0.148	0.640	0.005*	0.031*	0.008*	0.065	0.065	0.037*

* Correlation is significant at the 0.05 level (1-tailed)

恩格尔系数是指居民日常食品支出所占消费支出的百分比，它反映居民生活水平，相关分析结果表明城、乡男性身高、心血管机能、上肢力量和柔韧素质与恩格尔系数呈显著相关。农村男性平衡能力与恩格尔系数呈显著相关，而体重、肺活量、握力和下肢力量等指标与恩格尔系数无关，也就是说城、乡居民生活水平对男性身体形态、机能和身体素质的影响不是全面的，而是部分的。这一点部分地吻合了理论猜想1、2（见表3-14）。

（三）女性体质与恩格尔系数相关性分析

表3-15　成年女性体质与恩格尔系数相关分析一览表

	坐位体前屈	握力	纵跳	仰卧起坐	闭眼单脚站立	身高	体重	肺活量	台阶指数
城镇居民恩格尔系数	0.231	0.055	0.351	0.001*	0.399	0.339	0.236	0.000*	0.002*
农村居民恩格尔系数	0.309	0.065	0.355	0.002*	0.086	0.102	0.231	0.000*	0.004*

* 在0.05水平（单尾）显著性相关

表3-15的统计结果表明，城、乡女性心血管机能、肺活量、上肢力量与恩格尔系数显著相关，而身高、体重形态指标和柔韧、握力、下肢力量和平衡能力等身体素质与恩格尔系数无关。这一结果同居民收入、居民消费水平和职工工资等经济指标与体质相关性分析相吻合，并为理论猜想1、2的印证提供了支持。

第五节　甘肃经济社会发展对成年人体质的影响

一、成人身体形态与社会经济发展的相关程度分析

从人体的发展规律看，成人身体形态表现为相对稳定状态，身高

发育变化呈“单驼峰”形，并逐步出现随年龄的增长而呈下降趋势，而体重呈上升的趋势，国民体质检测结果印证了这一变化趋势。统计结果显示近年来成年男性身高呈逐年上升趋势，升幅较小，其身高变化规律为身高峰值均出现在20岁—30岁的年龄段，其后呈逐步下降趋势。而从相关性分析结果看，我省成人身高和体重与经济社会指标无关。为此依据影响人体生长发育的先天遗传、自然环境、社会环境和体育锻炼等因素来考察，成年男性身体形态变化显然反证了我们的理论猜想1，印证了现实的经验判断（近年来全社会肥胖人数的增多和热衷于“减肥”的社会现象），统计结果也从另一个侧面支持先天遗传因素的不可抗拒性，也就是后天因素无法改变人体的基本生长规律（即从人类从出生到死亡和种族特征）。

二、成人身体机能、身体素质与社会、经济发展相关程度分析

依据人体生长发育规律，成人阶段人体各种机能（如骨密度、肌肉力量、心血管机能、肺通气功能、肺活量等）从30岁后开始逐渐衰退，但大量的事实表明，运动可改善和促进人体机能。而体质强弱的现实性主要依赖于生活环境、营养、卫生、身体锻炼等后天因素。随着经济的发展、社会的进步，为人们提供了丰富的物质条件和良好的生存环境，自然为人类体质的健康提供了物质上和时间上的可能性，可见，社会经济发展为人类的生存和繁衍提供了物质保障。

身体机能是身体素质的基础，二者互为影响、互为提高，并符合人体成长和体质发展变化的生物学规律。相关性分析显示身体机能指标与经济社会发展指标呈显著性相关，其结果反映了成人身体机能与社会、经济发展存在一定的关系，并具可能性（指数据指标间存在着关联，却不能就此主观判定社会、经济的发展作用或影响着体质强弱），这也正好符合体质内涵，即体质强弱的现实性主要依赖于生

活环境、营养、卫生、身体锻炼等后天因素，而影响体质强弱的这些后天因素在不同程度上都要受到社会经济发展状况的制约和影响。但我们认为，随着经济的发展和社会的进步，将会为人们提供了更好的包括体育健身活动在内的一系列文化活动的物质条件、政策保障和时间上的可能性，但并不能以此确定社会和经济的发展必然转换为身体机能和身体素质的提高，因为对身体机能和身体素质起决定作用的是后天的医疗保健和科学健身。

国民体质调研结果表明，近年来我省成人身体机能有上升也有下降（成年男女肺通气机能呈下降趋势、而心血管机能呈上升趋势）。而身体素质女性上肢力量和平衡能力呈上升趋势、腰腹力量呈下降趋势；男性下肢力量和柔韧素质呈下降趋势、上肢力量和平衡能力呈上升趋势。但不同年度身体素质的发展特征表现为其峰值出现在20岁—24岁年龄段，其后随年龄的增长而呈逐步下降趋势。但与经济社会发展指标的统计相关分析中，无论成年男女都表现为显著相关，不同的是肺活量呈负相关，台阶指数呈正相关，握力呈负相关、俯卧撑（仰卧起坐）呈正相关。从理论层面反映了身体机能、身体素质和社会经济发展呈显著相关。但我们认为，身体机能和身体素质的下降和与社会经济指标的负相关原因主要表现为政府为群众健身所投入的场地、器材、培训和指导等公共服务的严重缺乏以及成人缺乏足够的体育锻炼、健康观念落后和来自工作和家庭压力等有关。其原因主要是由于计划体制所形成的政府指令—单位组织—群众参与的体育活动形式的影响，使得成人缺乏参与体育健身的主动性和积极性，造成体育活动成为组织行为而非公众生活需求，同时由于中国社会由贫困进入温饱并逐步向小康社会转型期，在众多生活选择中体育健身活动的选择成本较高，又因生活观念和文化传统的现实因素，影响着公众对自身健康和体育促进健康的认识和实践活动，导致健身强体也只能是“号召”而非生活实践，总之，影响成人体质的因素众多，经济社会只是其中之一。

由于经济发展的差异和基于上述原因，城镇与农村相比较，城镇居民体质一般高于农民，差异明显。农民的体质只有靠劳动“补偿”，而体育的文化娱乐性和健身性也只有在传统节日和喜庆活动中有所表现外，基本属于空白，为此城、乡成人体质差异的现实存在也在情理之中。而历次国民体质监测结果也印证了这一点(我省城、乡成人体质存在显著差异，城镇居民体质明显好于农民)，而城乡收入状况年均3倍的差距(如表3-16)，进一步间接支持了这一结果。这表明我省农民更多地忙于生活而顾及不到健康，缺乏强身健体的生活观念。

表3-16 甘肃省城、乡居民(可支配、纯)收入一览表

年度	1997	1998	1999	2000	2001	2002	2003	2004	2005
城镇	3592.43	4009.61	4475.23	4916.25	5382.91	6151.42	6657.24	73760.74	8086.82
农村	1210.0	1393.05	1412.98	1428.70	1508.61	1590.3	1673.0	1852.0	1980
相差倍数	2.96	2.88	3.17	3.4	3.6	3.9	3.9	3.98	4.1

*依据甘肃省统计年鉴(1998年—2006年)整理

三、社会经济的发展对身体机能和身体素质造成的负面影响

随着科技的发展，生产方式发生极大变化，自动化程度日益提高，由劳动力密集性向生产智能化趋势发展中，体力劳动与脑力劳动的比例不断地发生变化，同时，用于家务劳动的时间也大大得缩短。社会生产方式的改变和生活质量的提高，在总体基本解决温饱的现实中，出现了对多年“穷”的“饥饿”补偿方式——尽情享受物质待遇，食不厌精，花不怕贵，不注重饮食的合理营养结构，更忽视了生命在

于运动这一自然规律,不良的生活方式和习惯导致健康的人们逐渐走向亚健康状态,因此加快了身体机能和身体素质的"退行性"变化也就成了自然。

现代社会经济、科技的发展所引起的负面效应,在青少年人群中也出现明显的反应,主要表现在生理和心理两个方面。诸如中、小学生由于运动不足,身高和体重的增长大于胸围的增长,耐力素质呈下降趋势;心理方面呈现专心和注意力范围缩小,记忆力减弱,自我评价能力下降等。此外,经济繁荣的背后呈现的另一个阴影是机动车、烟囱和高炉产生致命的空气污染以及水土流失、自然生态环境的恶化,这些因素对青少年乃至人类造成的健康隐患正在以不同的形式"反馈"给人类,为此包括健康体质在内的多方式的关爱生命、关爱健康将是人类幸福之永恒主题。

综上所述我们认为:

1.经济社会发展指标与成人身体形态无相关性,这一结果说明经济和社会的发展现实无法改变人体基本生长发育规律,即先天遗传性,同时证明了自然规律的不可抗拒性,并反证了我们的理论猜想1,印证了主观经验判断,但二者并不矛盾。

2.甘肃省成人身体机能与经济、社会发展水平的相关性表现出明显的差异性,结果显示,经济、社会发展指标与成年男性肺通气能力呈负相关(求证了理论猜想1)、而与成年女性则呈正相关(反证了理论猜想1)。成年男性心血管功能与经济、社会发展指标呈正相关(反证了理论猜想1),而成年女性心血管功能与经济指标呈正相关(反证了理论猜想1)、与社会指标呈负相关(求证了理论猜想1),也就是说经济社会发展指标对成人身体机能影响程度是不尽相同的。

3.甘肃成人身体素质呈逐步提升趋势,相关分析表明成年男性耐力素质反证了理论猜想2、力量素质(下肢力量)求证了理论猜想

2、上肢力量和平衡能力反证了理论猜想2。而成年女性腰腹力量素质求证了理论猜想2、上肢和平衡能力反证了理论猜想2。可见经济社会发展水平对成人身体素质的影响是不尽相同的且差异明显,即直接或间接的影响成人身体素质的后天因素是差异显著的。

4.调查结果反映影响国民体质的共性因素为:(1)国民缺乏健身意识是影响体质的主观因素;(2)公共体育设施严重不足是影响国民体育锻炼的客观因素;(3)学生压力大,成人家庭、工作压力大,没有健身时间安排既有主观因素也有客观因素。对学生特性因素调查显示:不论学生还是成人时间不是阻碍体育锻炼的主要原因,我们认为主观愿望和健康生活方式及习惯是体质健康的基本保障因素。

5.本章仅对甘肃省成人体质与社会经济发展之间的关系进行了统计学相关分析,并形成了初步结果。当体质作为人体生命发展基础,其影响因素众多,影响机理仍需做进一步研究。

6.城乡经济社会的发展和生活方式的差异是间接地影响着城乡居民体质的主要原因,而经济发展和生活方式的差异是有历史性和地域性多种因素造成的,一时难以消除,但生活方式的改变不完全取决于经济发展。

7.社会经济与体质的发展是动态的,社会经济的发展为体质的发展提供了可能,但社会经济发展并不意味体质的必然提高。

四、经济社会发展影响体质水平的理论分析

一个国家国民体质的整体水平,与其所处社会经济发展水平有着一定的关系,国民体质整体水平的提高有利于社会经济的发展。我们认为体质是在遗传性和获得性基础上表现出来的人体形态结构、生理功能和心理因素的综合的、相对稳定的特征。这一定义明确地指出了人的体质受到遗传及其后天生存环境的双重影响。大量的研究结果表明，遗传只为体质的发展提供了可能性，其体质强弱的现实性则更多地依赖于后天的生存环境。如自然环境、社会经济环境、营养及体育锻炼等。

体质是在遗传性和获得性的基础上表现出来的人体形态结构、生理功能和心理因素的综合的、相对稳定的特征。进一步分析表明：(1)人的体质受到遗传及其后天所生活的自然、社会环境的双重影响。现代遗传学的研究证明，遗传是人的体质发展变化的先天条件，对体质强弱有重大影响，但它对于体质的影响只提供了可能性，而体质强弱的现实性，则有赖于生活环境、营养、卫生、身体锻炼等因素。(2)物质生活条件是决定体质强弱的基本因素，而身体锻炼是增强体质的最积极有效的途径。(3)人体形态结构、生理功能是构成体质内涵的基础，体能和心理条件是体质的主客观表现，对内外环境的适应能力是它们的综合反应，构成体质的这几个重要因素相互依存、相互影响、相互制约。(4)体质在其形成、发展和消亡过程中，具有明显的阶段性，表现出从最佳功能状态到逐步衰弱状态或到严重疾病的功能障碍等各种不同阶段的体质水平。(5)人的体质强弱主要表现在以下几个方面：身体形态发育水平，生理生化功能水平(机体的新陈代谢速度、各系统器官的效能)，身体素质和运动能力水平，对环境条件的适应能力和对疾病的抵抗能力，心理发育或发展水平。(6)影响体质的后天因素综合看来，是通过营养、卫生(包括心理卫生)和运动三大因素影响来实现的，而生活方式是将这三大因素进行合理安排的综合体现。身体素质的好坏直接反映人们在日常生活中承受能力的强弱，各种器官的承受力除了与先天遗传，后天的锻炼有直接关系外，它也受生活质量(包括环境、营养、工作性质等)的影响，后天的体育锻炼与健身对身体素质的强弱起着决定性的作用，但这一行为又与人们接受教育程度、经济状况、消费观念和习惯等有密切的关联，而这些又都与社会经济的发展有直接或间接的关系。尽管如此,我们必须明确:影响体质发展的因素众多,社会经济因素只是其中之一。

随着经济的发展、社会的进步,人类生长发育环境的不断改善将有利于人类体质的增强,由此可见,社会经济发展为身体形态发育提供了物质保障。影响体质发展的后天三大因素对于居民来说是通过其具体的消费行为来实现的,而经济发展水平是决定消费的最主要因素。对于居民家庭来说,随着其收入水平的变化,他们的消费行为也会发生变化,生活质量也会发生明显的改变。一个国家经济总量规模的最典型代表是国民收入(或国民生产总值)的大小,它是一定时期一个国家的生产水平和消费水平的根本标志。居民的消费行为在很大程度上受制于国家经济的发展状况,经过多年的高速增长,我国经济已经发生了巨大的变化。全国成年人体质监测结果显示,在现阶段来看,我国成年人体育消费较多的人群身体素质较好。农民身体素质较差与农民生活水平差的因素有密切关系。同时有研究表明,经济发达的国家和地区,人民的健康水平也高。

城乡居民生活水平是其生活质量的物质保障,在很大程度上决定着生活质量的好坏。改革开放以来,我国经济的稳定发展使人们的可支配收入逐渐增加,进而促进了生活水平不断提高,消费需求水平以及质量不断提升。消费支出结构是衡量一个国家经济发展程度和人民生活水平高低的重要标志。我国城乡居民的消费支出结构在近20年里发生了根本性的变化,消费结构朝着改善质量的方向发展,而且发展速度很快。根据甘肃省统计公报公布的数据,城镇居民恩格尔系数(食品支出占消费支出的比重)2000年为37.63%左右(2005年为36.04%),比1995年下降近10个百分点,比1978年下降约18个百分点;农村居民恩格尔系数2000年为48.45%左右(2005年为

47.2%），比1995年下降约8个百分点，比1954年下降近19个百分点。2000年与1995年相比，学生的身高体重呈继续增长趋势，其中乡村男、女学生身高、体重、胸围的平均增长量均大于城市学生。我们认为，城乡体质差异随着社会经济的发展正在逐步缩小，经济意义上的地区差异和城乡差异将会随着城乡生活水平差异的缩小而不断缩小。

统计研究结果表明，反映身高、体重的形态因子与GDP水平和生活质量水平呈显著的线性正相关，且出现男生快速增长期、农村女生快速增长期、城市女生水平增长期现象。有研究表明1985年以后，我国社会经济发展速度加快，明显高于1979年—1985年期间的增长速度，整个社会环境发生了根本性的飞跃，与之相适应的是青少年身体形态发育也再度出现高峰，但这一时期的整体峰度，男生低于1979年—1985年期间峰度，而女生在这一时期的形态变化则正好同男生相反，并出现身高城乡增长幅度趋同现象，与男生的前期变化一致。同时，我们发现女生在1979年—1985年期间变化幅度很微弱，而在1985年—1995年期间则又增长很快（主要是农村女生），这一情形同男生又正好相反，尤其是身高的变化。资料显示，2000年—2005年期间青少年学生身体形态变化明显，身高、体重与1985年相比出现身高峰值男生提前至12岁—13岁之间，女生提前至9岁—10岁之间，体重峰值男生在12岁—14岁年龄段，女生11岁—14岁年龄段。我们认为，不同年代的社会经济发展状况与速度是不同的，正是这种生长年代的差异，可能导致了青少年生长发育峰度的差异，从而出现不同时期青少年的不同形态发育特点。1979年—1985年期间，17岁农村男、女生的体重增长幅度都高于城市同龄人，农村男生身高增长幅度也达到城市男生的身高增长幅度，我们认为，与当时的社会经济状况有关。当时经济快速发展，全社会医疗卫生状况得到了改善，与过去长期的生活困境相比，这一时期无论是营养条件，还是社会环境都较以前有了很大的变化。

2005年全国职工体质检测结果显示，20岁—24岁年龄段人群身高均值最高，而32岁—38岁年龄段的人群身高均值变化呈现缓慢降低而后又升高的波形，波谷年龄为35岁—36岁，均与该年龄段的受试者的生长背景有较大的关系，即我国经济发展的周期对不同年龄段的人群的形态发育带来了不同的影响。同时，社会经济指标作用的变迁，尤其是收入、消费水平以及消费结构和环境的影响力增强，逐渐改变着我国青少年的身体形态，纵向发展的速度减慢，横向发展的速度加快，出现青少年体型偏于肥胖的倾向。有关研究表明，日本青少年在20世纪60年代至70年代令全世界瞩目的生长发育长期加速趋势，同样是伴随着社会经济的高速发展而出现的，但目前该趋势已趋停滞。

研究资料表明，教育指数与青少年形态发育有相关联系，而且乡教育状况在青少年的生长发育中起着举足轻重的作用，也就是说教育对体质健康起着重要作用。成年人体质监测结果显示：在5个职业群中，农民体质最差，科教人员和管理人员的体质状况比其他人群的体质状况要好一些。该研究指出，这是由于生活环境和教育环境的差别，使城乡居民的健身意识和体育健身的知识有较大差别。科教人员和管理人员受教育的程度最高，所接受的体育健身知识和技能的训练最多，生活环境中的体育设施较多，他们参加体育锻炼的积极性最高。许多研究表明，体育观念是制约群众体育发展关键性因素之一。教育可以促进家庭医疗保健、营养、计划生育和增强人们的体质，随着教育水平的提高、受教育人数的增多和人们认识能力的增强，它将更有利于人们体质健康的促进。

第六节 研究展望与建议

一、健康体质理论与应用研究的展望

21世纪是机遇和挑战并存的时代,国家的强大、祖国的富强,经济的发展为人民健康水平的提高提供了强有力的物质支持和保障;增强体质、提高人民群众的健康水平是实现人民群众根本利益的具体体现,因此党和政府的高度重视为我们体质和健康工作者提供了有利的政策保障;科学技术的飞速发展,新技术和新仪器的不断涌现为我们提供了方法和手段的保障;人们健身意识的崛起、对高水平健康和体质的追求是我们迎接挑战的动力和施展才华的广阔天地。这些都使我国的体质、健康、体育、教育、卫生等相关领域的专业人员面临着前所未有的机遇。但是,我们也同样面临着巨大的挑战。众所周知,中国是一个人口大国,随着人口老龄化程度的加剧,我国体质和公共健康工作者要在提高老年人的生活质量,延长和保持他们的"活力""健康寿命"等方面切实发挥作用;同时还要看到我国的经济发展也还很不平衡,经济落后地区的健康状况呈现贫穷时代和现代化社会的健康问题交织的状态,同时,经济落后地区、经济欠发达地区可用于健康和体质建设的投资也是有限的,因而我们的国民体质建设战略和公共卫生战略必须是多层次的、多模式的复杂工程。另一方面,虽然近年来我国国民的健康意识有了明显的觉醒,但是,科学的健身意识、科学的生活方式的观念、科学的健身方法还亟待大力地宣传和普及,为了能够切实增强广大国民的体质,提高健康水平,简便、有效、切实可行的干预措施是构建全民健身科学服务体系的主

体。纵观历史，展望未来，现阶段我国体质与健康促进工作的具体目标可以归纳为以下几个方面：

1.加强理论建设，建立有效的理论指导体系。

2.开展宏观政策和宏观规划（计划）的研究，从政策导向和总体布局层面形成系统工程，合理利用人力和物力资源，提高政策和措施的效率。

3.继续大力开展方法学，包括指标体系、实施模式等的基础和应用研究（实践结合理论，开拓和借鉴多学科研究方法，拓展体质应用研究领域）。

4.加强多学科融合，拓展体质研究的深度和广度。

5.运用高科学技术的手段，开展多学科的合作是未来体质研究发展方向。

6.广泛开展应用研究。

7.开展多种形式的实践活动。

二、建议

体质作为生命健康的因素之一，它对人类的健康具有重要作用，但体质对经济社会的影响是间接的，它并不直接产生经济效益，而其对生命个体的健康所带来的积极影响，将是造就健康人才资源的基本动力，将会为经济社会效益的持续发展带来积极的作用。人类体质是不容忽视的客观现实，由此提出如下建议：

1.政府相关部门在制定健康发展规划时，应着重考虑影响体质发展的公共服务和社会资本的改善和提高的惠民、亲民和利民的项目选择。

2.建立健全增强国民体质健康水平公共制度和政策，引导国民的健康观念和体质健康实践。

3.加强国民自身健康与体育促进健康的自我意识,树立“健康第一”思想是促进国民体质健康的内在因素和动力所在。

4.以社区或乡镇为中心,以体育赛事为引导,多渠道开展群众性健身活动是养成大众体育健身习惯、提高大众体质健康、引领健康生活方式的基础保障。

5.为了提高农村人口的体质水平,建议政府结合新农村建设进程,大力改善和扶持农村基础文化设施(包括体育设施)建设,引导和推进积极健康的生活方式。

6.建议相关部门在城市、小区以及新农村的建设过程中考虑居民的活动“区域”及健身资源的规划方案,在改善居住环境的同时,也应考虑居民休闲活动的需求。

7.建议多学科、多部门协作配合,以便更好地揭示体质与社会经济发展之间的关系这一社会现实问题。

参考文献

[1]张胡德.黄帝内经[M].北京:中国轻工业出版社,2001:2-8.

[2]林惠祥.文化人类学[M].北京:商务印书馆,1996.

[3]黄新美.体质人类学基础[M].北京:科学普及出版社,1983.

[4]陈明达,于道中.实用体质学[M].北京:北京医科大学和中国协和医科大学联合出版社,1993.

[5]匡调元.人体体质学-理论、应用和发展[M],上海:上海中医学院出版社,1991.

[6]全国学生体质健康调查组.科学技术成果报告-中国青少年儿童身体形态、机能与素质的研究[M].北京:科学文献出版社,1982.

[7]体育测量与评价编写组.体育测量与评价[M].北京:北京体

育学院出版社,1985.

[8]学生体质与健康研究组.中国学生体质与健康监测报告[M].北京:北京科学技术出版社,1993.

[9]中国学生体质与健康研究组.2000年中国学生体质与健康调研报告[M].北京:高等教育出版社,2002.

[10]国家国民体质监测中心.2000年国民体质研究报告[M].北京:人民体育出版社,2003.

[11]国家国民体质监测中心.第二次国民体质监测报告[M].北京:人民体育出版社,2007.

[12]甘肃省统计年鉴[M].北京:中国统计出版社,1997-2006.

[13]乔丽华,傅德印.缺失数据的多重插补方法[J].统计教育,2006,12:4-8.

[14]金勇进.缺失数据的插补调整[J].数理统计与管理,2001,20(5):47-52.

[15]王铭铭.人类学是什么[M].北京:北京大学出版社,2002:3-7.

[16]邢文华,李晋裕,等.体育测量与评价[M].北京:北京体育学院出版社,1985:415.

[17]张海国,丁明,等.中国人肤纹研究[J].遗传学报,1998,25(5):381-390.

[18]甘肃省国民体质检测中心.2000年甘肃省国民体质现状[M].兰州:兰州大学出版社,2002,6.

[19]杨树滨,陈耕.2005年甘肃省国民体质研究报告[M].兰州:兰州大学出版社,2007,8.

[20]江崇民,张一民.中国体质研究的进程与发展趋势[J].体育科学,2008,28(9):25-31.

[21]国家体育总局群体司,国家成年人体质监测中心.97中国成

年人体质监测报告[M].北京:人民体育出版社,2000.

[22]孙乡.体质远、近代的研究概况[J].南京体育学院学报,2007,21(5):10-15.

[23]国家体育总局国家国民体质监测中心.2000年国民体质监测工作手册[M].北京:中国标准出版社,2000.

[24]甘肃体育局.2000年甘肃省国民体质现状[M].兰州:兰州大学出版社,2004.

[25]国家体育总局.国民体质监测标准手册[M].北京:人民出版社,2003.

[26]陈明达.实用体质学[M].北京:医科大学出版社,1993.

[27]王忠明.论知识经济与人力资本[J].哈尔滨工业大学学报,2001,3(3):39-42.

[28]沈坤荣.人力资本积累与经济持续增长[J].生产力研究,1997,(2):18-19.

[29](美)西蒙·库兹涅兹.现代经济增长[M].北京:北京经济学院出版社,1989.

[30](美)吉利斯,波金斯.发展经济学[M].人民大学出版社,1998.

[31]鞠正江.论“统筹城乡经济社会发展”的丰富内涵和对策措施[J].济南社会主义学院学报,2003,3:65-68.

[32]吴仙云.论国民文化素质对社会经济发展的正负效应[J].统计与观察,2006,217(7):96-98.

第四章 甘肃省城乡社区体育发展策略研究

本章概要

社区体育作为一种社会现象，是经济社会发展的产物，更是人民群众日益增长的物质和精神文化生活需求的历史产物，其产生和发展与社会经济的发展是密不可分的。社区体育作为我国体育事业的重要组成部分，它不仅是体育社会化的重要途径，使我国紧缺的体育资源等到合理的充分利用，而且直接关系到国民身心健康、体格健美与快乐幸福的生活，因而也必然成为一个国家社会制度是否优越和民族文明程度高低的一个重要标志。社区体育作为一种独特的文化现象，对其建设和发展的研究，不仅是社区文化建设和发展需要，而且也是社会管理发展的需要，更是社区居民文化和健康生活的需要，为此它不仅对大众体育事业的发展，而且对社区文化建设和甘肃经济社会的和谐社会发展具有实践价值和现实意义。

本章通过厘清社区概念以及梳理中国城乡社区的历史演变，首先分析了中国社区体育产生与发展的历史进程，总结了社区体育的概念范围；接着归纳分析了发达国家社区体育发展的先进经验，论述了中外社区体育的研究现状,揭示了中国社区体育产生的社会背景。在调查分析甘肃省城乡居民体育锻炼现状、城市社区体育发展现状和农村社区体育特点与建设现状的基础上,考证了甘肃省社区体育的发展基础,最终总结性地提出了甘肃省城乡社区体育发展策略。本章旨在为相关部门制定有关社区体育发展的规划和政策提供资料与理论参考依据。

第一节 我国社区体育的发展历程

一、社区的概念

社区是社会学的基本概念之一。最早提出“社区”并给“社区”下定义的是德国思想家F.滕尼斯(Ferdinand Tonnies,1855年—1936年),他在1887年出版的《社区与社会》(*Gemeinschaft und Gesellschaft* 又译《礼俗社会与法理社会》)一书中首先使用“社区”一词来规范他所研究的一种社会群体(指那些有着相同价值取向、人口同质性较强的“社会共同体”)。这种共同体中的人际关系是由传统的血缘、地缘和文化等自然造成的,类似于“乡村社区”,其特征是:成员对本社区具有强烈的认同意识,他们重感情、重传统,彼此之间全面了解。与此相应,他将由人们的契约关系和由“理性的”意志所形成的联合称为“社会”,他认为社区既是社会的最简单形式,又是一种自然状态。后来美国学者查尔斯·罗密斯把滕尼斯的“Gemeinschaft”译成了英文“Community”。把*Gemeinschaft und Gesellschaft*译为*Community and Society*,中文译为《社区与社会》,而英文Community一词含有公社、团体、社会、公众以及共同体、共同性等多种含义。概括地说

“Community”的最初含义是指人们生活的共同体和亲密的伙伴关系。滕尼斯关于社区的理论,为以后的社区研究打下了基础。

工业革命后,随着西方国家工业化和城市化的发展,大量人口涌进城市,城市流动使得城市人口具有高流动性和异质性。人际关系越来越远离了F.滕尼斯所定义的社区。工业化的大发展以及大量的新增人口使得城市中形成了一些个性鲜明的人口居住区和功能性居住区。而后工业社会和信息时代的到来使得城乡差别逐步消失,逆城市化运动使得城市中的富裕阶级和中产阶级搬出城市移居到新的乡村社区。当然也就是在这种情况下,社会学界对社区的争论主要集中到了两个问题上:社区是消失了还是社区类型发展变化了?社区的外延、区域空间界定可以无限扩大吗?对第一个问题的主导性意见是城市化运动和逆城市化运动使得现代社区类型趋向多样化、丰富化了。而对第二个问题的主导性意见是认为社区的地域空间划分是相对的,但从人口的构成、社会分层、文化特征及功能要素等方面,仍可进行相对稳定的地域划分。1955年美国社会学家乔治·希勒里对全球已有的94个社区定义的表述进行了比较研究。他发现,其中69个表述中包括地域、共同纽带与社会交往三方面的含义,认为这三方面是构成社区必不可少的共同要素。后来的学者大都认为至少可以从地理要素(区域)、经济要素(经济生活)、社会要素(社会交往)以及社会心理要素(共同纽带中的认同意识和相同价值观念)的结合上把握社区这一概念,即把社区视为生活在同一区域内、具有共同意识和共同利益的社会群体。此后学者们在这一概念上定义了社区,即“把社区视为生活在同一区域内、具有共同意识和共同利益的社会群体”。1981年美国华人教授杨庆堃统计发现社会学界所给出的社区定义已超过140多种,这些定义都从不同角度去界定社区,这也从侧面反映出人们以及社会学界对社区的关注程度。虽然社区的界定多样化，并且随着经济的发展、社会的变迁、文明的进步，社区的内涵、外延、结构、功能及其形式也得以变化发展，并愈益丰富化和复杂化。但任何概念都是对一种事物本质属性及其基本特征的一种抽象。所以社区的概念也应反映出社区的本质及其基本特征："所谓社区是以一定地理区域为基础，由具有相互联系、共同交往、共同利益的社会群体、社会组织所构成的一个社会实体。"它至少包括地域、人口、组织结构、文化以及认同感五个要素。

而中文"社区"一词是20世纪30年代初以费孝通为首的一些燕京大学社会学系学生根据滕尼斯的原意首创的。此后，他们在吴文藻先生的指导下，与其他学者一起致力于我国本土的社区研究，确立了社区研究在中国社会学的重要地位。这一术语一直沿用至今。

世界卫生组织于1974年集合社区卫生护理界的专家，共同界定适用于社区卫生作用的社区(community)定义：社区是指一固定的地理区域范围内的社会团体，其成员有着共同的兴趣，彼此认识且互相来往，行使社会功能，创造社会规范，形成特有的价值体系和社会福利事业。每个成员均经由家庭、近邻、社区而融入更大的社区。

综上所述，"社区"是以一定地理区域(城市以社区或街道办等行政区划、农村以乡或村)为基础，由具有相互联系、共同交往、共同利益的社会群体、社会组织所构成的一个社会实体。

二、社区的性质

在中国，自20世纪80年代以来的转型社会在走向市场化的进程中，亦呼唤市场与社会的反向互动，但因社会组织发展严重滞后，旧有的建立在单位组织的基础上的"社会联结"被破坏了，而新的"社会联结"还没有建立起来，从而使人们走向原子化，社会认同感急剧下降。在单位社会走向消解的背景下如何加强社会组织建设已迫在眉睫,社区组织的建设自然走上中国社会发展的历史舞台。

社区是市场经济的产物,是民主政治体制下由公民组合成的,平等互动的,集政治、经济、文化和生活为一体的区域性社会团体。社区的本质是公民自治。这里的社区与传统的自然村落,与行政制的住宅区有着实质性的区别。首先,社区的建设是政治性的,社区是共和国团结组织民众、实现民主政治的基本社会组织形式。现代的政治早已不是“精英政治”了,现代的政治是公民政治。市场经济的平等原则和信息化网络的普及,使得越来越多的民众能够直接参与到国家的政治生活中来,众多的不同阶层的人群通过快捷无比的网络发表自己的看法、观点和意见。然而,网络的虚拟化和匿名化也使民意表达有了很大的随意性和局限性。其实群众还是应该通过更直接、更亲和的方式来相互交流,而社区民主才是基层民众团结协商参与政治的最佳形式和基本形式,世界各发达国家都是通过社区来集中民意的。其次,社区的组合有着重要的经济功能,社区是实行国家社会保障系统工程的基础性平台。随着单位制和行政管辖范围的收缩,大量的社会经济职能回归到社会,劳动保障和社会救济工作主要靠社会来实施。市场规律可以自发地调节社会的生产经营活动,但市场不能解决劳动保障和社会救济问题,也不能解决基本的民生问题。国家的宏观调控和对劳动者的保护措施也得通过具体的社会组织来落实,这个社会组织目前来看只能是社区。只有社区能包容所有的民众,只有通过社区才能把社会的福祉惠及每一个居民。再者,社区的发展体现着社区居民文化的多样性,社会是多元化的,只有社区能够适应这一社会特征。最后,社区是公民之间平等的自愿组合、自我管理的集体,这样的社区在中国历史上是从未有过的,这是一种全新的社会共同体。只有在市场经济的环境下,在生产经营活动完全由经营者个人自主的情况下,才具有现代社区产生发展的现实条件。公民自治的现代社区在中国完全可以说是处于初建阶段。

三、社区的历史演变

(一)我国社区的由来

“社区”作为一种人类社会生活的重要现象早已存在。人类总是合群而居的,人类社会群体的活动离不开一定的地理区域,具有一定地域的社区就是社会群体聚居、活动的场所。从这个意义上说,社区是农业发展的产物。在远古游牧社会中,居民逐水草而居,并无固定的住地。严格说来,那时的游牧氏族部落只是具有生活共同体性质的一种社会群体,不是今天所说的社区。其后,随着农业的兴起,从事农业生产的人口需要定居于某个地区,于是出现了村庄这样一种社区。

工业革命以来,人类社会步入都市化的进程,社区在类型和规模的发展上出现了种种变化,特别是每个社区都需要有一定的制度、机构和设施服务于整个区域,以满足其成员的各种需要。每个社区中都设有服务性质的商店、学校、工厂、政府机关、医疗单位,还有大量的自发组织的团体等,它们以整个社区的地域范围为其服务区。社区开放了,社会连通了,社区成员在本社区得以维持全部日常生活。同时,社区机构设施的有效服务区成为形成和保持社区疆界的决定性因素。

随着现代社会生活的发展,社区之间的差异逐渐减少。大众传播工具,如广播、电视的普及,国家义务教育的推行以及各地居民人口流动的增加,导致各社区之间在规范、价值观念以及行为模式上的差异程度已经显著降低。社区的许多地方性内容已经被“大社会”的服务和普遍统一的功能所取代。在同一个大社会里,不同的社区居民之间,相似点多于不同点。随着大城市、大都会的发展,社区地域范围的疆界也不如以往那么分明了。一个大城市往往包含着若干个原先相对独立的社区,但是政府的机构设置和行政区划的区域办公室与原先的社区地域常常不一致。工业社会的初期,满足成员日常谋生的需要还是社区的基本功能之一,社区居民一般都在社区内就地劳动谋生。这种情况在工业社会后期已经发生了变化,现代社区的许多居民每天都到本社区以外的地方去上班。因此社区成员之间除了具有当地居民的共同利益,社会交往上削弱了社区地域疆界的确定性。由于全国性的企事业和政治、文化团体的出现,地方社区里的工厂、商店、社会团体等等,有不少就是这些全国性组织系统的下属单位和分支机构,其决策意见主要来自本系统的上级组织而不是当地的社区。因此,作为地方社区,其自主性必然削弱了。

近20年来国际社会重新重视社区,社区主义、社区政府、社区部门、第三条道路等各种理论纷纷登场,对社区的国际性再认识本身就是打破若干旧的理论范式,进行观念更新和思想革命的过程。

中国在一个世界经济交融策动、交相呼应的全球一体化的新时代中前进。这个新时代被三种力量作用着:其一,发生于全球的思想转变,人们在寻找国家与市场之外的第三种秩序或者第三条道路;其二,世界经济融合的步调明显加速,同时出现了跨国界体制,例如欧盟的形成;其三,科学技术发展,其中国际互联网的迅猛发展影响极其深远。政府解除经济管制,从对国民经济的战略制高点上撤退,被认为是“20世纪和21世纪的一个重大分界线”。国家与市场的边界已经在重新划分,但是,全球性的这一根本性转变会导致怎样的政治、社会、经济后果和前景?这成为全世界人民共同的利益和21世纪的世纪话题。在市场疆界迅猛发展的同时,另一个领域——社区也在扩展领土。如果说19世纪市场向先于市场而存在的社区扩张,形成以自由竞争的市场秩序为主导的时代,20世纪中期以后,政府干预向市场经济扩张，形成以政府管制经济为主导的时代，那么，21世纪会怎样呢？重建社区—社会秩序可能是人类的一种新的选择。当然社区—社会新秩序不是人类历史中最先出现的社区秩序，而是不同于社区、市场和国家三种既存的人类社会秩序的第四种秩序。这种正在发育着的新秩序在世界各地都有征候出现，它的基本特点为以推进社区公共服务为社会事实，将市场秩序和国家秩序整合进社区—社会。

社区一般是指聚集在一定地域范围内的，以一定规范和制度将个人、群体、组织结合在一起的社会生活共同体。它具有区域的含义又并非简单的区域，而是落脚在区域社会，由于长久生活在一个区域内从而形成了具有独特的文化认同、情感认同和心理认同的生活共同体。社区作为一个社会学范畴，它的形成和发展的实践出现在前工业化社会，而工业社会在改变社会结构的同时也改变了社会的伦理，导致了社区的衰落。但在近几十年，倡导回归社区，致力于社区建设和社区发展逐渐形成了一股世界性潮流。

(二)城市社区的形成

我国城市社区居委会源自于新中国成立初废除保甲制度后建立起来的冬防队等居民自治组织。1952年12月召开的第一届全国人大常委会第四项会议通过的《城市居民委员会组织条例》，首次将居委会的性质、地位和作用以法律的形式确定下来。1989年12月召开的第七届全国人大常委会第十二次会议通过了《中华人民共和国城市居民委员会组织法》(以下简称《居民委员会法》)。尽管在居委会建立之初，行政和法律部门就强调了其居民自治性质(同时也是一种有效的社会资源整合方式)，但新中国成立以来的各个时期，它实际承担了大量的政府工作，成为无名有实的政府基层政权的“腿”。近几年随着社区的重新发现和界定，居委会长期以来自治性质不清的问题也被逐步提到议程上来。20世纪80年代中期,国家民政部在推动城市福利社会发展改革的进程中,发动“社会力量”办社会福利事业冠之以“社区服务”的称呼,以示与民政部门传统经办的社会福利事业相区别,从此掀开了中国社区改革与发展的第一页。1998年国务院明确赋予民政部指导社区服务管理工作、推进社区建设的职能。2000年底,国务院发布了关于在全国推进城市社区建设的文件,将社区建设总结为社区组织、社会卫生、社区环境、社区服务、社区文化和社区安全6项内容。文件提出统领社会建设工作的是社区组织即居民委员会和社区党支部的建设。为此始于80年代、成长于90年代的中国社区服务与社区建设,标志着中国正在跟上经由社区发展走向社会发展的世界潮流。

(三)农村社区的形成

农村社区是由传统乡村以地缘、血缘为纽带而形成的“村庄”。它是“传统中国农民认同和行动的一个基本单位”,它通过家族家规、乡规民约与儒家伦理,村庄舆论等规范和“强有力的地方共识”,对村庄的生产、生活、祭祀、治安等公共事务组织、协调作用,从而形成了维系村庄传统的文化系统和相互间的依存关系。它依然是“一个人情圈”,是“农民进行生产合作和娱乐的主要场所”,是维系当下村民关系的同一村民小组(自然村、村庄)的文化传统和文化认同,这一村庄共同体意识依然是凝聚农民之所在,即以村庄、自然村或行政村为基础的乡村社区。

对于农村社区,丁元竹(1995年)引用了雷德菲尔德(Rodeyt Redfield)的论述:乡村社区的特点有传统主义,仪式主义、单一标准化和可预期的社会角色、小规模的人口等,民俗和民德是行为的依据。费孝通(1947年)在《乡土中国》中对中国传统农村社区特点做了精确论述和概括:礼治秩序;没有陌生人的社会即熟人社会;无为政治;家庭是事业的中心;男女之间不必求同,生活加以隔离;基层社会结构是一根根私人联系构成的网络;乡土社会中的文盲等。我国现今农村的特点:(1)农村人口疏散,流动较少。(2)人际关系密切,血缘关系浓厚。(3)家庭在生活中起着重要作用,尤其实行包产到户的生产责任制后,家庭的职能更加扩大。(4)居民以农业生产为主要谋生方式和主要职业。农民是在自然环境中进行繁重的体力劳动,因此受地域、季节、气候的变化影响很大。(5)农村组织结构简单,经济活动也相对简单,职业分工远不如城市复杂。(6)农民的生活方式、风格、道德受传统实力影响较大,他们的体育和文化活动具有一定的狭隘性、封闭性和被动性,可选择的项目种类有限。农民对体育文化的价值有一个逐渐认识的过程。对在农村社区开展体育文化活动有一个由认同到参与的变化过程。

从国内学界来看,人们在对农村社区及社会生活共同体的边界范围就存在不同的划分,其中有两种倾向:一是从社区或共同体的空间地理及地域边界来划分。最常见的是以村落聚居为边界,将自然村落视为农村社区及共同体的边界;以基层行政区域为边界,将农村的组织与管理单位作为农村社区;将乡镇以及城镇视为社区单位,如韩明谟就指出,我国农村社区有"单村或联村社区""村镇和集镇社区""庄园社区"以及历史上的"堡""站""寨""坞"等等一些"特别农村社区"。人们也将我国存在过的乡、镇、村民委员会及村公所等等作为农村社区。二是从社区及共同体的内在联系及认同意识的角度划分社区和共同体。其中最普遍的是以血缘关系为基础划定社区,如一些人将农村家族和宗族作为共同体;有的以农民生产及经济活动范围为边界,以农民最基本的经济活动空间作为农村社区和共同体的边界,如基于农村水利服务范围人们区分出不同的农村社区。石峰就以关中水利为例,认为关中地区就存在"水利社区",

并由此指出中国北方乡村的社会组织形式与南方以家族主导的社区的不同。

从国外学界来看，不少学者也从社区的空间地域边界及社区的内在纽带的角度对社区进行划分。日本学者谷川道雄就认为中国历史上就存在包括"豪族共同体""村落共同体""地域共同体""民族共同体""国家共同体"等不同类型和层面的共同体。美国的中国社会经济史学家施坚雅(G.William Skinner)在1964年—1965年发表的《中国农村的市场和社会结构》中就提出"市场共同体理论"，在他看来"农民的实际社会区域的边界不是由他所在村庄的狭窄范围决定，而是由他所在的基层市场区域的边界决定的"。基层市场满足了农民家庭所有正常的贸易需求，既是农产品和手工业品向上流动进入市场体系中较高范围的起点，也是供农民消费的输入品向下流动的终点。作为社会体系，基层集市是农民熟人社会的边界，农户所需要的劳务和资金需求一般在这里得到满足，基层市场构成了通婚圈的范围并与农民的娱乐活动有关。复合宗族、会社分会、庙会董事会等组织都以基层集市为单位，因而较低的和中间的社会结构形成了与市场结构平行的等级网络；集市同时又是沟通农民与地方上层交往的核心。因此，"市场结构必然会形成地方性的社会组织，并为使大量农民社区结合成单一的社会体系，即完整的社会，提供一种重要模式。"由此，施坚雅否定了仅仅将村落视为农村基层社区的观点，而是从农民经济交往的范围来划分农民的生活单位及农村的社会单元。

2006年10月，中国共产党的十六届六中全会决议中正式提出："全面开展城市社区建设，积极推进农村社区建设，健全新型社区管理和服务体制，把社区建设成为管理有序、服务完善、文明祥和的社会生活共同体。"2006年10月党的十六届六中全会召开后，国家民政部正式决定在全国开展农村社区建设的实验。从此，农村社区建设工作从各地自发试点阶段过渡到全国实验阶段。为了顺利地推进农村社区实验,民政部制定了《全国农村社区建设实验县(市、区)工作实施方案》,不过,此方案并未就农村社区的范围给予明确的规范,而是要求各地“按照地域相近、规模适应、群众自愿的原则,科学界定农村社区的区域范围,明确农村社区的定位。”截至2008年10月底,民政部最终确定了304个“全国农村社区建设实验县(市、区)”,占全国2862个县级单位的10.55%。共有20400个村作为农村社区试验村,占全国64万多个村的3.19%。从各地农村社区的建制来看,主要包括五种模式:

1.一村一社区

“一村一社区”是以现行的村委会的基础上,一村只设立一个社区。从统计来看,有226个县市区实行了“一村一社区”的建制,占实验县市区总数的76.09%,是农村社区建设的最普遍的模式。重庆市规定,“农村社区原则上一般以现有建制村为基本单元,一个建制村设置为一个农村社区”。

2.一村多社区

“一村多社区”即在一个村设立两个或两个以上的社区。在实际操作中,一般以自然村或村民小组为单位成立社区。全国共有21个实验县市区实行“一村多社区”,总实验单位总数的7.07%。湖北省远安在洋坪镇双路村实行“撤组建社”,按照“一村多社区”的模式,把原来的7个村民小组撤销,重新按照以前的15个自然村落为单位设立15个社区。江苏省一些地方则以自然村为单位建立“自然村社区”。广西也根据人口居住分散、自然村较多的实际情况,按照地域相近、习俗相似、产业趋同、利益共享、规模适度、群众自愿的原则,以一个或多个自然村为基础设置农村社区。

3.多村一社区

“多村一社区”即在相邻的两个或两个以上的村中选择中心村或较大的村为单位设立社区。全国共有45个县市区实行“多村一社区”,占实验单位总数的15.15%,如山东诸城就采取这种形式。诸城市委市政府要求在农村社区建设中,要按照便于服务、便于开发利用社区资源的要求,根据各地实际情况,合理确定社区服务范围,服务半径一般掌握在3～5个村,居住户数为1000户至3000户,有条件的地方可达到3000户以上。规模较小的,可以适当增加村庄个数。为此,诸城对全市农村社区进行统一规划,合理布局,确定全市设立156个农村社区,涵盖全市1257个村庄70多万农民。由此,平均一个社区覆盖8个村、4487人。在多村一社区建设中,一般选择一个中心村设立社区服务中心。诸城市委市政府还出台政策鼓励支持和推动规模小的村庄村民逐步向中心村集聚发展,以促进中心村的发展,整合优化社区资源、提高利用效率和服务水平。

4.集中建社区

“集中建社区”是在新规划的农民集中居住的居民小区设立“社区”。主要有两种情况:一是农(牧)民聚居设社区。如江苏、成都、天津等地都提出“农村人口向城镇集中、居住向规划社区集中、工业企业向园区集中”,支持和鼓励农民“迁村腾地”“集中居住”。随着规划小区的聚居、人口的增多,为了加强管理、提供服务,单独设立社区。另一种是以甘肃阿克塞县为代表的在人口自然聚居而形成的地区设立社区。阿克塞县是甘肃省唯一以哈萨克族为主体的自治县,全县辖2乡1镇10个村。全县人口9100人,牧民所占比例较大,基于牧民农忙时分散放牧而农闲时在县城集中居住的实际情况,政府在开展农村社区建设实验工作过程中,将全县3个乡镇10个村整合成1个民族新村牧农村中心社区,建立牧农村社区服务中心,下设3个牧农村社区服务站,配套党员服务站、社区工作站、文体活动中心、警务室、社区保障事务所、图书阅览室、医疗服务站、便民服务站、居民学校等,由此形成全县设立“一社区一中心三站”的社区模式。

5.社区设小区

在实行“多村一社区”或“一村一社区”的地方,大都在社区之下设“小区”。“一村一社区”的地方大都以村民小组或自然村为单位设立“小区”;而在“多村一社区”的地方大都以村为单位设立“小区”。社区设立社区服务中心,而小区则设立“社区服务站(点)”。陕西省规定,原则上一个行政村建立一个社区服务中心,经济条件较好或规模较人、居住分散的行政村,可在每个自然村设立社区服务中心,由此形成“社区—小区”的组织结构。吉林省将农村社区定位在村一级,但根据东北农村村屯距离较远的状况,要求各试点村积极将服务向自然屯延伸。要逐步在离村中心较远的自然屯设立服务网点,建立集农民议事与活动于一体的服务站点或农家大院。如桦甸市、扶余县、长春市宽城区及二道区等实验县(市、区)已经开始在部分自然屯设立服务站点。

不难看出,当前不同地区农村社区的建制基础及规模范围不尽相同。有的将社区定位于自然村或村民小组一级,有的定位于村委会一级,有的则是若干自然村联合组建,还有少数地区农村社区是超出乡镇甚至是以县域为基础设立社区(如甘肃阿克塞县)。有的社区是在传统的自然聚落的基础上建立的,有的则是通过“迁村腾地”及农民集中居住而重建的。

21世纪以来,我国农村社区建设的实践经历了两个主要阶段:第一阶段是2001年至2006年,这一阶段主要以地方自治实验为主。其中比较有代表性的是江西开展的村落社区建设和湖北秭归开展的建立社区自治、社区间联合自治、以村为单位整体自治的三层自治架构。第二阶段是2006年十六届六中全会后,全国性农村社区建设的实施阶段。党的十六届六中全会提出"积极推进农村社区建设"的任务后,2007年,民政部确定了304个"全国农村社区建设实验县(市、区)",分布在除港澳台之外的全国31个省级行政区和新疆生产建设兵团,占全国县级行政区划总数的10.16%。截至2009年9月,全国已有11%左右的村庄开展了农村社区建设实验工作,约有1亿农村居民享受到农村社区建设带来的好处。

在此过程中,农村社区建设主要实践内容为:把加强和改进农村基层党的建设作为重要内容和重要保障;积极培育服务性、公益性、互助性社会组织,创新农村社区管理体制;推进以集管理、民事、民政、劳动保障、文化发展为主体的农村社区公共服务设施建设;充分发挥农村社区的生态优势,改善农村社区人居环境,促进人与自然和谐相处;统筹农村社区建设与新农村建设,探索农村社区建设共建机制;建立推进农村社区建设的领导机制,落实专人负责,形成党委政府领导、部门协同指导、社会支持配合、社区具体承办、居民广泛参与的上下齐抓共管的运行机制。

在党和政府的坚强领导下,基于改革开放农村取得的良好的物质和精神基础,新时期农村社区建设已经取得了初步的成效。首先,农村社区建设深化了农村村民自治。在开展农村社区建设的地方,传统的村民自治制度得到完善,新的充满活力的村民自治机制进一步健全,大量服务性、公益性、互助性社区社会组织的培育和发展,日益发挥着提供服务、反映诉求、规范行为的作用,拓展了村民自治的领域。其次,新时期农村社区建设推动了乡镇政府职能的转变,在推行农村社区建设的地方,乡镇政府通过资金下拨、人员下沉、服务下移,使公共管理和服务资源得到优化配置,从而使得转变乡镇政府职能落到了实处。再次,新时期农村社区建设丰富和完善了农村基层的社会服务，提高了农民群众文化素质，促进了农村基层的和谐稳定。许多开展农村社区建设的地方引导公共服务、市场化服务进社区，突破了过去单纯依靠村集体和村民自我服务的局限，解决了长期困扰农民的一些生产生活难题，丰富和完善了农村基层的社会服务。而开放包容、共建共享的新型社区治理机制在农村逐步确立并日益发挥重要作用，促进了农村基层的和谐稳定。可以肯定地说，一条符合中国国情的农村社区建设之路正在变为现实。

四、社区体育概念

社区体育就是以一定的地理或行政区域(城市街道、居委会或农村乡镇或村等)为组织单位,以社区成员为对象的自发的或有组织的群众性体育活动。

20世纪50年代,随着世界各国经济文化、科学技术迅速发展和人民生活水平日益提高,体育由学校扩展到社会,走进千家万户,逐渐深入到社会的每一个角落,成为人们日常生活中一个不可缺少的重要组成部分,因而其内容形式不断丰富,其影响与作用远远超出了学校中身体教育的范畴。于是体育的外延被扩大,社区体育应运而生。

社区体育是社会体育的组成部分,也是社区建设中社区文化和社区服务的重要组成部分。它针对个体或群体,以身体运动为基本手段,以获得健、美、乐为目标的一种社会文化现象。它更是我国体育事业的重要组成部分,对丰富居民业余文化生活,改善生活方式,提高生活质量,交流邻里感情,改善人际关系,培养社区凝聚力和归属感,强化社区意识,促进社区和谐发展等都有重要意义。

社区体育的建设既是体育事业的适宜性发展需要,也是社区建设和社区管理的需要。也就是说社区建设和发展是现代社会发展的必然要求,它是现代社会发展面临的重大课题,为此对社区体育的研究将对社会进步和社会和谐发展都具有现实意义和时代价值。

本章中涉及的社区体育概念指以行政区划为地域,以政府及团体提供公共物品及公共服务为依托,依组织或自组织而进行的体育文化活动,并以增强体质、增进健康和增进社区成员间关系或对社区的归属感为目的的一系列体育活动。

1.社区体育概念的学术观点

社区体育在我国作为一种新生事物被给予了充分的关注。自社区体育在我国诞生以来,体育理论界在社区体育的概念方面进行了大胆的尝试,对社区体育概念的理解形成多种观点。

1997年4月2日,由中国国家体委、国家教委、民政部、建设部和文化部联合下发的《关于加强城市社区体育工作的意见》中将城市社区体育界定为:主要是在街道办事处的辖区内,以自然环境和体育设施为物质基础,以全体社区成员为主要对象,以满足社区成员的体育需求,增进社区成员的身心健康为主要目的,就地就近开展的区域性的群众体育。随着社区体育的不断发展,人们对社区体育的概念也有了新的认识,人们对社区体育的内涵和外延的理解也越来越深刻,理论界对社区体育概念的理解也在不断变化。1999年李建国等学者认为目前社区体育组织结构基本表现为“街道”单一层次与整个城市社区体育发展有明显差异。针对这种情况他认为“社区体育是以生活小区为范围”,并提出了小区体育的概念。2002年张洪潭在《社区运行简论》中也提到住宅小区的概念,以上两者都是从微观上对社区体育进行了新的认识。不管是从宏观上还是从微观上认识社区体育,社区体育所包括的内涵还是比较统一的:(1)社区体育的主要对象是社区居民。(2)社区体育的主要目的是通过体育活动,促进社区居民的生理、心理的全面健康。(3)社区体育为社区居民提供易于参与的体育条件,以就地就近的自然环境和体育设施为物质基础。(4)社区体育的关键在于启发居民自身内在的体育动机,激发居民自觉的体育参与意识,保持居民自愿的参与欲望。因此,社区体育的概念包含了两个方面的内容:一个是居民体育的社会化,一个是居民体育活动的地域性,二者是构成社区体育必不可少的组成部分。有关社区体育概念的界定主要有以下几种学术讨论。肖淑伦(1993年)认为:"社区体育就是以基层社区为单位,以社区成员为主体,实行政府部门支持、体育部门指导、社区部门参与、为社区成员提供社会保障的群众性体育活动。"李建国(1993年)认为:"社区体育是在居民生活区内由居民自主地进行群众体育活动,并且是通过体育活动建立相互良好关系和共同意识,促进地区社会化的一种社会活动。"王凯珍(1993年)认为:"社区体育是指基层(微型)社区为区域范围,以辖区自然环境和体育设施为物质基础,以全体社区成员为主体,以满足社区成员的体育需求,增进社区感情为主要目的,就地就近开展的区域性体育活动。"李明认为:"社区体育是指面向社区全体居民、并以'一老一小'为主要对象的体育。"吕树庭等认为:"社区体育是社区成员以社会感情为契机,以自发性为原则,以一定的空间为依托,利用人工(设施)或自然环境,在行政的支援下,以推进《全民健身计划纲要》实施为目的,有计划进行的组织化的体育活动。"任海等在分析不同社会体育概念时指出:"对社区体育进行定位时,应将社区体育实践与对社区体育实践的管理相区别。"此观点对界定社区体育和社区体育管理具有重要的指导意义和参考价值。综合上述概念的要点,结合本章,可以将城市社区体育概括为:在行政(城市的街道办事处、居民委员会)辖区内,以自然环境和体育设施为物质基础,以全体社区成员为主要对象,以满足社会成员的体育健身活动需求,增强社区成员的身心健康为主要目的，就地就近开展的区域性的群众活动。

社区体育的分类按照传统的方法可以分为农村社区体育、城市社区体育和介于两者间的城镇社区体育。但也有学者认为我国农村并没有现代意义上的体育，小城镇依其发展趋势可划归城市范畴，提出社区体育仅指城市社区体育。

关于社区体育的概念有如下观点：(1)社区体育就是以基层社区为单位，以社区成员为主体，实行政府部门支持、体育部门指导、社区部门参与、为社区成员提供社会保障的群众性体育活动。(2)社区体育主要指在微型社区中开展的区域性群众体育活动。(3)社区体育是在居民生活区内由居民自主的进行群众体育活动，并且是通过体育活动建立相互良好关系和共同意识，促进地区社会和谐发展的社会活动。(4)社区体育是指基层(微型)社区为区域范围，以辖区自然环境和体育设施为物质基础，以全体社区成员为主体，以满足社区成员的体育需求，增进社区感情为主要目的，就地就近开展的区域性体育活动。上述几种观点都认为社区体育的区域范围为基层社区，但在理解上有行政区域和生活区域之分。两种理解各有利弊，行政区域便于管理，生活区域方便活动。二者都认为应以社区成员为主体，但对成员的认识，分居民和非居民(单位职工)两种。居民论强调邻里关系和共同意识，非居民论强调辖区全体成员需求满足。此外，在强调群众性体育活动的同时，又分别强调社会保障、社会活动和社区感情等社会性特征。总之社区体育应以基层社区为单位(农村以村为单位)，以社区成员为主体，实行政府部门支持、体育部门指导、社区部门参与、为社区成员提供社会保障和公共服务的群众性体育活动。

我国城市社区体育的兴起是社会体育发展适应城市经济体制改革的必然产物。农村社区是城乡发展一体化和农村经济发展的必然选择。

社区体育是改革开放后发展起来的一种城乡居民体育活动的组织形式,在我国社会经济运行机制向社会主义市场经济的转化过程中,突破了在计划经济下沿袭已久的单位、行业、系统为组织形式的封闭格局,满足了人们在业余时间里就地就近参加经常性的体育活动的需求。当前的社区体育在一定程度上体现出了体育普及性、大众化、全民参与的特点,居民以体育为依托,交流感情、增进友谊、密切邻里关系,为社区各项事业的发展搭建了一个良好的平台。目前,社区体育作为一种新兴的体育观念和体育形式,越来越受到人们的关注。

2.我国社区体育的雏形

我国城市社区体育活动现象的出现是从20世纪50、60年代开始的,一些省市由大企业牵头,周围企业参与组成了地区(片)体协。这种组织较为松散,组织的稳定性较差。如:天津的天拖南地区体协等。到了20世纪70年代初,城市公园、空地出现了零散和小规模的中老年晨练活动,后发展成为遍布全国的晨、晚练体育活动点。20世纪80年代中期,北京、天津、上海、沈阳等城市出现了以街道牵头组织的体育活动,成立了街道社区体协,由单位牵头组织了一条街体协,打破了行业隶属关系,就地就近开展体育活动。这成为社区体育兴起的标志。进入20世纪90年代,随着居民小区的大批兴建,各地出现了住宅体协。另外,1997年4月国家体委、国家教委、民政部、建设部和文化部五部门联合颁发了《关于加强城市社区体育工作的意见》。至此,全国各个城市社区体育开展得轰轰烈烈,社区体育活动进入了高潮。

而我国农村体育发展则由村、乡(镇)为单位的以传统文化为依托的传统体育文化在传统节日里,特别是在乡村民俗节日中得到广大农民的积极响应,逐步成为农村体育发展的基本形式。

3.我国城市社区体育的发展历程

虽然中国城市基层社区组织的发展已有50多年的历史,然而改革开放前,由于我国城市管理实行的是"单位制"和"街居制"二元体制,"单位制"管理单位人员,街居制管理无单位人员,两种体制不存在制度化的联系。"单位制"一直处于城市组织管理的主体地位,基层社区只是城市管理的补充和辅助体制,因而社区的人力、财力、物力资源和所具备的功能都十分薄弱,体育功能更无从谈起。从1954年国家建立街道办事处和居民委员会到20世纪80年代中期,城市基层社区几乎没有涉及体育功能,这既与基层社区的辅助地位和资源匮乏有关,也与无单位边缘人口的低体育需求有关。中国城市社区体育活动于20世纪80年代后期出现,当时北京、天津、上海、沈阳等大城市出现了以街道办事处牵头组织的体育活动,成立了街道社区体协,打破行业隶属体系,组织辖区单位和居委会就地就近开展体育活动。社区体育的发展从20世纪80年代后期到现在大约经历了3个阶段:

(1)第一阶段:自发形成阶段(20世纪80年代后期至1995年)

我国城市社区体育活动于20世纪80年代后期出现(几乎与社区服务同期出现),当时北京、天津、上海、沈阳、武汉等大城市,出现了以街道办事处牵头组织的体育活动,成立了街道联合体协,打破行业隶属关系,组织辖区单位和居委会就地就近开展体育活动。该活动既弥补了因单位体制改革而引起的单位职工体育需求满足受阻,同时又促进了社区服务和社区建设,推动了城市管理体制改革。随后,这种体育形式很快在全国范围内开展起来。我国最先提出"社区体育"一词的是天津市河东区二里桥街(1990年)。1989年,天津市河东区二里桥街道诞生了街道联合体协,在同年召开的经验交流会上,二里桥街道联合体协模式得以重点推广。会后,河东区领导多次研讨,参照民政部1986年提出的社区服务概念,最后定名为"社区体育"。1991年,原国家体委在天津召开了"全国部分城市社区体育工作研讨会",当时群体司司长邱玉才同志在讲话中对社区体育做了定义,统一了人们对社区体育的认识,自此,社区体育被人们接受,并在全国范围内被广泛应用。1993年又在沈阳召开了社区体育现场会。1995年7月,以原全国政协副主席何振梁先生为首的全国政协教科文卫体委员会体育组进行了"全国大中城市基层社区体育现状调研",并向全国政协提供了调查报告。这一时期社区体育以自发性为特点,是城市管理和社会体育改革主动适应经济体制改革的产物。

(2)第二阶段:政府倡导阶段(1995年至1997年)

1995年6月,国务院颁发的《全民健身计划纲要》第九条指出:积极发展社区体育,街道办事处要加强对体育工作的组织,发挥居民委员会和基层体育组织的作用,做好社区体育工作。体育行政部门要给予支持和指导。1995年8月29日,经全国人大批准颁布的《中华人民共和国体育法》也明确提出要求:"城市应当发挥居民委员会等社区基层组织的作用,组织居民开展体育活动,开展社区体育。"从法规上对社区体育给予正式明确。1995年底,国家体育总局与北京体育大学联合进行了"中国城市社区体育的现状与发展趋势"的课题研究,为1996年的全国社区体育工作会议做理论准备。1996年11月,原国家体委在湖北召开了第一次全国社区体育工作会议。会上对社区体育的概念、发展方向、现状特点进行了深入的探讨和定位。1997年,根据我国全民健身活动的实际需要,原国家体委开始实施"全民健身工程"。迄今为止,国家体育总局已投入本级体育彩票公益金6.4亿多元,资助全国各地建设"全民健身路径"1万多条,带动、引导各地建设"全民健身路径"15万多条。这些建在群众身边的体育设施,改变了城乡居民的健身环境,彰显了党和政府的亲民形象。同时许多当地政府都把全民健身工程列为为民办实事的内容之一，各地体育行政部门利用本级体育彩票公益金，在各级政府投入的支持下，在公园、广场、江河湖畔，修建了各具特色的体育主题公园、体育文化广场、居家工程、健身长廊和健身苑等，大大方便了群众参加体育健身。如重庆的“两江四岸健身长廊工程”、辽宁推出的八个“百万健身工程”、湖北武汉市沿江两公里健身长堤、甘肃的“丝绸之路健身长廊”和兰州市的体育公园等都已成为当地靓丽的体育景观，被老百姓誉为“德政工程”“民心工程”，很好地树立了党和政府践行“三个代表”的为民形象。1997年4月，原国家体委、教委、民政部、建设部、文化部联合下发了《关于加强城市社区体育工作的意见》。对社区体育的概念、社区体育工作的主要任务和职责、组织管理与体制、场地设施的建设与利用等做了明确的阐述。这一阶段以《体育法》《全民健身计划纲要》和《关于加强城市社区体育工作的意见》中对社区体育的正式认可和重视为标志，政府开始倡导发展社区体育。

(3)第三阶段：加速发展阶段(1997年至今)

1997年11月，原国家体委以24号主任令颁发了《全国城市体育先进社区评定办法(试行)》。1998年2月，原国家体委下发了《关于开展第一批全国城市体育先进社区评定工作的通知》，随后，全国各省(区、市)均制定了本地区城市体育先进社区标准，并开展了省、市、区级的评定工作。到2002为止，全国有三批共507个社区被授予“全国城市体育先进社区”的称号。1998年7月原国家体委对体育先进社区和全民健身工程情况进行了抽查。1999年7月，国家体育总局为提高社区体育干部素质，在天津举办了全国城市社区体育干部培训班。来自全国各地的80多名群体管理干部参加了培训。1999年初，全国政协组织了我国有史以来第一次全国体育俱乐部现状调查。并将调查结果以《体育改革的重要方向——关于我国体育俱乐部情况的调查报告》的形式上报李岚清副总理,李副总理就此做了重要批示,对社区体育工作提出了明确的要求。1999年3月,国家体育总局组织了全国性的城乡社区体育组织调研,2000年完成了《全国城乡社区社会体育组织调研报告》,调研结果对社区体育组织建设工作具有参考价值。2000年4月,国家体育总局群体司在上海召开了"城市社区体育经验交流会",会议总结交流了近年来各地社区体育发展的经验,对未来社区体育的发展进行研讨。会议明确了今后社区体育的重点工作:(1)建立健全社区社会体育组织,扩大覆盖面,完善运行机制。(2)修建和完善社区体育场地设施,为社区体育工作创造良好的物质条件。(3)抓好群众身边的体育健身活动,丰富社区居民文化生活。(4)继续开展争创城市体育先进社区的工作。(5)积极开展国民体质监测和测定工作。(6)加强政策法规研究,保证社区体育沿着正确方向发展。2003年国家体育总局在调研、论证的基础上对第二批体育先进社区和全民健身工程进行了抽查。2004年国家体育总局对《全国城市体育先进社区评定标准》进行了修订,评选对象由街道下沉到社区居委会。2004年将在全国部分省(区、市)启动"社区体育俱乐部"试点工作,首批将从全国选择25个社区体育俱乐部试行。试点由国家、省、市三级体育行政部门的体育彩票公益金和挂靠社区投资作为启动扶持资金,四方面的投入比例为2:2:1:1。该试点工作对于提高社区体育的组织化程度,充分利用和有效整合社区体育资源,进一步推动"体育进社区"工作的深入开展,满足广大社区居民日益增长的体育需求,顺应全面小康社会对社区体育发展的要求将有重要的推动作用。这一阶段以"全国城市体育先进社区评定"为标志,推动了城市社区体育的蓬勃发展。

纵观社区体育发展历程从政治上说,社区体育是体现党和政府关怀人民健康,满足社区成员体育需求,促进社会风气好转的一项重要举措;从文化上说,社区体育是着力于提高人的素质和社会文明程度,加快社区精神文明建设的一个重要抓手;从经济上说,社区体育是整合社会资源,愉悦身心健康,加快社区体育社会化、产业化的一个重要载体,为此社区体育是中国社会发展的历史选择。

第二节 中外社区体育发展比较

一、发达国家社区体育发展

1.发达国家社区体育发展历程

国外社区体育的发展,大体经历了三个阶段:第一阶段是第二次世界大战后初期的萌芽阶段,由于战乱的影响,各国民众的体质有不同程度的下降,为了应对体质下降现象,各国先后成立了各类体育组织,以促进体育运动的开展。如1955年美国成立了总统青年体格健全委员会,之后有30个州设立了体格健全顾问委员会或指导委员会;瑞典建立了5000多处体育和娱乐俱乐部;英法等国也通过办体育夏令营,体育沙龙等形式,在青少年中大力提倡体育运动。第二阶段是20世纪60年代—70年代的形成阶段,随着经济的快速增长,公众余暇时间日益增多,工业化城市化加快引发了一系列的社会问题,由此各国开始注重研究社会体育。如1961年德国政府开始实施《黄金计划》,同年日本政府颁布《体育运动振兴法》。1975年,在美国的华盛顿召开国际健身与大众体育会议,主题为“社区与TRIM”。第三阶段是快速发展阶段,20世纪80年代至今,随着发达国家经济和科技的不断发展,后工业社会以及信息时代的到来,人们的生活水平有显著的提高,随之而来的是工作方式和生活方式也发生了重大的变化，各种“文明病”“富贵病”（如心脏病、高血压、糖尿病、肥胖症等）也随之而生。因此，各国日益重视提高生活质量，追求积极的生活方式，而社区体育作为社会重要的形式，各种研究也日益增多。

发达国家由于社区体育产生早、发展快，普遍高度重视社区体育设施的规划建设，因此，社区体育设施相对比较完善，基本能够满足居民的需求。1965年，美国政府建立了土地与水资源保护基金，该基金向各州与地方社区建立户外运动场地与设施提供财政支持。1960年，德国开始推行“黄金计划”，加强社区体育场地设施建设。1964年日本政府抓住东京奥运会契机，把体育工作的中心转移到整个国民体质的推进上。实施社会体育振兴政策，重视对国民体育发展的客观环境进行物质改造。从目前日本所具有的完备的先进体育设施数量和每年进行体育活动的人口已达71.1%来看，日本国民参与体育活动的数量和质量都得到了保证。截至1995年末，日本政府投资兴建的体育设施共有22.9万多个，全日本学校运动场的对外开放程度为86.9%，学校体育馆的对外开放程度为91.7%。另一方面，日本文部省保健体育审议会和地方教育委员会的体育振兴审议会所提供的体育政策咨询，在日本国民体育的发展中也起到了重要作用，使政府对社区体育设施标准的制定有了科学依据。日本体育俱乐部的开展使得群众体育的组织化程度日益提高，社区体育活动组织得更加有序，体育活动的组织质量更高。由于社区体育活动组织的高质量和有序性，使得社区体育中心和综合性社区体育俱乐部的活动人数得到保证，有力地推动了日本体育产业的发展。除体育以外，社区体育俱乐部还为人们提供相互交往的渠道，有力地提高了社区的凝聚力。最后，由于社区体育俱乐部培养了大量的志愿者，有助于使社区和日本社会形成乐于助人、甘于奉献的社会风尚。显然，日本社区体育俱乐部对社区体育的作用是极其重要的。

2.发达国家社区体育发展策略

1961年,日本制定了“体育振兴法”,开放学校场地和公园,为居民参加体育活动提供便利的条件。同期英国也开始推行“体育与地方社会”的活动。1965年,美国政府通过《土地与水资源保护法》,每年拨款7.8亿美元向各州与地方提供财政支持用于户外运动场地和设备。新加坡1975年由体育理事会、教育部、国防部、园林署和人民协会等15个部门联合制定实施了体育设施蓝图计划,在全国修建15个社区体育中心,规定20万人左右的居民区必须建有一个社区体育中心。

美国社区体育中心的发展可以追溯到19世纪末20世纪初的美国休闲运动。在1932年—1937年间,美国经济处于大萧条阶段,美国政府拨出10亿美元专款用于修建社区体育中心。二战以后,美国政府分别颁布和制定相关法律,规定社区体育中心的基本标准,并通过拨出专款和建立相关基金的方式投资社区体育中心的建设。在美国,几乎每个社区都有自己的社区活动中心。在美国社区体育设施体系中,社区公园体育设施占据重要地位。美国国家公园服务部和美国森林服务部通过第66号命令规定了社区公园体育配套设施的标准,美国“健康公民2000年”(Healthy People 2000)又把增加社区体育中心的数量作为一个重要指标。其中规定:至2000年,美国社区每25000人要建一个公共游泳池,每1000人要建4英亩开放的休闲公园,这些指标在1996年就已提前实现。无一例外,国外社区体育的发展以政府政策、资金的推动和设施建设为基础发展壮大,并逐步适应群众需要。

3.部分发达国家社区体育政策规划与管理

西方工业化国家较早完成由传统社会向现代化社会的程度,进入了后工业化社会和信息时代。随着社会的进步,人的体质建设越来越受到各国政府与民众的重视,纷纷研究制定中长期体育远景规划(如表4-1)。

表4-1 面向21世纪部分发达国家大众体育的远景计划

国名	体育远景计划	制定时间
日本	面向21世纪体育振兴策略	1988
美国	健康国民2000年	1990
加拿大	积极主动的生活体育推进计划	1990
英国	向着90年代新的体育地平线	1992
德国	德意志黄金计划	1992
意大利	面向2000年的体育目标	1994
澳大利亚	面向2000年振兴澳大利亚	1994
荷兰	荷兰人在运动	1994
芬兰	芬兰人在前进计划	1994
新加坡	生命在于运动计划	1996

4.发达国家大众体育管理模式

一般来讲,一个国家大众体育的管理体制取决于它的经济体制和政治制度。由于各国体制和制度不同,其体育组织管理模式也不尽相同。下面就介绍几个发达国家的大众体育管理组织:美国基层社区体育的管理职能主要由市政府、县政府、市镇和乡政府等地方政府承担,组织设立公园和休闲委员会。它的主要任务是:(1)动员社区中一切可以利用的体育资源,向社区内所有的成员平等地提供体育休闲机会。(2)了解和研究社区成员的各种体育需求和兴趣,在此基础上与有关社会团体合作,制定计划,组织实施。(3)联络、协调社区的各个部门、机构、最大限度地满足社区居民的各种体育需求。美国联邦政府对大众体育极为关心和支持，向大众提供足够的体育、休闲和娱乐场地与设施。联邦政府通过多项立法，向美国公民提供高质量的、足够的休闲场地和体育设施。公共场地设施一般都免费或低价向社区居民全天开放。

美国学校构成了社区体育场地设施的另一支有生力量。为了开展社区体育活动，政府与校方联合制定了计划，使学校设施尽可能多地向社区居民开放。学校体育设施一般从下午5点到晚上10点、周六和周日全天向社区居民开放。社区体育流动的具体组织则完全由地方协会和俱乐部等社会团体承担，政府起疏通、引导和联络的作用。

德国社区体育的管理机构是城市与社区联合会，他们可以针对社区体育娱乐设施的建设和改进提出建议，并组织召开有关体育运动会议，协调各个层次体育运动的发展。体育俱乐部是德国体育发展最重要的组织形式。目前德国有8.1万个体育俱乐部为不同性别、不同年龄、不同职业和不同体育兴趣爱好的居民提供丰富多彩的参与体育运动的机会。德国联邦政府有一整套发展体育的优惠政策，支持体育运动的发展。主要表现在对非营利性的俱乐部和协会实行减税，减免意味着大多数俱乐部根本不用交税。体育俱乐部和体育协会捐赠者可以要求减免个人所得税。俱乐部可以免费或者以很低的价格使用体育场。

日本大众体育的组织机构可分为三类：政府管理机构、社会团体和民间组织。各类大众体育组织在管理上基本者采取三级管理模式，即中央级、都道府县级、市区町村级。

政府机构。日本最高的政府体育管理部门是文部省体育局，它负责制定从竞技体育到大体体育所有有关体育的国家政策和规定，并对有关工作进行审批，还负责组织全国性的大型体育活动，如国民体育大会、全国体育娱乐节、全国大众体育研讨会及体育指导员最高会议等。

社会团体。在社团组织中,日本体育协会是日本最高级别、最具权威的大众体育社会团体,同时还是日本大众体育事务的国际代表。日体协受文部省的领导并直接承担和实施着文部省的大量具体工作,如举办体育节、培养体育指导员、组织青少年团以及开展体育研究等。在日本体育社会团体中,还有一类很重要的组织,就是学生体联,如初中生体联、高中生体联及各单项学生体联等。

民间组织。民间体育组织主要是指财团、企业和私人业主自发成立的体育组织。随着日本大众体育的蓬勃发展,体育市场被日渐看好,于是,各类企业、公司纷纷打入体育市场,建设体育设施并建立体育组织。这类体育组织大多是营利性的,一般通过使用者交纳会费等方式获取收入,而设施和组织在为企业谋取利益的同时也极大地促进了日本大众体育发展。

5.部分发达国家对社区体育发展的推进

如美国50个州的法律都规定:“社区政府可单独与有关机构合作,修建和拥有社区体育场地设施。”在美国社区中一般都建有休闲公园、社区体育中心、拥有多种体育设施,可以满足社区居民进行各种体育活动。英国体育理事会在20世纪80年代中期制定了英国社区体育中心的基本标准,要求每25000人的社区就需要建设一个社区体育中心。英国社区体育中心包括村镇与社区厅和社区体育厅。英国村镇与社区厅可以开展体育活动,同时,也可以举办经常性的社会文化和艺术活动。社区体育厅是专门为开展社区体育活动而建设的体育中心。英国社区体育厅组织的体育活动内容比村镇和社区厅更加丰富,据英国体育理事会2001年的调查,英国社区体育厅开展的体育活动达150多种。

二战以来，德国实施的三个《黄金计划》以及现在正在实施的《东德黄金计划》的主要目标，就是大众体育场地设施的建设与完善，加强社区体育场地设施建设，累计投资近400亿马克。

日本也十分重视社区体育场地设施的建设。日本文部省从1969年起，几乎每隔5年就进行一次体育设施调整与添置。1995年和1996年用于大众体育场地设施建设方面的费用分别为252.09亿日元和242.63亿日元，并早在1976年就颁布了《学校体育设施对外开放法令》，使学校丰富的体育场地设施成为大众体育活动的主要载体，因此，日本各类体育设施都能为社区大众体育提供重要保障。

韩国从20世纪80年代以来，兴建体育设施热潮至今不衰。中央对地方的体育设施有总体规划，为调动地方政府建设体育馆的积极性，按情况给予30%～50%的经费补助；政府在金融、税收、价格、土地征用等方面采取有力措施进行扶持。1996年韩国政府中央财政体育支出638亿韩元，其中用于体育场馆建设150亿韩元。韩国政府将1998年奥运会的赢利全部用于全国15个城市新建社会体育健身中心。在汉城（首尔）有25个行政区，每个区有一个社体中心，均集办公大楼和体育健身设施于一体，配备有标准的游泳馆、健美健身公馆、力量训练馆、运动康体处方室、儿童训练馆、高尔夫练习馆、乒乓球馆、综合训练馆等体育场馆。

6.部分发达国家社区体育经费来源

世界各国社区体育经费主要有两种来源：国家和地方政府财政拨款；社会团体自筹。具体来讲有：国家财政补贴，社会捐赠、资助，基金会资助，团体和个人会费，体育彩票或体育博彩提成，私人或公司赞助，场地出租以及门票收入等。其中体育彩票被认为是吸收社会资金、增加政府税收、发展大众体育事业的有效途径。目前，世界上已经有70多个国家发行了体育彩票。例如，美国体育彩票业年收入近40亿美元,法国近四分之一的体育经费是通过发行体育彩票获得的。为了发展大众体育事业,发达国家中央政府和地方政府都大幅增加对大众体育的投入。如联邦德国实施第一次"黄金计划",共耗资174亿马克,1990年欧洲部分国家大众体育的人均投入分别为:德国73.51美元,英国45.47美元,法国46.81美元,瑞士73.82美元,这就大大提高了发展大众体育的财力,为大众谋求更多的体育利益。

7.发达国家社区的体育指导人才培养制度

如日本的体育指导制度中除了有文部省的社会体育指导员制度,还有厚生省和劳动省的指导员制度。厚生省主要培养健康运动指导员,劳动省主要培养健康管理方面的指导员。文部省则将体育指导员分为社区体育指导员、商业体育指导员、竞技体育指导员、少年体育指导员、活动计划指导员和休闲体育指导员六类。而社会体育指导员的资格认定是日本体育协会,不是由政府认定。日本社会体育指导员在培养上严格规定了必修科目和时数,确保了社会体育指导员的质量和社会可信性。因此在获得指导员资格后能较充分地服务于社会。美国的体育指导员分竞技运动教练员和社会健康体育指导员。要获得官方认可的社会健康体育教练员资格必须通过"伤害预防,应急处理,康复训练"等内容为中心的笔试、口试、实技三大类考试(见 U.S. Department of Health and Human Services. *Physical Activity and Health — A Report of the Surgeon General*, 1996-07-11)。实技考试的考场设在运动现场,采用判断,处理各种假想情况的模拟考试形式。一般来讲,在美国各种有资格认定指导员的机构均采用的是"书面和实技"的形式,因而都能获得社会的广泛承认。另外值得一提的是西方的体育志愿者服务,志愿者服务是西方发达国家大众体育蓬勃发展的原因之一。在西方有90%以上的社会体育指导员是无偿的,而且许多社区服务也是靠志愿者无私奉献进行的。

8.发达国家社区体育的发展趋势

当前,世界发达国家由于经济高速发展,社会物质生活水平极大提高,以健身、娱乐、休闲为主体内容的大众体育已逐渐走进千家万户,并成为人们日常生活的一个有机组成部分。发达国家大众体育的发展,从其表现形式看,是社会化的趋势,比如,美国经常参加体育活动的人数1961年为其总人口的四分之一,到1981年则增加到总人口的二分之一;加拿大为42%;日本从20世纪70年代末至今体育人口一直保持在70%左右。在西方,绝大多数的俱乐部是社区俱乐部,它在大众参与的广泛性以及体育健康在身心方面有着积极的作用。发达国家有数量众多的体育俱乐部,如荷兰有3万多个俱乐部,470万会员;日本有体育俱乐部372595家,会员超过总人口的10%以上。从大众体育的功能方面看,呈现出大众体育综合功能的全方位开发趋势,体育场地、器材、项目、活动方式是五花八门。发达国家现在普遍采用现代化的健身设备与手段,体育健身消费不断高涨。从大众体育锻炼方式看,则呈现户外化、终身化以及中等进行练习强度的趋势。

二、国内外社区体育的研究比较

1.国外社区体育研究

国外社区体育研究始于20世纪60、70年代,其经济高速增长和社会变革为社区体育研究提供了可能,将社区体育作为社会控制的重要形式受到社会高度重视而引发学术界重视与实践。西方国家大众体育主要以社区为依托,研究多采用城镇大社区的概念,与我国基层社区体育概念有较大差异,其社区体育研究是社区研究的一个分支,多为应用性研究。从欧、美、日近年来的研究情况看,运用社会行动理论,对社区体育参与、社区体育组织结构、社区体育模式、社区体育方法等方面的研究较为多见。社区体育研究主要成果有：L. Henry（美）的《发展社区体育和娱乐的政策》（1986年），Fujiwara K.（日）的《社区体育运动的人数调查》，Lawson P.（英）的《社区体育领导决策方案的评估》（1994年），Quain R. 的《社区体育基础》，Han. Y. S（英）的《发展社区体育对于回归奥林匹克最初目标的影响》《国际大众体育信息》（2000年第8、9、10期），《日本基层大众体育的管理体制》（上、下），《日本综合型社区体育俱乐部介绍》（上，中，下）等。其应用性研究主要表现在体育俱乐部、体育协会、体育计划、体育指导、体育方法等研究方面。如社区体育参与研究多为体育人口调查和体育活动状况评价，其中，体育人口研究不仅就年龄、性别、健康状况等进行研究，近年来更多采用多层（频度、强度、时间等）研究，不仅对参与者，更注重潜在人口特殊人样的研究。如日本学者提出的“参与”理论，即现代社会由于传媒和体育组织的发达，几乎100%的人口都与体育有关系，只是参与方式不同而已。在体育活动评价研究中已逐步摒弃就事论事的现状分析方法，更多地从生活角度研究体育活动与居民生活的关系。

西方社区体育模式研究多以个案研究为主，其中美国的社区公园、欧洲的社区俱乐部、日本的社区公民馆等具有典型特征。美国的社区体育管理机构是社区公园与休闲委员会，负责社区公园和公共体育设施的服务管理外，还负责提供专门指导、财政援助和组织开展各种形式的社区体育活动等。欧洲的社区俱乐部主要依托社区开展活动，它基本上是非营利的社会公益组织，但享有政府的财政补贴和优先利用公共体育设施及固定资产、事业收益税收优惠等政策。日本社区公民馆（一般为简易体育馆），大多数是多功能的，可进行多种文化体育活动，公民馆由政府出资、社区建立和管理，设有专职管理人员，工资由政府支付。公民馆不仅是社区体育设施，又是社区体育服务中心，为社区居民提供体育信息、宣传体育知识、租借体育用具等。

有关社区体育组织研究，由于西方国家具有市民社会基础，社区居民自治组织能力较强，社区体育方法研究主要表现为社区体育的条件保障和体育活动推广等方面。条件保障以设施保障为主，还包括社区体育计划、指导、财政支持以及社区照顾等。推广活动主要由政府及社会团体发起参与面广泛的大众体育活动。如德国的家庭体育奖章制度和日本的“挑战日”活动。近年来，西方的社区体育方法研究注重政府在推广活动中的作用研究，强调社区体育的社会支持系统建设。国外的研究较少涉及管理体制方面，而管理运行机制方面也与我国有较大差异，但西方社会学理论和社区研究理论对我国社区体育的研究有一定的参考和借鉴价值。

2.我国社区体育研究的现状

我国社区体育研究开始于20世纪80年代中期，当时正值小城镇研究热潮，由此带动小城镇体育研究，出现了以江苏省体育科学学会体育社会学分会为代表的学术团体。80年代后期，以中科院社会学研究所为首的中国城市发展模式研究，带动了我国城市发展战略研究，社区作为城市的细胞，社区体育作为城市文化也被作为战略措施成为研究对象，从而揭开了社区体育研究的序幕。但真正独立地对社区体育展开研究主要在20世纪90年代初期，如1991年国家体委在天津召开了“全国部分城市社区体育工作研讨会”，其主要内容是对社区体育的概念做了讨论。1993年11月举办的首届全国职工体育论文报告会上，国家体委征集到7篇涉及社区体育方面的论文，内容主要集中在社区体育界定、社区体育组织、社区体育现状和社区体育发展模式等方面。从研究情况看，当属于研究框架建立阶段，此后，社区体育研究呈逐年上升趋势。1995年为配合《体育法》和《全民健身计划纲要》的出台,国家体委对社区体育的性质、功能的研究有所加强。1996年底的首届全国社区体育工作会议,将社区体育作为社会发展和体育改革的重要组成部分,从目标、体制组织、设施、经费等各方面加以规定,全面推动了我国社区体育研究的发展。1997年第五届体育科学人会全民健身专题论文报告会上,有关社区体育的论文占了46%。2000年召开的第二届全国社区体育工作会议征集到论文40余篇,对当时我国社区体育发展模式、基础理论、趋势、存在的问题等方面加以研究。2000年12月在第六届体育科学大会群众体育专题报告会上,有关社区体育的论文占了50%,至此形成了社区体育研究高潮。

3.我国社区体育研究的类型和方向

从研究的内容来看,我国社区体育分三大类:一是基础理论研究,主要社区体育概念、性质、功能、构成要素等方面,此类研究多借鉴西方社区研究理论和社会学知识,表现出较高的水平,但此类研究较少,其原因有以下几个方面:(1)是当时社区体育研究者多为体育工作者对社区、社会学研究不太熟悉,因此反映在研究上成熟性较低。(2)是我国社区体育起步较晚,且计划经济模式影响较深,社区体育发展还处于初级阶段,因此在一定程度上影响了研究的深入进行。(3)是我国社区体育研究的问题仍然少,可参考的资料极少,社区体育著作寥寥无几,外国参考资料也不多见,且大多体育工作者不能引用。这也在一定程度上限制了社区体育研究的发展。社区体育基础研究主要以北京体育大学任海和王凯珍和上海体育学院李建国为代表,发表《对我国城市社区体育发展模式的探讨》《北京市社区体育的现状研究》《上海市社区体育的组织现状研究》和《社区体育的基本理论、现代特点与发展趋势》等研究论文。二是应用性研究,主要包括社区体育管理、社区体育组织、居民需求研究等。此类研究结合现状调查和对策研究，为社区体育政策管理提供了大量参考依据。但由于是立足于现状的对策，其预见性差，有时跟不上社区建设的发展。另外，由于我国地域广大，即使在一个城市中，不同社区的差异也较大，因此普遍研究意义不大，故这类研究大多属于个案研究。但因为个案研究不仅花费少，易深入，针对性强，且因其个性鲜明，符合多元化发展方向，又由于它具有典型意义，反而（在同类型社区中）借鉴性更强。典型研究有刘明生《上海市社区体育组织现状及发展对策》，高维岭《安徽省社区体育发展现状研究》，周林清《北京市城市社区体育的现状及发展趋势》，徐建国《苏州市社区体育现状的调查与分析》，马冬梅《甘肃省城市社区体育发展现状的调查研究》。三是发展性研究，主要包括发展模式研究、社区体育政策研究、社区体育与社会发展关系研究等，此类研究由于有明确发展目标，且多将社会发展作为因素或参考系统，有一定的研究尝试，对社区体育发展作用较大。

4.农村社区体育研究

农村体育的发展是全面建设小康社会与推进新农村建设的重要方面，实践证明，在农村广泛开展体育活动，对活跃乡村生活，提高农业劳动生产率，促进农村经济发展和文化建设，提高农民身体素质，加强精神文明建设，具有十分重要的意义。同时，体育也是稳定基层，建设社会主义新农村，满足广大农民群众多层次、多方面精神文化需求的有效途径。

关于农村体育的研究主要有周建军等《我国乡镇体育的发展背景与模式选择》（体育科学，2005年第3期）；卢文云《西部大开发与西部地区农村体育发展模式的研究》（北京体育大学学报，2005年第1期）；裴立新《当前农村体育发展中的若干问题的理性思考》（体育与科学，2003年第5期）；虞重干、李志清《加强农村基层体育文化研究的历史契机与现实需要》(体育科学,2005年第2期)等。以上这些研究成果从研究角度看,或单纯着眼于民俗,或单纯着眼于体育,或单纯着眼于文化,而跨学科的研究成果尚少;从研究方法来看,以往研究多运用定性研究,而综合使用人类学研究、社会学研究、体育学研究、田野研究等多种研究方法,结合农村实际生产生活的特点,深入挖掘民俗传统文化的成果较少;在研究形式上,注重“纯”体育化,深入实地,结合基层农民文化生活,乡土体育研究的很少。对于农村自在的、传统的民间民俗体育,尤其是节日体育,无论是学术界还是政府管理者都对其重视不够。传统节日具有丰富的文化内涵,是乡村文化的平台,节日体育活动在农村具有极强的吸引力和广泛的号召力,有助于推动农村体育的发展,丰富基层文化生活,加强社区人际交往、民众凝聚力,促进农村社会和谐稳定,是农村社区发展活力的重要源泉。通过对社区体育的研究,引发社会对农村社区体育的关注,为农村体育和新农村建设提供新的思路,丰富农村体育理论,促进农村文化建设。

总之,农村体育是我省体育建设和发展的薄弱点,它反映农村经济社会发展状态和农民的传统生产、生活方式和思维方式,又由于基本无体育设施的现状,造成农村体育的“荒芜”状态,因此农村体育研究甚少。

三、我国社区体育产生的社会背景

市场经济极大地改变着中国社会的结构,使过去的单位管理体制的功能趋向弱化,而逐渐向市场和社会管理机制的模式发展。一方面人们在劳动就业领域里失去了“单位保障”的铁饭碗,另一方面却得到了更多的自主择业和自由居住的机会。面对着偌大的社会,众多的人群和充满竞争的千百种不同职业部门,我们靠什么把民众团结和组织起来呢？此时，建立一种适合市场经济社会化条件的新的社会共同体，就成为必要而迫切的事情了，为社区的产生创造了社会条件。

在充满竞争的社会里，尽管很难去划分固定不变的群体，但人们的居住地却是相对稳定的。对于多数人来说，住宅房产是他们家庭的主要资产，也是生活的根基，对房产的依赖使人们相聚在新建或重组的社区里。所以通过社区，即人们居住的地域，把众多各行各业的人们划归一个共同体，就成了当代社会组织民众的唯一可行的方式。社区建设的事业也就是在这样的时代背景下必然地产生并发展起来。2000年12月中共中央和国务院向全国转发了民政部《关于在全国推进城市社区建设的意见》，使社区建设在我国全面展开。中央明确提出社区实行公民自治，也就是让人民群众自己管理自己的生活和各项日常事务。人还是居住在自己的居民区里，不同的是，今天的居民区里更强调人的公民资格和主人翁地位，今天的居民区被命名为“社区”，以示与以往传统居民区的重大差别，社区是公民自治，是全新的社会共同体，是新生事物。为此社区体育在我国出现是多种社会因素综合作用的结果，有其深刻的历史根源和社会原因，概括起来有以下几点：

1.经济体制改革对社区发展提出新的要求

我国城市现行的管理体制，是以区、街道、居委会三个层次组成的，以行政管理为主的体制；与其相伴而生的还有一个属于条条管理的独立板块，即隶属于不同行业和系统的驻城区的各类企事业单位，它们与城区各块基本上不发生横向联系，由各条直接管理到每一个基层单位和人员。这样一种与计划经济相适应的城市管理体制和社会构成模式，随着改革开放的深入和城市化进程的加快，越来越不适应新的形式发展要求，一系列尖锐而复杂的矛盾逐步暴露出来。同时,随着改革开放的深入,城市中有关的人和事,已经“溢出”了现有的城市社会的基本结构框架。管理和服务环节上的“真空地带”和“灰色地带”越来越多,原来设置的城市基层体制、功能和运行机制,已经严重不适应发展变化了的新情况、新问题;政府负担日益加重,各种日常性问题已经不能自行有效地化解;不同的城市社会群体之间也缺乏必要的整合。城市的改革与发展,已经强烈呼唤着社区的建设与发展,强烈呼唤着城市工作应该及时向社区化转轨。

社会主义市场经济体制的逐步建立,原有“单位体制”开始松动,“小政府,大社会”的管理格局崭露头角,广大居民的生活需求不断上升,民主意识和参与愿望越来越强。所有这一切,一方面冲破了传统社会结构和管理体制的樊篱,另一方面又呼唤着建立与社会变革相适应的城市社会结构尤其是城市社区结构。这种社会管理体制转型,使以政府包办为主的管理方式向民间主办(或协办)形式转化。这种由微观管理向宏观调控的转变,使权力下放、地区社会自制管理成为可能,社会经济体制转型,使以政治利益为主的运作机制向以需求满足为主的运作机制转化。这种“单位体制”的松动,由“单位人”向“社会人”过渡,客观上要求社区发挥更多的社会整合功能。“单位体制”在计划经济时期实现了对城市居民有效地整合、控制。但这种整合功能的发挥是以经济的低效率为代价的。因此,当党和政府把工作重点转到了经济建设,尤其是确定了建立市场经济机制的宏伟目标之后,逐步松动和瓦解“单位体制”就必然成为城市改革的重要一环。这也就意味着单位对职工、上级单位对下级单位的社会整合作用逐渐弱化。伴随着这种情况的持续发展,试图主要依靠“单位”来实现社会整合已不大可能。唯一的选择只能是把“单位”承担的一部分社会整合功能逐渐向社区转移,把社区建设成实现社会整合的基地。

2.社区人口的结构性变动,客观上要求社区全方位发展

与市场经济机制的逐步建立和现代化进程相一致,中国城市社区的人口结构出现了三个比较明显的变动趋势:一是老龄化趋势。人口老龄化是人口变动的普遍规律。特别是由于独生子女政策的实施,这一规律在中国城市表现得尤为突出。目前,中国的部分大城市迅速变成了老龄化城市,其他一些城市也即将进入这个行列。这意味着我国城市的老年人口比例会显著上升。而老年人口的活动空间基本上是居住社区,这就势必要求每个微型社区都要为众多的老年人提供良好的生活环境和生活条件,提供良好的文体娱乐、医疗保健和公共安全等项服务,从而要求社区全方位发展。二是“无单位归属人员”日益增多。改革开放以来,伴随着个体、私营经济的发展,伴随着计划经济向市场经济的过渡,“无单位归属人员”中除以前极少数未就业的家庭妇女和极个别的社会闲散人员外,又增加了大量的个体户和私营企业主、待业青年和失业人员等等。对这些居民的行为控制、思想教育、社会保障、文化娱乐和行政管理只能依靠基层社区组织。这也就是说,“无单位归属人员”的增多,客观上要求社区组织发挥更多的社会管理和社会整合的作用。三是外来人口越来越多。我国城市外来人口日益增多是一个显而易见的事实。外来人口一方面为城市经济的繁荣做出了积极的贡献,另一方面,也给城市社区的环境整洁、治安秩序、计划生育、人口管理、安置就业等工作带来了新的压力。在这种情况下,社区的工作对象就不仅仅是本社区的正式居民,也包括一部分非正式居民;社区的工作内容就不仅仅包括对本社区的正式成员进行管理和提供服务,而且,包括对外来人口进行管理和提供服务。甚至可以说,这后一项任务正在成为社区组织的一项经常性的工作(据调查,兰州市社区委员会担负着包括民生、就业、服务等180项工作职能,工作量大、经费少)。四是城市社会出现“新

贫困阶层”,并且人数规模有所扩大。国企失业人员、下岗后未能再就业人员、困难企业领不到工资的在职职工和被拖欠工资的退休人员,构成“新贫困阶层”的主体。据中国社科院的一个课题组介绍,1997年城市低收入群体约为3000多万人。雪上加霜的是我国正遭遇过剩经济时代的来临,城市居民家庭大面积减收,1998年1月—9月份减收面达45%,比上年同期增加5个百分点。政府实施城市反贫困战略,街道、居委会肩负着艰巨、复杂的重任,一方面负责收集低收入群体的调查资料,有利于帮助失业人员再就业,也有利于建立城市贫困监测系统,为反贫困决策提供翔实完整的数据资料。另一方面,城市反贫困工作具有制度化、规范化和社会化的特征,具体各项扶贫措施又需要街道、居委会负责落实,比如申报认领救济款物、食品券以及贫困家庭子女免费接受教育、对贫困家庭大病医疗提供补贴的人员名单和经济适用房购买等众多事务,为此诸多因素要求社区全方位发展。

3.城市化进程加快

城市管理任务的加重和管理工作的现代化,客观上需要以居民参与为主要特色的社区建设活动。改革开放以来,中国的城市社区有了很大的发展。这不仅表现为城市数量和城市人口成倍增长,而且表现为城市规模显著扩大,旧城区改造和新城区开发工作正以前所未有的速度全方位推进,加之与市场经济相适应的各种社会规范尚有待于建立和完善,从而使得绝大多数城市面临着繁重的市场管理、市容保洁、园林绿化、民政福利、计划生育、社会秩序、道路畅通、居民动迁安置等管理任务。实践证明,这些任务单纯依靠政府专业管理部门已难以完成,继续维持政府包揽一切的城市管理模式也很难取得理想的效果。唯一的出路是进行城市管理体制的变革,即健全社区组织体制,完善社区功能,培育社区意识,使社区行政组织、社会团体、企事业单位和社区居民都成为城市管理的参与者。通过一个个社区的管理工作,夯实城市管理的微观基础,进而管理好整个城市。从这个意义上说,开展社区建设活动是加强城市管理的客观需要,社区体育建设也就成为必然。

4.社区体育社会发展的必然选择

城市居民生活水平和生活质量的提高客观上要求全面改善社区的经济、社会与文化状况。毋庸置疑,在城乡居民生活由"温饱型"向"小康型"过渡的过程中,生活条件的改善使居民不再满足于吃饱、穿暖,而要追求丰富多彩的生活和多方面的价值实现,居民多元化的需求成为社会发展的必然结果。开展社区建设可以满足城市居民的丰富多彩的文化生活需求,这种社会生活结构转型,使以满足基本生活需求的生活方式向追求生活质量和文化享受的生活方式转化。这种由"温饱型"向"小康型"生活的转变,使人们生活结构中的休闲活动比重不断增加,体育作为休闲娱乐的一种文化方式,理应成为社区文化建设的重要部分。社区体育逐步成为居民的生活需求,是现代社会发展的必然选择。

5.随着小康社会的全面建设,迫切要求开展社区建设

党的十七大明确提出:"必须在经济发展的基础上,更加注重社会建设,着力保障和改善民生,推进社会体制改革,扩大公共服务,完善社会管理,促进社会公平正义。"胡锦涛在奥运会和残奥会的表彰大会上也谈到,"体育是人民的事业,要着眼于满足人民群众体育需求,为人民提供更多更好的体育公共服务,让人民分享体育发展成果,享受体育带来的健康和快乐,形成健康文明的生活方式。"小康社会建设的全面深入,迫切要求社区全方位发展。通过调查我们了解到:第一,城市居民的业余生活内容是多方面的,除了看电视、做家务以外,还包括读书、报、杂志,参加文体娱乐活动,与朋友交往等。第

二,城市居民的参与愿望是多方面的,就社区的活动而言,愿意参加文体娱乐、社区服务、居民教育、居民会议、维护社区秩序、改善居住区环境等活动。第三,居民对社区的希望、需求更是多方面的。涉及从居住环境到基础设施,从物质文明到精神文明,从社会秩序到人际关系等方面。更为重要的是,广大居民是社区的主体,生活需求的多样化和对居住区的多重期待,从根本上决定了必须把社区建设成为经济繁荣、社会文明、环境优美、生活方便、关系融洽、秩序安定的现代化社区。社区体育对居民文化需求和娱乐需求以及居民和谐关系的建立所发挥的积极作用正是社区建设和发展的要素之一。

6.我国社区体育发展的国家政策支持

继《中华人民共和国体育法》和《全民健身纲要》颁布实施后,国家体委(1995)《关于贯彻〈全民健身计划纲要〉实施"全民健身一二一工程"的意见》下发,倡导全民做到:每人每天参加一次以上体育健身活动,学会两种以上体育健身方法,每人每年进行一次体质测定。倡导社区做到:提供一处以上体育健身活动场所,每年组织两次社区范围的体育健身活动,建立一支社会体育指导员队伍。国务院2003年颁布《公共文化体育设施条例》第十一条规定:公共文化体育设施的建设选址,应当符合人口集中、交通便利的原则。第十七条规定:公共文化体育设施应当根据其功能、特点向公众开放,开放时间应当与当地公众的工作时间、学习时间适当错开,至此我国社区体育的发展上升到国家发展的层面上,城乡社区体育的发展步入中国社会发展的正常轨道。

2007年,国家体育总局与国家发改委、财政部联合制定下发的《"十一五"农民体育健身工程建设规划》提出,5年内中央和地方投资30亿元,支持全国10万个行政村完成农民健身场地设施建设,使全国1/6的行政村都建有公共体育场地设施。

盘活存量,整合体育资源、缓解公共体育设施缺乏的矛盾,亦是现实的选择。从2006年开始,国家体育总局与教育部在全国进行了学校体育场馆向公众开放试点工作,确定了29个省、区、市的499所学校为开放试点学校,推进学校体育场馆向公众开放。

经济社会的发展在提高人们生活质量的前提下也必然为人们参加体育活动提供更多的可能。国家政策支持及公共资源的配置是发展社区体育是必要条件,同时也是时代和民众的需要。为此作为社会发展的产物,社区体育的发展与社会的发展密切相关,是社会进程发展到一定阶段的必然结果。

第三节 甘肃省社区体育发展基础

甘肃省拥有42.5万平方公里的土地、2600多万人口和54个民族。辖14个市州(12个地级市和2个自治州),86个县级行政区(15个市辖区、4个县级市、60个县和7个自治县),1420个乡镇,17440个行政村。我省城市社区目前有10000个,肩负着关心民生在内的180多项工作任务,是政府职能的最小部门。

据甘肃省第五次体育场地普查结果显示,甘肃省人均占有体育用地0.76平方米,人均面积比全国低0.27个百分点。人均投入体育场地建设资金55.74元,比全国人均148.15元低93.41元。甘肃省有符合要求的各类体育场地21900个(约7200人拥有一个场地),其中标准体育场地16714个,教育系统拥有体育场地13465个,占80.5%;其他系统2874个,占17.2%;体育系统375个,占2.3%。群众公共体育基础设施依然薄弱,群众体育健身场地仍显不足。

近10年来,我省全民健身事业取得了长足发展,对城乡社区体育发展起到了积极的推动作用。尤其是自2005年“甘肃丝路体育健身长廊”项目实施以来,我省体育场馆、健身路径、健身器械等设施建设有了彻底改观。截至2009年底,全省有11个市(州)实现了“一市一馆”,占80%;48个县(市、区)实现或开工建设了全民健身中心,“一县一中心”实现率为55%;1218个乡镇全部实现了“一乡(镇)一站”,占85.7%;3472个行政村实现了“一村一场”,占19.8%。总投资3.5亿元的甘肃临洮高原训练基础正式立项建设,这是新中国成立60年以来省体育设施投资力度最大的建设项目。而我省创建的63家青少年俱乐部分布在全省各市州,这些俱乐部在培养青少年体育兴趣、体育锻炼习惯和传授运动技能等方面发挥了重要作用。一些深受青少年喜欢的体育项目,如跆拳道、乒乓球、羽毛球、台球、篮球等,都是各俱乐部吸引青少年参与的热门体育项目。

全民健身标志性工程“甘肃丝绸之路体育健身长廊”的核心内容是“四个一”工程,即一个市(州)建立一座体育馆,每个县建设一个全民健身中心,每个乡镇都有文体活动站,每一个行政村都拥有一块硬化篮球场。这一项目制定并实施以来,国家体育总局、省体育局先后投入资金已达2500多万元。“四个一”工程的建设使我省城乡体育设施建设的数量和品质得到了提升。

“丝绸之路健身长廊”工程的另一个重要措施,就是在全省各地州打造一批有地方特色的精品赛事,以竞技体育为杠杆,进一步带动全民健身事业的发展。近年来,“嘉峪关国际铁人三项赛”“永靖黄河三峡全国龙舟邀请赛”“冶力关万人拔河比赛”“酒泉全国自由式轮滑大赛”“敦煌全省沙滩排球邀请赛”“丝绸之路汽车拉力赛”“天祝赛马会”等逐渐成长为省内乃至国内颇具影响力的赛事,对宣传甘肃、推动群众体育活动起到了积极的作用,同时也有力地带动了当地民众的健身热情。

为了引导民众科学健身，省体育局每年在城市和农村各培养1000名社会体育指导员。目前全省拥有各级社会体育指导员21600名，活跃在全省城乡健身队伍中，对全民健身运动的蓬勃发展起到了积极的作用。

近年来，我省除了在全民健身场馆建设上取得巨大的成就外，还先后利用体彩公益金修建全民健身路径4000余条，向农村社区赠送了5000多乒乓球台和2000余副篮球架。可以说，体育彩票为甘肃全民健身事业的大发展做出了积极的贡献。全民健身场馆及健身路径的建设为社区体育的建设和发展奠定了良好的基础，使社区体育有了赖以发展的物质基础。

尽管随着经济的发展，我省的群众体育发展取得了长足的进步，但是由于我省自然条件差、底子薄、基础差，经济和社会发展依然相对滞后，体育事业的发展与先进省份相比仍有不少差距，距国家的要求也有不少距离。

一、社区体育发展的群众基础

为了全面了解我省城乡居民参加体育锻炼的基本状况，为群众体育事业可持续发展提供科学依据，甘肃省体育局按照国家体育总局“关于开展第三次全国群众体育现状调查的通知”要求，于2008年1月1日到4月30日在全省范围内，对全省城乡居民在2007年参加体育锻炼状况进行了调查。

本次调查是对我省城乡居民参加体育锻炼现状的首次调查。调查对象为16周岁以上（含16周岁）的甘肃省城乡居民（不含在校学生）。按照“多阶段分层随机抽样”的方法，在兰州、天水、武威3市抽取了15个县区，43个乡镇、街道，86个居（村）委会的近1600户居民，采用“入户方式”进行调查，共获取有效样本2829例、有效数据24万

个,现将主要结果公布如下:

调查结果显示,2007年全省共有998.2万城乡居民参加过体育锻炼,其中男性是556.4万,女性是441.8万,城镇居民中有518.1万人参加过体育锻炼,乡村居民有480.1万。

不同年龄组人群中,参加体育锻炼人数最多的是16岁—19岁、50岁—59岁、60岁—69岁三个年龄组,40岁—49岁年龄段参加体育锻炼的人数最少。

受教育程度不同的人参加体育锻炼的比例分别为:大专以上45.1%,高中(中专)34.1%,初中20.7%,小学及以下11.4%。

不同职业人群参加体育锻炼的比例分别为:行政、企事业单位负责人52.7%,专业技术人员28.2%,办事人员28.6%,商业、服务人员20.9%,农林牧渔水利人员10.1%,生产、运输操作人员20.9%,无职业人员35.4%,其他人员31.2%。

按照每周参加体育锻炼频度在3次以上(含3次),每次体育锻炼持续时间30分钟以上(含30分钟),每次体育锻炼的运动强度达到中等以上(含中等)的标准统计,2007年全省为26.4%(含在校学生)。其中16周岁以上(含16周岁)的城乡居民中达到此标准的人数占全省16周岁以上总人口的5.6%;男性"经常参加体育锻炼的"人数比例是6.5%,而女性是4.7%;城镇居民中"经常参加体育锻炼"的占9.6%,乡村居民只占1.6%,城乡差异较大。

不同年龄人群中,"经常参加体育锻炼"的人群主要集中在50岁—59岁、60岁—69岁两个年龄段,而20岁—29岁、30岁—39岁年龄段"经常参加体育锻炼"的比例最低。

不同学历人群中,"经常参加体育锻炼"比例分别为:大专以上8.9%,高中(中专)10.0%,初中4.1%,小学3.0%,文盲2.0%。结果与参加体育锻炼者文化程度相符。

不同职业人群中,“经常参加体育锻炼”的比例分别为:行政、企事业单位负责人12.2%,专业技术人员6.9%,办事人员2.9%,商业、服务人员1.8%,农林牧渔水利人员1.4%,生产、运输操作人员3.0%,无职业人员8.4%,其他人员8.3%。

二、不同群体参加体育锻炼的基本特征

1.体育锻炼的频度(单位时间内所达到的次数)

在参加体育锻炼的人群中,不同锻炼频度的人群分布是:每月不足1次的为13.5%,每月至少1次,但每周不足1次的为15.6%,每周1次~2次的为22.7%,每周3次~4次的为13.3%,每周5次及以上的为34.9%。

从年龄分布看,青年人参加体育锻炼的频度较低,如16岁—19岁、20岁—29岁、30岁—39岁三个年龄组,每周参加体育锻炼低于2次(含2次)的人数比例分别为69.0%、77.5%、79.4%;而老年人群参加体育锻炼的频度较高,如60岁以上人群每周参加体育锻炼5次以上的人数比例高达70.0%以上。

2.体育锻炼的时间

从调查结果来看,全省城乡居民每次参加体育锻炼的持续时间在30分钟~60分钟的人数比例最高,为44.4%,其次是60分钟以上,为30.6%,有25.0%的人体育锻炼持续时间不足30分钟。

从年龄分布来看,49岁以下人群中,各年龄组每次参加体育锻炼的时间在30分钟~60分钟的人数比例最高,50岁以后,人们参加体育锻炼的持续时间延长,每次锻炼时间在60分钟以上的人数比例明显增加。

3.体育锻炼的强度

从调查结果来看,全省城乡居民参加体育锻炼的强度,以中等强

度的人数比例最高，为44.5%，其次为小强度，比例为39.1%，另有16.4%的人参加体育锻炼时运动强度较大。

从年龄分布看，参加中等强度体育锻炼的人数比例以30岁—39岁、40岁—49岁年龄组居多，参加小强度锻炼的以16岁—29岁、60岁以上人群居多。

4.体育锻炼项目的选择

在参加体育锻炼的人群中，以“健身走”“跑步”作为锻炼项目的人数比例最高，分别占总人数的63.8%、41.4%，其次为“乒乓球、羽毛球、网球”“登山”“篮球、排球、足球”“骑车”“户外健身器械（健身路径）”“体操（含健身操、广播体操）”“武术”“跳绳、踢毽”“舞蹈（含交际舞、体育舞蹈、民间舞蹈）”等。

从年龄分布来看，16岁—19岁人群主要参加体育锻炼项目是：“球类运动”占67.9%、跑步占48.5%和健身走占35.9%；40岁—59岁中年人群参加的体育锻炼项目主要是“健身走”占68.0%和跑步占44.1%；60岁以上老年人群参加的主要项目“健身走”，所占人数比例高达80.0%以上。

从年龄变化来看，参加“球类运动”和“跑步”的人数比例随年龄增长呈逐渐减小的趋势；而参加“健身走”的人数比例则随年龄增长而呈现出快速增加的趋势。

5.体育锻炼的场所选择

在参加体育锻炼的人群中，以“公路旁、街道边”为主要场所的人数比例最高，占35.5%，随后依次为“单位或住宅小区体育场所”“住宅小区空地”“自家庭院或室内”“广场、场院”“公共体育场所”“公园”“自然区域”及“其他”。此外，我省城乡居民中仅有2.2%的人能够有规律地到收费体育场所进行锻炼。

不同年龄人群中，选择在广场和场院进行体育锻炼的各年龄段人数比例比较接近。40岁以下年龄段人群选择单位、住宅小区以及自家庭院或室内进行体育锻炼。而随年龄的增大，在公路、街道旁、住宅小区空地进行锻炼的人数比例升高。

在参加体育锻炼的人群中，占45.1%的人选择在离居住地和单位1000米以内的体育场所进行体育锻炼，选择距离在1000米～2000米进行锻炼的占35.8%，选择距离在2000米～3000米进行锻炼的占8.5%，选择距离在3000米以上的占10.6%。数据反映出我省城乡居民进行体育锻炼时，在体育场所的选择上呈现"就近"的特点。（如表4-2）

表4-2　不同年龄层次在不同锻炼场所基本情况统计一览表（%）

锻炼场所	16—19岁	20—29岁	30—39岁	40—49岁	50—59岁	60—69岁	70岁—
公共体育场所	25.25	20.2	20.7	16.2	17.5	24.0	10.7
单位或住宅小区	37.94	36.0	35.9	33.8	38.8	25.0	24.0
健身会所	5.8	10.1	5.4	4.1	2.9	4.8	2.7
自家庭院或室内	28.8	31.5	46.7	37.8	19.4	17.3	41.3
广场、场院	17.5	23.6	21.7	18.9	24.3	15.4	17.3
住宅小区空地	25.2	25.8	26.1	33.8	35.0	40.4	38.7
公路、街道旁	19.4	29.2	38.0	37.8	35.9	45.2	45.3
公园	13.6	14.6	10.9	12.2	20.4	21.2	17.3
自然区域	7.8	11.2	21.7	8.1	15.5	10.6	9.3
其他	15.5	7.9	6.5	4.1	5.8	0.0	5.3

6.体育锻炼的形式

调查结果显示，我省城乡居民参加体育锻炼的主要形式是与朋友、同事一起锻炼，占参加体育锻炼总人数的40.0%，其次是独自锻炼和与家人一起锻炼。

7.参加体育锻炼的目的

调查结果显示，全省城乡居民参加体育锻炼的主要目的是防病治病（占64.1%），增加体育活动（占52.2%），消遣娱乐（占34.4%），其他依次为：减压、放松、提高运动技巧、健美、减肥、社交等。

不同年龄组人群中，以“增强体力活动”为目的的人数比例在各年龄组基本一致，基本保持在50%左右。随年龄的增大，以“防病治病”为目的的人数比例逐渐增加，其由16岁—19岁年龄组26.2%，提高到70岁以上年龄组的92%；而以“消遣娱乐”为目的的人数比例呈现逐渐减少趋势，由16岁—19岁年龄组44.7%，下降到70岁以上年龄组的24.3%。从调查结果可以看出，强身健体已成为不同年龄人群的体育锻炼目的之共识，而70岁以上年龄组更注重体育促进身体健康的效果，而青年人则注重其娱乐性，这也正好反映了不同年龄人群对体育的需求现状。

8.不同群体体育锻炼中接受指导情况

在参加体育锻炼的人群中，有27.0%的人在锻炼过程中接受过他人指导，其中接受体育教师、教练员指导的人数比例最高，为14.7%，其次为其他人员（占5.3%）、受过相关专业训练的人员（占3.6%）、社会体育指导员（占3.4%）。有72.0%的人没有接受过任何体育锻炼指导。

从年龄分布看，青年人接受体育指导的人数较多，中老年人接受指导的较少。16岁—19岁年龄组有53.3%的人接受过指导，其中有43.7%的人接受过体育教师、教练员的指导。20岁—59岁年龄段有24.3%的人接受过指导，60岁以上的老年人仅有19.3%的人接受过指导（如表4-3）。

表4-3 不同年龄组人群接受体育锻炼指导基本情况统计一览表(%)

指导类别	16—19岁	20—29岁	30—39岁	40—49岁	50—59岁	60—69岁	70岁—	其他
没有指导	46.4	75.3	76.1	79.7	71.8	76.0	85.3	76.0
体育教师教练员	43.7	16.9	10.9	8.1	10.7	4.8	2.7	14.7
社会体育指导员	1.9	2.2	3.3	1.4	3.9	8.7	1.3	3.4
相关专业人员	1.9	4.5	5.4	5.4	5.8	1.9	0.0	3.6
其他人员	5.8	1.1	4.3	4.1	5.8	8.7	6.7	5.3
参照书刊	0.0	0.0	0.0	1.4	1.9	0.0	4.0	0.9

9.掌握运动技能的途径

在参加体育锻炼的人群中，有61.4%的人是通过自学掌握运动技能，在学校掌握运动技能的占29.2%，其他依次为其他途径、从事专业训练、参加社会短训班。

从年龄分布看，29岁以下人群更多的是在学校掌握的运动技能，约占61.4%。而30岁以上人群则主要是通过自学获得的运动技能，各年龄段所占比例随年龄增大呈现逐渐增大趋势，变化区间在60%～90%之间。

10.体育锻炼的消费水平

在参加体育锻炼的人群中，有65.8%的人有过体育消费，全年人均消费水平为313.6元。全年消费总额在99元以下的为16.6%，在100元～499元之间的为66.3%，在500元～999元之间的为12.1%，1000元以上的为4.8%。

从消费项目来看，用于购买运动服装的人数比例最高，为93.6%，其他依次为购买体育器材，订阅体育报刊和购买体育图书，支付体育锻炼的场馆费用，观看体育比赛费用等。

从消费金额来看，支付运动服装费用的人均消费最高，为225.1

元，其他依次为购买体育器材，支付体育场馆的锻炼费用，观看体育比赛费用，购买体育报刊图书，其他消费。从调查结果可以看出，我省居民体育消费也只是维持在购买运动服这一体育需求上。

三、城乡居民参加体育锻炼的差异

1.城镇居民参加体育锻炼的人数比例高于乡村

2007年全省城镇居民与乡村居民参加体育锻炼的人数相比，差距明显，城镇居民高出乡村居民24.1个百分点。随年龄增大(20岁—59岁)，城镇居民参加体育锻炼的人数比例呈现逐渐升高趋势，而乡村居民则呈现下降趋势，城乡差异随年龄的增大而增大。

2.城镇居民“经常参加体育锻炼”的人数比例来看，城镇居民是乡村居民的6倍，差距非常大。成年人中，城镇居民随年龄的增大，“经常参加体育锻炼”的人数比例呈明显升高趋势，而乡村居民则基本保持不变。

3.城镇居民在正规体育场所锻炼的人数比例高于乡村。

表4-4 城镇和乡村居民在不同体育场所锻炼的人数情况统计一览表(%)

体育锻炼场所	城镇	农村	差值
公共体育场所	16.4	2.1	14.3
单位或住宅小区	24.6	18.4	6.2
健身会所	2.8	0.0	2.8
自家庭院或室内	10.2	39.0	-28.8
广场、场院	8.0	5.7	2.3
住宅小区空地	14.6	0.7	13.9
公路、街道旁	12.2	19.9	-7.7
公园	4.4	2.8	1.6
自然区域	3.6	8.5	-4.9
其他	3.0	2.8	0.0

由表4-4可以看出，城镇居民在单位、社区、公共体育场馆以及

健身会所等正规体育场所进行体育锻炼的人数比例高于乡村居民，其原因是公共体育场所城乡分布不均衡造成。而在自家庭院、公路(街道)旁、自然区域等非正规体育场所中进行锻炼的则是乡村高于城镇，其中差异最大的是在“自家庭院或室内”进行体育锻炼的，乡村居民高于城镇居民28.8个百分点。

4.城乡镇居民参加体育锻炼的消费水平

由表4-5可以看出，在参加体育锻炼的人群中，城镇居民有77.7%的人有过体育消费，乡村有53.9%的人有过体育消费。城镇居民全年人均体育消费金额为476元，乡村为151.2元，结果显示城乡居民无论消费人数还是消费金额有明显差异。

城镇居民购买体育书刊和到体育场馆健身消费的人数比例明显高于乡村，而乡村居民其他消费的人数比例则高于城镇。城镇居民各项体育消费的人均水平明显高于乡村。

表4-5 城镇和乡村居民在不同体育场所锻炼的人数情况统计一览表(%)

消费项目	人数比例(%)		人均消费金额(%)	
	城镇	农村	城镇	乡村
购买运动服装	94.8	89.4	254.3	117.3
购买体育器材	41.9	41.5	202.9	81.6
购买体育书刊	17.7	9.6	71.9	44.4
体育场馆健身消费	13.1	1.1	138.5	100.0
观看体育比赛消费	1.8	2.1	110.0	30.0
其他消费	1.8	15.9	61.7	41.0

四、影响我省城乡居民体育锻炼的主要原因

我省群众体育锻炼的意识不强，缺乏主观愿望是影响体育锻炼的主要原因之一，缺乏场地设施和健身指导是妨碍居民参加体育锻

炼的另一主要原因。

在参加体育锻炼的障碍一项调查中,影响我省城乡居民参加体育锻炼的主要障碍分别是:家务和工作忙没有时间进行锻炼(占58.0%),缺乏体育场地设施(占33.0%),缺乏组织指导(占23.7%),没有兴趣(占23.0%),惰性(占19.0%),经济条件限制(占15.9%),身体弱不宜参加(占14.9%),缺乏组织(占13.0%)。在参加体育锻炼的人群中,有61.4%的人是通过自学掌握运动技能的,在学校掌握运动技能的占29.2%,通过其他途径掌握运动技能的占5%,从事专业训练的占2.2%,参加短训班的占2.2%。

据抽查,我省2万个体育健身场馆中,80%的体育场馆大都设在学校,而学校基本不面向群众开放。我省拥有社会体育指导员21600名,每1200人拥有1名社会体育指导员,健身路径1264条,每2万人拥有1条健身路径。

有三分之一的城乡居民在锻炼过程中接受过社会体育指导员的指导,占城乡居民的5%左右。

此外,目前我省居民参加体育锻炼中还存在大部分人由于忙于工作而缺乏时间进行体育锻炼、体育锻炼的消费结构不够合理等问题。而据省城调队对我省居民24小时时间利用调查结果表明,成年人拥有个人可支配时间,且也有体育锻炼的愿望,没有时间只是主观原因,并未在思想上引起重视,未形成健康的生活方式。

调查结果表明,我国体育人口的结构非常不合理,呈现明显的“马鞍型”分布,即少年儿童和老年人体育人口比例高,中青年体育人口比例低。调查显示,多数人进入青年时期尤其是离开学校后,有中断体育活动的现象。在2002年调查中,中断体育活动的人口中,20岁以下者占68.7%,30岁以下者占90.5%。

第四节 甘肃省城市社区体育现状调查

一、甘肃省城市社区体育发展现状调查

采用问卷调查法，对甘肃省14个地、州（市）随机抽取兰州、白银、天水、庆阳、武威、张掖、酒泉等7个地、市的140个城市社区进行随机调查，针对社区管理者就社区体育发展状况进行了问卷调查，发放问卷140份，回收有效问卷128份，回收率为91.4%，效度为0.85。

社区体育组织现状

在调查中发现目前所有社区无一有体育协会组织，成立体育俱乐部的占6%，有体育健身小组的占20%，有晨、晚健身点的占40%，有健身指导站者占0.7%，无任何体育组织者占17.3%，其他占16%。

调查结果显示42.1%的社区无体育运动场地，也就是说接近一半的社区无活动场地，多利用马路边和街道旁进行健身活动。社区中最大活动场地为1000平方米，仅供3万人使用，人均活动场地为0.03平方米。而在小区中分布最多者为棋牌活动室占41.7%（以棋、牌、麻将为主），具有商业性质的健身房或体育场馆占20.8%。仍有26.3%的社区无健身路径，而拥有健身路径的小区中仍有15.3%的一半器械不能使用；15.3%的全部器械不能使用。

在调查中有88.9%的人愿意参加非营利性会员制的社区体育服务组织，显示居民参与体育活动的积极性和期盼社区体育组织的愿望。

居民理想活动场所的选择表现为在社区内活动的占45.5%，在

公园及其他空地活动者占47.8%,在家活动者只占6.7%,可见居民还是喜欢就近或室外活动场地。

居民在社区最佳活动项目选择(多项选择)依次是:散步、跑步占47.4%,羽毛球、舞蹈和跳绳占42.1%,乒乓球和智力运动占36.8%,足球、篮球、健美操和太极拳占26.3%,网球、保龄球和气功占15.8%,排球、门球、爬山和其他占10.5%。从选择的项目可以看出,排在前三位的健身项目,其实并不需要很大的场地。从调查中可以看出项目选择以中老年为主,舞蹈和跳绳则以女性为主。

调查中每月所能接受的体育消费金额依次是:11元～20元占42.1%、5元以内占26.3%、6元～10元占15.8%、21元～50元占5.3%、50元～100元占5.3%,从中可以看出,我省居民体育消费水平之低。

对于社区体育活动的组织者而言,选择依靠单位比依靠社区更容易组织体育活动者占36.8%,选择依靠社区比依靠单位更容易组织体育活动者占10.6%,而选择二者对组织体育活动没有区别者占52.6%,也就是说对于体育活动的组织者,占63.2%的认为在社区组织体育活动更容易一些,但也有更依赖单位者,我们认为这与原单位体育活动氛围有紧密联系。在调查中发现单位体育协会多者(三个以上者),其体育活动也频繁,更容易组织。

对社区体育由谁负责管理的调查中,57.9%的居民认为应由社区或者社区专门体育组织负责管理,15.8%的居民认为应由体育主管部门负责管理,10.5%的居民认为应由物业公司来负责管理,从调查中可以看出,社区体育的管理应有社区来管理,这也符合社区活动的特点。

对社区体育活动的开展情况调查中,"自发组织开展者"占31.6%,"没有开展体育活动计划,依需要开展活动者"占26.3%,"根据主管部门的要求开展者"占21.1%,这一点在访谈中得知,居民主要依上级指示或要求进行活动，多以文艺和智力活动为主，"缺少体育场地器材，没法组织开展"者占15.8%，"缺少体育专业人才，没法组织开展"者占10.5%，"根据体育工作计划开展社区体育活动者"和"居民参与的积极性不高，没有开展"者占5.3%，从中可以看出，社区体育活动的开展是被动的、无组织的、自发的。

对目前社区体育工作开展的难点问题依次是：缺少活动经费占36.8%，缺少场地器材占26.3%，居民缺乏体育活动热情，难以组织占15.8%，"社区事务繁忙，没有时间"和政策上没有保障和支持占10.5%，缺少体育专业人才的指导和没有岗位设置，缺少工作人员占5.3%。

根据调查结果显示，我省缺乏社区体育组织是制约社区体育的主要原因之一，仍有大部分社区依行政指令办事，社区体育基本处于依个人需求的自发行动，社区非常缺乏有组织的体育活动。

二、甘肃省社区体育现状个案调查(以兰州市为例)

采用问卷调查法，随机对兰州市所属社区的部分居民(其中青少年198人，中年人268人，老年人154人)进行问卷调查，发出问卷600份，回收有效问卷544份，有效率为86%。

1.兰州市社区健身指导员的现状

表4-6对兰州市社区体育健身指导员的情况进行问卷调查。

表4-6　健身指导员状况

国家级 3.1%	一级 3.1%	二级 18%	三级 69.5%	无级别 6.3%
1	1	6	22	2

2.兰州市社区居民的年龄层次与健身项目的基础情况(表4-7)

表4-7　兰州市社区居民的年龄层次与健身项目的基本情况统计一览表

	武术	气功	健美操	健身跑	球类	游泳	棋牌	器械	舞蹈	其他
青少年	1.0	0.2	7.5	15.4	29.6	12.1	2.8	21.6	4.5	5.3
中年	3.4	2.6	22.4	9.9	12.3	11.4	5.8	12.3	18.4	1.5
老年	5.7	9.6	21.7	25.3	8.3	5.1	12.6	1.4	8.3	1.8
平均	3.4	4.1	17.2	16.9	16.7	9.5	7.1	11.8	10.4	2.9

3.兰州市社区居民对社区健身设施和健身指导员的满意情况(表4-8)

表4-8　兰州市社区居民对社区健身设施和健身指导员的满意程度统计一览表(%)

人群	青少年			中年			老年		
	满意	一般	不满意	满意	一般	不满意	满意	一般	不满意
健身设施	13.6	36.6	49.8	11.3	29.5	59.2	18.8	52.1	29.1
健身指导员	20.4	42.3	37.3	8.6	21.3	70.1	15.6	43.3	41.1

4.兰州市社区居民不同年龄体育健身时间及消费情况。(见表4-9、4-10)

表4-9　兰州市社区居民的年龄层次与体育人口健身时间统计一览表

年龄层次	青少年	中年	老年
时间(h)	8.9	7.1	12.3
体育人口比率(%)	26.82	36.52	36.66

表4-10　兰州市社区居民不同年龄体育健身消费情况一览表(%)

	100元以下	100—199元	200—299元	300—399元	400—499元	500以上
青少年	7.1	9.8	8.4	10.8	25.6	38.3
中年	8.9	9.2	7.6	39.3	24.7	10.2
老年	10.3	40.9	24.2	9.6	8.5	5.3

5.兰州市社区居民参加体育锻炼目的及影响居民参加社区体育

活动因素(见表4-11,4-12)

表4-11 居民社区体育锻炼目的统计一览表(%)

	防病治病	消除疲劳	提高技能	调整情绪	社交	消遣娱乐	其他
青少年	15.6	7.5	15.6	8.4	14.8	30.6	7.4
中年	19.5	13.4	27.9	25.2	15.7	20.5	5.4
老年	15.2	9.1	26.3	8.7	13.7	17.5	6.9
平均	17.3	10	23.3	14.1	14.7	22.9	6.6

表4-12 影响兰州市居民参加社区体育活动因素统计一览表(%)

	没有时间	工作太忙	没有场地器材	没人指导	不会锻炼	没兴趣	没人组织	其他
青少年	7.7	5.3	22.4	17.6	10.3	11.4	20.7	4.6
中年	12.6	10.4	19.7	15.3	9.6	8.4	19.8	4.2
老年	4.3	0	13.7	26.9	13.6	9.4	27.3	4.8
平均	7.5	4.9	18.9	20.6	11.2	10.1	22	4.5

6.兰州市社区居民参加体育锻炼时场所的调查结果(表4-13)

表4-13 居民体育锻炼的场所选择情况一览表(%)

	单位体育场地	公共体育场地	社区体育场地	收费场馆	公园广场	住宅小区	树林河边	学校场地	自家庭院	其他
青少年	10.3	11.5	8.3	6.2	11.3	21.4	5.4	15.7	6.4	3.5
中年	13.4	11.7	9.4	8.4	17.3	18.3	5.3	6.4	5.5	4.3
老年	8.3	10.3	10.2	4.3	14.4	16.2	13.3	5.3	13.3	3.4
平均	10.7	11.1	9.3	6.3	14.3	18.6	8	9.1	8.4	3.7

7.兰州市社区居民参加体育锻炼现状分析

(1)兰州市社区健身指导员的现状分析

表4-6表明兰州市社区体育健身指导员缺乏。据报道,目前我国平均每2万人中才有一名社会体育指导员,每7000名参加体育锻炼的

体育人口才拥有一名社会体育指导员。调查中，国家级社会体育指导员只占3.1%；一级社会体育指导员占3.1%；二级社会体育指导员占18%；三级社会体育指导员占69.5%。这充分说明现阶段兰州市社会体育指导员的培训、发展工作没有深入到基层，发展速度缓慢。

（2）兰州市社区居民年龄层次与健身的现状分析。

表4-7、表4-8、表4-9、表4-10表明兰州市社区体育居民的健身活动意识和体育消费意识总体较强，为社区体育的发展提供了较大的空间，但各年龄层次分布不平衡，从项目上看：青少年偏重于球类、器械、健身跑和游泳等；中年人偏重于健美操类、舞蹈类、游泳类、球类、健身跑和器械等；老年人则偏重于健身走跑、健身操、游泳、棋牌等。从时间上看：兰州市社区居民人均每周健身时间为8.47小时，其中老年人健身的12.3小时大于青少年8.9小时、大于中年人4.2小时，从健身消费上看：青少年的消费高峰年为人均每年500元～699元，中年为300元～499元，老年为100元～299元。

综合各年龄层次的健身项目、设施满意程度、锻炼时间和体育消费情况可发现：老年人意识较强，但项目单一，对器械和场地的要求不高，主要以低消费健身为主，因此，社区内现有设施基本上能满足老年人的健身需要。但青少年和中年人健身消费较高，健身项目选择呈多元化趋势，对运动场馆和器材需求较高，目前社区的健身设施和健身指导员状况不能满足其健身需要。

（3）兰州市社区居民参加体育锻炼目的及动机现状分析

随着现代生活水平的提高，广大居民对于参与体育活动的目的已从单纯的强身健体发展到集娱乐休闲、社会交往与强身健体融为一体。由表4-11、表4-12可见，兰州市社区居民参加体育锻炼的目的和影响因素是大致相同的，但不同年龄段和性别对锻炼目的和影响因素有所不同的。老年人参加体育锻炼的目的是以增强体质和治疗疾病为主；中年人参加体育运动是为了加强人际交往和消除疲劳，并达到减肥健美的目的；而青少年参加体育活动是以娱乐为目的。而影响居民体育锻炼的因素主要有没人组织、没人指导和缺乏场地器材。

(4)兰州市社区居民参加体育锻炼时场所选择的调查结果现状分析

由表4-13可发现如下特点：兰州市居民将离家近，收费低的体育场所作为自己锻炼的首选场地。住宅小区是青少年、中年人和老年人选择锻炼最多的场所，占所有选项的18.6%，公园广场和公共体育设施是青少年、中年人和老年人选择锻炼的第二和第三场所，分别占所有选项的13.7%和11.2%。但由于年龄段的不同，在有些锻炼场所的选择上还是有不同差别的。老年人喜欢锻炼时环境较安静的场所，他就会选择自家庭院和树林河边；中年人喜欢人数较多、气氛较浓并且具有竞技性的场所，他就会选择单位体育设施和公共体育设施；青少年则选择有同龄人较多且具有竞技性的场所，他就会选择学校场地和单位体育设施。

三、结论

1.兰州市社区居民健身活动意识和健康消费意识总体较强，全民健身工程的组织、实施与管理已基本建成，并已经在社区体育发挥一定的作用。但目前社区体育组织管理系统尚不完善，各层次衔接不畅，没有长远规划。

2.目前社区体育的现状是场所较少，健身指导员缺乏，社区老年居民的健身项目单一，对健身条件要求较低；而青少年和中年人的健身项目趋于多元化，对健身条件的要求较高。

3.社区居民的健身消费意识较强，但年龄分布不平衡，老年人趋向于低消费,而青少年和中年人消费水平相对较高。社区居民的健身平均消费水平与广州和上海等其他城市消费有明显差距。

4.目前居民科学锻炼目的基本正确,但指导和组织力量薄弱,社区体育场地缺乏。调查显示,我市社区体育指导员数量距社会需要有很大差距,未受过专门训练、不具备资格的人员进行指导活动的情况十分普遍。尽管近几年我市新建许多广场公园和新建的住宅区内配套的社区体育设施,但调查显示社区体育场地设施缺乏,极大地影响居民参加体育锻炼的积极性,制约了社区体育的发展。

第五节 甘肃省农村社区体育现状

一、农村社区全民健身场地现状调查

对甘肃省二市(兰州市、金昌市)、二县(静宁县和金塔县)、一区(肃州区)农村体育场地建设情况进行了抽样调查,具体情况如下:

2008年兰州市政府加大了对改善群众健身设施建设的力度,把体育纳入全市经济社会发展的统一筹划,投入大量资金为全市城乡居民兴建健身场地和安装健身器材。2007年全市建设120条健身场地(路径),其中永登县安装52条,榆中县安装30条,皋兰县安装18条,红古区安装10条,西固区、七里河区各安装3条,城关区、安宁区各安装2条。除此之外,还超额安装了50条健身路径,且大部分仍安装在农村,另一部分安装在大专院校。到2009年底全市23个村完成“一村一场”建设,51个村列为国家三部委下达的行政村“农民健身工程”实施计划,新建了170处全民健身场地,其中153条建在农村,占新建项目的90%。

2008年酒泉市肃州区15个乡镇的124个行政村，其中3个乡镇（清水、金佛寺、银达）和100个行政村完成了一镇一场（篮球场）建设任务，其中金佛寺的二坝村和银达镇的六分村达到组组都有篮球场。

肃州区已有各级体育社团6个，健身点38个；各级社会体育指导员400多人；城市社区健身活动队伍32支，全区经常参加体育锻炼的人数占全区人口的60%。

金昌市有12个乡镇，2008年12个乡镇全部完成"一乡一站（文化体育活动站）"的建设，其中7个乡镇各拥有健身路径一条，标准篮球场地一个，乒乓球台两副，建设补贴经济5000元，已达到农村体育健身工程甲级标准；5个乡镇各拥有标准篮球场地一个，乒乓球台两副，已达到农村体育健身工程乙级标准。2008年年底完成了全市12个乡镇138个行政村"一村一场"建设工程。

全市12个乡（镇）60%的行政村组织了以篮球、拔河、象棋、社火、门球、小曲、快板等项目为主的积极健康向上的文体娱乐活动，年参与人数达13万人次，使农村体育场地建设在新农村建设中发挥了应有的作用。

静宁县有24个乡镇，已有18个乡镇完成标准化篮球场地建设，另外6个乡镇（土建）拟建标准场地。24个乡镇全部配备篮架1副、乒乓球台2副和健身器材6件。

金塔县4个社区建设全民健身路径8条，乒乓球台8副，投放标准羽毛球设施一套。拥有体育锻炼队伍10支，体育锻炼点8个，经常活动的项目有篮球、乒乓球、太极拳、剑术和木兰扇等。有乡镇10个，每个乡镇完成1条健身路径、至少1副乒乓球台和一个篮球场地的建设，可以看出，农村体育的发展已列入新农村建设发展规划之中，体现了政府公共服务逐步惠及农民的政策和措施。

二、甘肃省农村社区体育的特点及现状

1.甘肃省农村社区体育的特点

(1)地域性特点

甘肃省农村地域辽阔,民族众多,在不同的历史时期、不同地区形成了形式多样的传统的区域性体育文化。如盛行在甘南藏族地区的锅庄舞、赛马、大象拔河等少数民族体育活动。即使是汉族,由于自然地理环境的不同,也同样形成了各具特色的地域性体育文化,像流行在天水、秦安地区的"排子棍"、扭秧歌,河西地区的社火等体育文化活动。所有这些体育活动都是融入当地文化民俗之中,并经过长期实践、演变和丰富后流传下来,受当地居民推崇和喜爱,也同他们的生产生活密切联系。这些地域性的体育活动已成为开展甘肃省农村社区体育发展的重要基础和助推剂。

(2)生活的季节性

在甘肃省农村,虽然居民的闲暇时间在增加,但还是受传统农业生产方式的限制,不像城市社区居民,有正常的上下班时间和节假日,便于定时地开展体育活动。甘肃省农村居民(除在校学生外)的生产生活具有很强的季节性,农忙时节主要从事"日出而作,日落而息"的农业生产,社区委员会主要通过社区广播宣传一些诸如饮食卫生、健身防病等方面的内容。只有农闲时节才可能组织一些全民健身和体育竞赛等活动。农村社区体育活动开展的季节性选择往往依农业生产而定,通常为春种、秋收和传统节假日(如春节等),而其组织形式同样离不开农村居民具体的生产生活条件。

(3)服务对象的同质性

农村社区体育的服务对象为全体社区居民,而这些居民由于祖祖辈辈生活在相对稳定的地域空间,他们具有相同的文化背景、相同

的生产生活方式、相同的村规乡俗，形成一定的邻里、血缘、朋友、亲属等各种互动关系。社会学家将这种村庄"社区"称之为初级群体，虽然"在社会转型时期，这种初级群体已有解体的趋势"，但随着人们生活水平的提高，人们更加注重生活质量、精神享受和对健康的追求，在体育这一人类共享的文化现象面前，又会被整合为高度的统一。也就是说，农村社区体育的服务对象，其文化、生活背景相似，相比较而言，对农村居民体育活动的组织和开展减少了难度和复杂性。

(4)明确的目的性

目的是人们对某一事物希望实现的目标，体育作为人类共享的一种文化形态，虽然它的目的仍然是一个理论界争论探讨的话题，无论是哪种学说总是离不开人类赋予体育一种强身健体和人的全面和谐发展的愿望。尤其是当今社会，无论是城市还是农村，对体育提出了比"增强体质"更高的要求，不仅是增强体力，而且更为重要的是通过体育运动促进人的身心健康以及提高社会适应能力。所以农村社区体育不再是以前的向上级有关国家行政部门"汇报工作"或所谓的"政绩工程"，而是踏踏实实地以增强居民的体质、促进居民的身心健康和丰富农民文化生活为目的的"生活体育"和"基础工程"。

2.社会转型期甘肃省农村社区体育的现状

(1)组织性不高

改革开放以来，随着我国社会转型的加快，一些基层行政组织出现了两种情况：其一是基层行政组织的国家权力的退却速度过快，在下属各村庄没有成立社区体育组织，不少县区撤销了体委或合并文体区，大部分乡镇级文化站大都负责广播电视和政策宣传，使国家与村庄之间形成一种体育管理与服务的真空或脱节现象；其二是虽然有个别农村成立了社区组织，但在指导思想上将农村社区各种服务和过去计划经济时代的农村行政管理模式等同，以为农村社区服务就是传达上级行政文件,执行行政任务,而这种“服务”更注重于生产领域和商品流通领域的指导。以上情况给甘肃省农村社区体育造成一种放任的自然状态或无组织的混乱局面。

(2)落后的体育观念

甘肃省农村由于地方经济发展落后,农民在由传统的自给自足、单一、封闭、慢节奏的农业生活方式向工业生活方式转变的过程中对体育健身锻炼活动在认识上的不足主要有两个大的方面:首先是传统的陈旧观念。在农村社区体育服务对象上还存在“重男轻女”的思想观念,注重男性居民的强身健体,女性除儿童外的强身者看作是叛逆者、不正经或者天生的“怪人”。甘肃省是一个少数民族众多的省份,在少数民族区域内,受宗教信仰的影响,对女性从事体育活动认为更是“大逆不道”。从居民的纵向结构上看,更加注重儿童、青少年的体育活动,对中老年人尤其是老年人的身体锻炼则认为是“老不正经”“不安分守己”。这给我省农村人口老龄化过程中农村社区体育提出了一个严峻的课题。其次,在市场经济的冲击和诱惑下,价值迷失、文化心理失衡和困惑,对发家致富痴迷追求以及近年来追求经济现代化而对道德现代化重视不足,使农村在道德方面出现滑坡,以致出现重财轻德、重利轻义、重物轻人的心理,不能正确认识社区体育的功效和意义。

(3)人口的流动

由于农业生产方式落后,农民生产生活条件差等原因,在我省农村人口流动中表现出明显的“单向输出”情况,而流动人口又绝大部分属于中、青年人,他们思想较为活跃、见识较广,是开展农村社区体育的积极响应者和参与者。从人口结构上看,人口外流使甘肃省农村社区的体育开展失去生机和活力,再加上政府对流动人口缺少正确合理的组织、引导,使得他们的外流具有盲目性和不确定性,使农村社区体育组织和发展困难重重。

综上所述，目前我省农村体育总体上水平低、不平衡、基础差、投入少。所谓“低水平”就是现阶段我省农村无论是人均体育场地，还是经常参加体育活动人数以及组织化程度，与城市相比处于较低水平。不平衡，指城乡之间、地区之间体育发展不够平衡，特别是体育锻炼场地条件、经费投入、组织指导、活动目的等方面较为突出。基础差，我省农民科学文化素质普遍偏低，缺乏对科学文明生活方式及个人健康知识的了解和行动，直接影响农民的体育意识、态度、体育行为等，这也是农村体育落后城镇体育的一个重要原因。投入少，现阶段，尽管我国广大农村生活水平与过去相比已有很大程度的改善，但一年到头辛苦的农民还称不上富裕，相对于生活而言，体育就不可能出现在生活计划之中。为此广大乡村也就很少见到群众体育管理组织，直接影响农民体育活动的开展。

第六节　甘肃省城乡社区体育发展对策

一、我省城乡社区体育现状分析

（一）社区体育管理组织表现出“强政府，弱社会”

目前社区体育管理的基本单位是定位于街道社区。社区健身团队的管理和体育活动的组织，一般由街道（居委）行政包揽和覆盖。其弊端是街道职能部门同时分管多条线工作，缺乏体育专业背景和体育管理经验。“弱社会”的结果导致社会体育组织萎缩，缺乏自主性和独立性，或是自生自灭、无人问津，难以发挥应有的功能，并制约了社会力量对社区体育的投入，影响了社区体育的多元化发展和市场化发展。

（二）社区体育场地和经费不足

目前我省体育场地设施仍然无法满足人民群众的日益增长的从事运动和健身文化的需要，我省人均体育场地器材的占有量与经济发达地区相比还很低，社会体育经费与竞技体育相比差距很大，而社会体育却承载着维护2500多万群众运动、健身、休闲的任务。我省目前人均占有体育用地0.76平方米，人均面积比全国低0.27个百分点，符合要求的各类体育场地21900个（约1200人拥有一个场地），现有体育场馆多集中在学校和单位，且开放率较低，无法满足群众多样化的需要。对城市社区调查显示：小区无体育场地和器材者占13.8%，有场地且有器材者占34.4%，有场地无器材者占46.6%，无场地有器材者占5.2%。其中无器材现象较突出的占60.4%，有场地且有器材的社区比例偏低。同样我省目前的体育场馆多集中在学校和单位，且开放率较低。而社会上的场馆多数追求豪华型，超过普通群众的消费能力，场馆的类型多为篮球、足球、排球、羽毛球和乒乓球，无法满足群众多样化的需要。

近年来，从体育事业经费的投放看，主要有两大问题：一是投入比例（金额）不固定，往往是采用专项拨款的方式，表现为典型的“人治”现象。由于没有经费支出计划和投入产生比，尤其是长期效益较低，影响社区体育发展；二是经费投向活动较多。如一个拥有3000户居民的社区一年的经费为2万元，除去日常开支已所剩无几，专门性体育投入无法实现，加之社区体育的基础建设不到位、层次低、发展后劲不足。从社区体育资金来源渠道和管理方面来看，也缺乏专门操作机构。全民健身是国家的一项事业，社区开展全民健身活动可以从许多渠道（如区、市政府的体育、民政、卫生、文体等机构以及社会的工、青、妇、单项协会等社团组织）募集资金和有效地利用体育资金进行运作，使其产生更多效益。

(三)组织化程度低

我省群众性体育组织不健全，发挥作用不够，截至2009年底全省三级体育社团176个，社会单项体育协会55个，城镇社区晨晚健身点5100个。据群众体育现状调查表明，我省群众体育活动60%是自发组织的，体育协会的组织管理比例仅占3.7%，远远不能满足广大群众参加体育健身的需求。从调查情况看，我省体育社团组织总体上仍处于初级发展阶段，目前还存在一些不容忽视的问题，如制度化问题和监督体系不健全等，这种状况对社团组织的进一步发展产生了一定的消极影响，也就制约了参加体育健身的人群。

(四)社区体育指导员队伍薄弱，质量、数量和开展健身指导活动的水平较低

甘肃省现有社会体育指导员21600名，约1200人拥有1名社会体育指导员，现状是以离退休人员义务指导为主。因此，在社区体育指导员方面，不管是从质量上还是从数量上都难以满足社区体育发展的需要。

(五)社区体育活动项目单一

目前社区居民选择的体育锻炼项目多是跑步、木兰拳、健身操、器械等传统项目或是一些对场地要求较低的项目，不能满足不同年龄、职业、层次居民的需要。

(六)城乡发展不平衡

城市和农村二元化格局的明显差异，不仅体现在经济发展上，而且收入水平、生活条件、受教育水平和社会福利水平等方面更是差异显著，因此城乡社区体育的建设和发展差异也就成为必然。而现存的经济相对发达地区与欠发达地区的差距，使体育场地设施和社区体育指导员绝大部分集中在城市，特别是集中在中心城市和地区。

我省目前的社会体育指导员90%集中在城镇，而广大的农村只占10%。为此，城乡全面协调发展是全面小康社会的发展选择，而增加农村体育公共服务，引导和培养农村居民健康生活方式是目前发展农村体育的又一重要问题。

（七）体育活动不易组织

现代社会人们的价值观念更加多元，对体育活动项目的选择更加多样，出现了许多以前不存在的新的运动项目，同时，现代社会是一个生活方式多样的社会，人们工作、闲暇的时间安排也不尽相同，显示出个性化的趋势，并且这种现象也会随着全面小康社会建设进程的发展而更加明显。在这种情况下，传统的社区体育的组织形式和方法都渐渐失去作用，由于体育兴趣各异、时间安排不同，社区体育活动更难组织。

（八）管理的难度大

现代社会是一个人口不断流动的社会，人口的频繁流动使社区管理及社区体育管理面临一个新的难题。我国传统的社区体育可以依靠一两个比较有影响、比较有权威的组织者就可以管理得有条不紊，但随着社会组织化程度的加深，需要社区体育的管理更加规范，需要综合运用法律的、经济的、行政的、教育的方法进行管理，而这方面我们不仅人才匮乏，而且制度的制约和公共服务的缺乏，这些都将会在今后一段时间内加大我国社区体育的管理难度加大。

二、甘肃省城乡社区体育发展策略

社区体育是社区建设中社区文化和社区服务的重要组成部分，开展社区体育不但能增强居民的体质，丰富业余文化生活，改善生活方式，提高生活质量，还可以密切人际关系，培养社区凝聚力和归属感，强化社区意识，促进社区精神文明建设。社区体育的建设既是体育事业的适宜性发展需要,也是社区建设和社区管理的需要,也就是说社区建设和发展是现代社会发展的必然要求,它是现代社会发展的必然趋势。

(一)农村社区体育建设和发展策略

农村社区建设必须首先考虑农村社区的设置是否有助于对乡村社会的有序和有效管理,是否有助于将农民群众有效的组织起来,是否有利于农民群众参与社区事务的管理;其次,农村社区的规划及布局要根据农民群众的公共需求来确定。主要是看农村社区的设置是否有助于向农民群众提供公共服务,是否能满足农民群众的公共需求,是否有助于公共服务供给的公平与效率;最后,农村社区的规划及布局也要根据农民群众的历史传统、风俗习惯、利益关系及社会认同来确定,并且得到农民群众的支持和认可。因此,强调按“地域相近、习俗相似、产业趋同、利益共享、规模适度、群众自愿的原则”以及“要按照便于管理、有利于公共服务资源整合利用”等原则来设置农村社区,是必要的和合理的。在此总体框架下,社区体育的建设理应置于新农村文化建设的背景之中,其发展的理论依据是首先要建立适宜农村发展的乡村文化生态,健全农村公共文化服务体系,培育乡村文化空间,从而保护乡村文化的多样性和培育乡村文化的再造能力,进一步创新建构开放、多元的乡村文化传播理念和文化建设理念,以此来激发乡村文化发展的活力和农民对于文化创造的热情。

在新农村文化建设视域中农村社区体育的发展,是“现代”与“传统”的对话与互融,是民族的、地域的文化与现代文化的对话与互融,是乡土文化内涵的重构与创新。为此,农村社区(乡、村)体育发展,应以公共体育文化服务体系和公共体育文化空间的构建为基础,以培育和激发农民的体育文化自觉为主体,包括设施、内容、服务、产业等在内的全方位的、立体的、有内容的、有主体的乡村体育文化形态的建设，应成为引领农民健康生活方式的有效途径。具体如下：

1.从农村现实及实践来看，我们认为农村社区发展应走“服务之路”，即通过“服务”将分散的人们重新联系起来，在“服务”的基础上重建社区认同。完善以政府为主导的公共服务和社区服务制度和政策措施，制定一个具有全局性和长远约束力的城乡群众体育发展规划，并分层次、分步骤加以推行。

2.统筹城乡发展，以新农村建设为契机，建立和完善农村社区体育组织网络。充分发挥农民体育协会的作用，首先从建立农民体育指导站入手，逐步建立农民体育俱乐部，最终建立健全乡镇社区体育组织网络，将农村体育纳入基层工作之中，有计划、有组织地开展农民体育活动。

3.农村社区体育活动应坚持与农村社区生产劳动、文化活动相结合，坚持业余、自愿、小型、多样和因人、因时、因地制宜以及科学文明的原则，利用传统节日和农闲季节，开展群众喜闻乐见、丰富多彩的体育活动。并以此为手段多形式、多渠道宣传和引导农民科学健康的生活方式，倡导成健康的生活理念。

4.利用现代手段挖掘和利用传统文化形式，创立农民喜闻乐见的活动项目，归根到底是建设一种属于乡村和农民的新的体育文化，并适合农民及农村体育活动的特点，使体育活动项目更加贴近农村、贴近农民，提高农民参与的热情和积极性，让更多的农民参加体育健身活动，使体育活动与农村传统文化习俗交相呼应，以健康的文化丰富广大农民的精神生活，占领农村思想阵地。

6.把社区、学校和家庭有机联系起来，充分利用学校的示范和辐射作用，利用孩子带动家长、学生教会居民，使体育融入生活，促成学校教育与社会、家庭相结合，促进农村学校、社区和家庭一体化发展模式的广泛建立。形成和谐健康的生活方式，推动农村体育文化的健康发展。

7.着力实现公共资源城乡配置均衡化,借助金彩工程,多渠道、多方式鼓励社会力量建设农村体育文化基地,以满足不同层次的农民体育文化需求。要利用现有文化馆、文体站的基础,实行体育活动与文化活动统一管理的方针,实现农民体育与农村文化融合与互动。

8.发挥农民工的桥梁效应,促进农民体育文化的发展。农民工具有农民与工人的两重性,是我国农村发展中一支不容忽视的庞大流动群体。要充分发挥农民工在农村体育活动中宣传、扩散和示范作用,并注重发挥回流农民工的体育骨干和农村体育市场的开发作用。

9.农村地区民风、民俗差异较大,经济发展不平衡,开展农村社区体育工作要从实际出发,区别对待。

(二)我省城市社区体育建设与发展策略

1.政府制定社区体育建设和发展的配套法律、法规和制度政策,规定社区体育建设标准(场地和配套设施),扶持和规范社区体育,推进社区体育多样化、民主化、法制化的发展。

2.加强社区体育俱乐部建设,提高有组织的体育人口比例。有组织的体育人口数量是一个国家群众体育发展水平的重要标志。中外群众体育发展已经证明建立各类体育俱乐部是提高有组织体育人口数量的最有效的途径。而我国社区体育多是自发组织,组织化程度不高,需大力发展不同层次的体育俱乐部,积极推进协会实体化,建立亲民、便民的组织,实现社区体育的健康快速发展。

3.建立一支高素质的社区体育工作者和志愿者队伍。要顺应时代发展的需要,采用多渠道、多形式的选拔或培训社区体育干部,积极引导和鼓励社区体育工作志愿者,逐步建立一支喜爱并务实的体育志愿者队伍,使社区体育活动制度化、经常化。

4.大力开发体育自然资源。我省有丰富的体育自然资源,如正实施的“丝绸之路健身长廊”、正在规划的“黄河两岸运动休闲带”与“南北两山山地运动带”、已经建成的“兰州体育公园”以及分布各地的众多名山、河流和名胜古迹,这给开展登山、漂流、游泳、划船、体育旅游等运动项目提供了天然的条件。还有在全国产生较大影响的品牌赛事。如:贵青山攀岩运动、敦煌沙滩排球运动、酒泉铁人三项运动、临潭万人拔河运动、玛曲少数民族赛马运动、盛行在甘南藏族地区的锅庄舞、赛马、大象拔河等少数民族体育活动、天水民间武术运动等为我省城乡社区体育的发展提供了宝贵的资源,并对群众体育的发展起到积极的推动作用。

5.鼓励社区体育投资的多元化。在社区的发展过程中,投资是社区体育不断发展的基础。要在政府的主导下,依靠社会、单位和个人力量,利用市场形成多元化的投资渠道,为社区体育的持续发展奠定基础。

6.建立社区体育信息网络。通过信息网络不仅可以方便社区群众及时、方便、灵活地了解各社区体育健身与活动的情况,体育场地与设施的情况,各种体育服务的情况以及体育指导员的情况等,而且还可以方便地提供有关的体育服务咨询,提高社区体育资源使用率,便于社区体育设施、场地、人员管理的科学化,提高社区体育服务的质量和效率。

7.落实健身网点的组织管理制度。落实健身网点的组织管理制度应根据社区的具体情况,因地制宜地规划和建设好方便社区群众健身活动的健身网点,按照全国先进体育社区的标准和要求配备体育指导员,并组织好健身网点的活动,使社区群众健身活动能够正常化、规范化,多点培育发展到面,促进社区体育健康发展。

参考资料

[1]肖淑伦.关于社区体育的几个问题[C].全国职工体育论文报告会获奖论文,1993,11.

[2]王凯珍.对北京市城市社区体协现状的研究[C].全国职工体育论文报告会获奖论文,1993,11.

[3]李建国.论我国社区体育的发展模式[C].全国职工体育论文报告会获奖论文,1993,11.

[4]王凯珍.对北京市城市社区体育现状的研究[J].体育科学,1994,14(6):17-24.

[5]吕树庭等.社会学视角下的社区体育——社区体育概论[J].体育文史,1993,3:17-18.

[6]任海等.我国城市社区体育的概念、构成要素及组织特征[J].体育与科学,1998,19(2):12-16.

[7]肖淑伦.关于社区体育的几个问题[C].全国职工体育论文报告会获奖论文,1993,11.

[8]俞继英.社区体育指导[M].北京:人民体育出版社,1997,6.

[9]张洪潭.试论社区体育的称谓、特点及功能[J].体育与科学,2001,22(2):25-29.

[10]王锋.中国城市社会体育演变的特征与发展前景[J].成都体育学院学报,2002,28(5):10-13.

[11]重干.城市居民小区体育发展模式研究[C].体育软科学研究成果汇编,1998,2.

[12]裴立新.我国社区体育现状分析及发展战略目标、指导方针和运行机制[J].西安体育学院学报,1997,14(1):16-21.

[13]黄力生.加强社区体育建设,促进全民健身活动发展[J].贵

州体育科技,1999,1:16-19.

[14]贾富琴.城市部分社区老年居民体育锻炼情况调查[J].辽宁体育科技,2001.12:64-65.

[15]李云林.对社区体育的几点思考[J].浙江体育科学,2001,06:4-5.

[16]俞继英.社区体育指导[M].北京:人民体育出版社,1997.6.

[17]任海,王凯珍.我国城市社区体育的产生原因、现状及问题[J].体育与科学,1998,19(3):18-23.

[18]李建国.中国社区体育研究的现状与发展趋势[M].北京:北京体育大学出版社,2001,1.

[19]王道平.都市化发展与社区体育建设[J].湖北体育科技,2001,20(4):78-80.

[20]徐永鑫.政治、经济、文化教育对社区群体活动发展的影响[J].体育函授通讯,2001,17(2):39-42.

[18]李建国.论我国社区体育的发展模式[C].全国职工体育论文报告会获奖论文汇编,1994,3.

[19]王凯珍.中国群众体育现状调查研究[M].北京:北京体育大学出版社,1998,12.

[20]王锋,许惠玲,梁俊雄.社区体育建设的难点[J].体育学刊,2002,9(6):15-17.

[21]孙淑惠.我国城市社区体育发展有关问题的探讨[J].成都体育学院学报,2002,28(1):23-25.

[22]王凯珍.我国城市社区体育的现状及发展趋势[C].1996年全国城市社区体育工作会议文集,1997,4.

[23]田雨普.21世纪我国社会体育的发展趋势[J].哈尔滨体育学院学报,2001,03:1-4.

[24]李建国.论我国社区体育的发展模式[C].全国职工体育论文报告会获奖论文汇编,1994,3.

[25]沈建华.社区体育发展新模式—学区体育[J].上海体育学院学报,1994,23(4):49-56.

[26]郝斌,刘安清,甘宏玲.武汉市社区体育发展模式研究[J].湖北体育科技,2001,09:81-82.

[27]李建国.社区全民健身服务网络的理论框架[J].上海体育学院学报,1999,23(4):57-60.

[28]刘明生.上海市社区体育组织现状及发展对策研究[J].上海体育学院学报,1999,23(1):29-35.

[29]徐坚.自发性社区体育组织研究[C].第6届体科会入选论文,2000,12.

[30]樊炳有.我国城市社区体育管理体制的缺陷及创新构想[J].体育与科学,2001,11:27-29.

[31]黄为根."法轮功"现象引发的对社区体育管理现状的反思[J].解放军体育学院学报,2001,12:24-27.

[32]王凯珍.我国城市社区体育的现状及发展趋势[J].1996年全国城市社区体育工作会议文集,1997,4.

[33]王凯珍.中国群众体育现状调查与研究——中国城市社区体育研究[M].北京:北京体育大学出版社,1998.

[34]罗汗礼.城市社区体育现状与发展对策[J].体育学刊,2004,11(1):36-38.

[35]王旭光.天津市社区体育组织现状及发展趋势研究[J].天津体育学院学报,2001,16(4):30-33.

[36]蒋鉴光.抽样调查[M].北京:经济科学出版社,1987.

[37]卢元镇.社会体育学[M].北京:高等教育出版社,2002,12.

[38]王凯珍,任海.对北京市城市社区体育现状的研究[J].体育科学,1996,2:17-24.

[39]刘德佩.我国城市居民体育现状及其发展战略思考[J],体育科学,1990,1:1-7.

[40]张洪潭.社区体育运行简论[J].体育与科学,2002,23(1):18-20

[41]卢红梅.河南省城市社区群众体育研究[J].中国体育科技,2002,38(12):53-55.

[42]田雨普.新时期我国群众体育发展的现状与走向[J].体育文化导刊,2003,1:5-7.

[43]中国群众体育调查组.中国群众体育现状调查研究[M].北京:体育大学出版社,1997.

[44]顾渊彦.21世纪中国社区体育[M].北京:北京体育大学出版社,2001.

[45]王凯珍.我国城市社区体育的现状与发展趋势[J].体育科学,1997,(5):6-10.

[46]陶勇.对武汉市小区居民参与体育锻炼活动的现状分析[J].体育成人教育学刊,2004,(2):52-53.

[47]雷洁琼.转型中的城市基层社区组织[M],北京:北京大学出版社,1999.

[48]黎熙元,何肇发.现代社区概论[M].广州:中山大学出版社,1997,1-10.

[49]吴增基,吴鹏森,苏振东.现代社会学[M].上海:上海人民出版社,1998,220-222.

[50]吴振华,田雨普.关于中国农村体育若干问题的断想[J]体育文化导刊,2005,6:5-6.

[51]李泽群,王冬冬.农村体育[M].吉林:吉林科学技术出版社,

2007,8.

[52]陈宁.论农村体育的新发展[J].成都体育学院学报,2003,29(1):1-4.

[53]陈宁,周挺.农村体育发展的新挑战与制度创新[J].武汉体育学院学报,2005,39(10):1-6.

[54]马先英,杨磊,沙磊.农村体育:制约湖南群众体育发展的“瓶颈”[J].北京体育大学学报,2004,27(10):1313-1312.

[55]唐建军,孟涛,李志刚,等.英、德、日社区体育俱乐部基本状况和存在的问题[J].体育与科学,2001,22(3):8-11.

[56]颜斌,王亚男,赵仙伟.我国城市社区体育可持续发展的主要影响因素分析[J].体育与科学,2004,25(6):43-46.

[57]杨团著.社区公共服务论析[M].北京:华夏出版社,2002,12

[58]王思斌,体制改革中的城市社区建设的理论分析[J].北京大学学报,2000,37(5):4-12.

[59]甘肃省城乡居民体育锻炼现状调查公报[N].兰州晚报,2010-01-18(A20).

第五章　体育赛事文化资源对全民健身的促进

本章概要

甘肃省竞技体育发展要依据自身的特征和优势，因地制宜地开展符合自身实际的、具有区域特色的项目，实现竞技体育又好又快发展，逐步建立起符合市场经济体制要求的、科学高效的甘肃竞技体育发展新型模式和机制。投入相对较少的人力和财力，重点抓传统优势项目，即重点传统优势项目摔跤、柔道、中长跑、马拉松、竞走、自行车等。只有这样，才能使投入小于产出。而群众基础是发展优势项目的保证，品牌赛事的举办有效促进大众健身。因此，依据甘肃省特殊的地理自然环境与人文历史开发体育赛事文化资源，以实现竞技体育与大众健身的良性循环。体育赛事文化资源更是与人们生活密切相关。

甘肃省是华夏文明和中华民族的重要发祥地，境内文化古迹星罗棋布，民俗文化多姿多彩，红色文化地位特殊。石窟文化、丝路文化、始祖文化、长城文化、农耕文化和黄河文化等在全国乃至全世界具有重要影响。在众多的文化资源当中，体育赛事文化资源是与人们生活密切相关、与旅游产业密切相关、与文化产业发展密切相关的文化资源。体育赛事本身就是一种大众文化产品，通过体育文化资源开发实现体育文化资源的商品化，使得潜在的体育文化资源成为可供大众消费的体育文化产品，随着体育赛事的不断市场化和产业化，品牌建设已经成为体育赛事参与全球市场竞争的必然要求，而体育赛事品牌化的核心内容就在于体育文化资源的不断开发、完善和推广。

第一节 甘肃省发展竞技体育赛事的自然地理和气候条件

一、自然地理条件

甘肃，地处黄河上游青藏高原、内蒙古高原和黄土高原的交会处，东经92.13°—108.46°，北纬32.31°—42.57°。省内海拔一般在800米～3000米之间，属亚高原地带，省会兰州位于祖国大陆版图的几何中心。甘肃深居西北内陆，地形复杂，山脉连绵起伏，地貌构造复杂，气候属温带季风气候。省内城市多处于河谷流域及河西走廊，海拔在800米～1700米之间。居民也多生活于这一海拔高度，属典型的亚高原人群。而亚高原人的生理特点，使他们既具有高原人的部分生理优势，又具有平原人的部分生理优势，加之得天独厚的地理环境，为其进行高原训练提供了极为优越的地理条件。尤其是兰州—榆中地区，为中长跑天赐了“低住高练，高住低练”的理想场所。被国内田径专家公认为高原训练基地，而以榆中为中心，兰州—马坡—312国道构成了一个完整的系统省级训练营地。从高度上讲，兰州（1530米），榆中（1960米），向东南入兴隆山口（2200米），上马坡（2800米），向北312国道(1800米),海拔适中,梯度差很大。从地理位置来讲,榆中距兴隆山口仅4千米,距兰州也仅40千米。榆中—兰州高原训练点路面起伏度、弯曲度适宜,种类多,有草坪路,沙石路,水泥路,路两侧有沙滩、草滩。是较为理想的自行车训练地。在地域分布的四大规律(纬度、经度、垂直性地带性规律及非地带性现象)中,高原训练中主要利用的当属垂直地带性规律。垂直地带性具有叠加性、分界性和复杂性等特色。甘肃地形地貌的垂直地带性表现尤为强烈,特别是陇东陇南地区。垂直地带性的主要成因是高度差别。而高度会引起湿度、日光、降水、气压等要素的变化。山体只要有500米左右高度,就会有明显的垂直地带性现象,高度每上升160米,气温则下降1℃。而在水平状态下,南北相差1纬度,气温相差1℃,用距离尺度比较,垂直变化比水平变化快600倍。还有,海拔越高,日温差越大,大气中尘埃越少,阳光透射率越强,太阳辐射量越大。这就为自行车高原训练提供了相当优越的环境,使运动员在短时间内,1小时甚至10分钟～20分钟之间可经受各种训练负荷和缺氧的双重刺激。以天水为例,河谷(1100米),可以进行一般速度及速度耐力训练,进行3000米～4000米分段测验;天水向西南有江天(徽县江洛镇—天水)公路,坡度较为平缓,海拔在1100米～1600米之间,可练习耐力;而向北有天巉(天水—定西巉口)公路。一出天水,便立即爬几千米长的陡坡,坡度在33°以上,急上急下。秦安源和通渭源海拔均在2000米以上。这种环境对训练运动员的心肺功能,爬坡能力,下坡操车技术,心理素质有着极好的作用。山地车一直把天水作为大本营,公路和山地训练交替进行。山地训练地点选在天水南山山顶(1200米),利用山势陡峻的山坡,林间小道,开辟训练路线。从布局上讲,这也是一种"低住高练"。

甘肃全省公路交通发达,通车里程约40000米,其中有国道11

条,5178千米,省道32条,5320千米。全省公路主要有兰州—中川机场,天水—北道两条高速公路以及西兰(西安—兰州),甘新(甘肃—新疆),甘川(甘肃—四川),甘青(甘肃—青海),兰包(兰州—包头)等干线公路。近年来,适应西部大开发的需要,甘肃公路交通有了飞速发展,主要是上等级、高质量、宽阔的公路为自行车公路训练提供了方便的条件。从公路车流量来说,天水地区流量较大,约7～8辆/分,河西相对较少,约4～5辆/分。而景泰县的车流量只有1～2辆/分,且有一条公路通往武威,海拔最高处为2954米的长岭山,一条通往银川的公路在腾格里沙漠边缘绕行,海拔最高处为2000米的小红山,这些都为自行车等项目的训练提供了良好的地理环境条件。

现代竞技体育运动的实践证明,高原训练能够有效地提高运动员生理机能和运动能力。该理论的基础是,依据人体对高原低压缺氧环境的适应性反应,以调动体内的机能潜力,从而导致一系列有利于提高运动能力的抗缺氧生理反应。其主要生理变化是血红细胞增多而有氧能力和最大耗氧量下降。亚高原人的生理特点,使他们既具有高原人的部分生理优势,又具有平原人的部分生理优势,加之得天独厚的地理环境,为其进行高原训练提供了极为优越的地理条件。高原训练的理想高度是1900米～2500米。我省有榆中、临洮、渭源、定西、临夏、兰州、通渭正处于这一理想高度。

二、自然气候条件

甘肃深居西北内陆,海洋温湿气流不易到达,成雨机会少,大部分地区气候干燥,属大陆性很强温带季风气候。冬季寒冬漫长,春夏界线不分明,夏季短促,气温高;晴天多,日照充足;秋季降温快;日温差大。省内年平均气温在0～16 ℃之间。全省各地降雨量在36.6毫米～734.9毫米,大致从东南向西北递减,乌鞘岭以西降水量明显减少，陇南山区和祁连山地段降水量偏多，因而在此二地段适宜进行夏秋两季高原训练。而天水地处渭河上游，气候温和，年平均气温在10.8 ℃左右，5—10月份，平均气温18.37℃，11月—次年4月份，平均气温3.6℃，污染小，天水具有冬天开展野外训练的自然气候条件。在5月—10月份（夏秋季），气温较高，因此，榆中夏秋季节的气候条件是适宜进行高原训练的。

表5-1　甘肃省各高原训练点主要地理气象参数

训练地点	经/纬度	海拔（m）	气压（mb）	氧分压（mb）	气温（℃）		湿度（%）		降水（mm）	
					1	2	1	2	1	2
兰州	103° 53′/36° 03′	1530	848.2	177.7	2.1	17.85	52.3	59.3	5.2	46.7
榆中	104° 09′/35° 32′	1960	811.6	170.0	-1.2	14.55	58.8	67.3	7.55	56.1
天水	105° 45′/34° 35′	1100	887.8	186.0	3.6	18.37	63.0	70.3	13.9	68.03
山丹	101° 05′/38° 48′	1764	823.4	172.	0.5	15.61	45.5	48.16	2.9	29.46
景泰	104° 03′/37° 11′	1631	836.8	175.2	0.1	17.05	43.0	51.66	2.8	27.8

注：1.资料来源：甘肃省气象局；2.表中除经纬度、海拔外，其数值均为30年平均指数；3.气温、湿度、降水各栏（1）为11月—次年4月，（2）为5月—10月30年平均指数。

另外，甘肃文化底蕴相当深厚，为运动员身心调节、学习接受传统文化提供了难得的教育基地。甘肃耐力项目，特别是自行车、中长跑两个项目，在甘肃社会经济发展水平较为落后的条件下，之所以能在全国占有很重要的地位，涌现出一代又一代的名将，自行车队更长期享有"陇原铁骑"的美誉，其中一个重要原因就是得益于高原训练。遗憾的是，甘肃这种优越的地理环境和人文环境还未引起国内外高原训练专家高度的重视，其价值未得到足够的展现，其作用未得到充分的发挥。

三、人文环境

甘肃是中华民族和华夏文明的发祥地之一，黄河伏羲文化、敦煌文化、丝绸之路文化、三国文化等传统文化的博大精深，历史文化灿烂辉煌，民族民俗文化绚丽多彩，现代文化独具特色等深厚文化底蕴的沉淀造就了甘肃人民淳朴的民风和人文精神，甘肃人民有世代与艰苦恶劣的自然环境做斗争，天生有着坚韧不拔、自强不息的精神。而运动员无论是定点训练还是长途拉练，经常可以领略、感受到我国古代文明和现代历史文化的深厚，增长知识，开阔视野，增强使命感和拼搏精神，从中受到教育、陶冶。

一个时代的体育人文精神会强有力地支撑着这一时代的体育运动技术水平的提高和体育科技水平的持续进步。因此，甘肃体育人文精神不仅是甘肃体育人力资源中的本中之本，而且更是甘肃西北体育事业的重要载体。甘肃体育人力资源在深层内涵上并不匮乏，匮乏的是慧眼识金的洞察力。非常幸运的是，这种非凡的洞察力在研究西北地区竞技体育发展战略的许多专家、学者身上有着不俗体现。他们早在十几年前就看到了西北地区诸多因素中，人类学条件在某些项群、项目中的鲜明优势。体育人才是有头脑、有思维并生活在一定的文化氛围中的主体。为此地域和人才的优势条件为提升甘肃竞技体育水平打下了良好的基础条件。

四、甘肃省高原训练的发展及训练基地的形成

甘肃省高原训练起始于20世纪70年代中至80年代初。自觉或不自觉的高原训练，使我省竞技运动受益匪浅，涌现出了像马学忠等一些优秀运动员。1974年5月，翁庆章对国家游泳队8人在兰州（海

拔1 530米)进行了为期两周的高原适应性训练的实验。国家速滑队盐湖城冬奥会前夕,曾在兰州进行过三次高原训练,取得了冬奥会金牌"零"的突破。之后,随着国家奥运战略的调整,甘肃省建立了目前国际上公认的我国三大高原训练基地榆中基地。甘肃省属亚高原地区,从国内、外各人种从事竞技体育所获成绩来看,亚高原地区人群在体能类项目上占有很大的优势。从中长跑来说,甘肃省运动员曾数次打破过全国纪录,近几年更涌现了像李柱红、杨维泽等一批优秀运动员;摔跤项目也是甘肃省的拳头项目,斯日古楞、徐玄冲在74千米级比赛中在基本处于全国统治地位;自行车虽然由于种种原因,成绩有所下降,但仍产生了像马燕萍这样在全国及亚洲山地车项目上的代表人物。而这些成绩和人物的出现,都和高原训练,特别是榆中亚高原基地长期训练有密切关系。中长跑队总结出了"高住低练""低住高练""高平交替"的训练方法;自行车队积累了"以高原提耐力,打基础;下平原促速度,上水平;以系统保专项,素质训练贯彻始终"的成功经验;摔跤队更是摸索出了一套利用高原进行体能储备、赛前到高原进行调整的成功实践。另外,榆中亚高原基地的建立,也为我国其他省(市)运动员从事亚高原训练提供高度适中的最佳训练场地。榆中作为全国一个高原训练基地,由于独特的地理环境,每年仍吸引国家队、各省(市)及本省大批优秀运动员前来训练,为我国竞技水平的提高做出过重要贡献。通过在这里训练,许多运动员在国内外重大比赛中曾创造过载入史册的辉煌。这些成绩的取得,大大提高了榆中在全国运动训练领域的知名度。加上有榆中邻近的兰州亚高原训练基地及永靖县刘家峡水上运动训练基地,形成一个落差较大的高原训练链,对高原训练具有特殊的意义。甘肃高原基地有以下几点优越性:第一,高度适宜。从海拔上讲,海拔高度是选择高原训练地点的先决条件。目前,国内、外对高原海拔高度的看法基本统一，在海拔1500米～2300米之间，甘肃省绝大部分地区公路正好处于这一区间。甘肃自行车队冬夏训练的地点是天水、山丹、景泰；拉练的路线主要是天水—兰州，景泰—兰州，兰州—玉门。而中长跑的冬夏训练地点主要是兰州（海拔1530米）、榆中（海拔1960米），天水（海拔1100米）。甘肃省自行车赛场2001年通过国际自行车联合会验收，投入使用。第二，垂直地带性规律显著，海拔高度差很大。中长跑每年的训练地点基本上是天水—榆中—兰州—榆中，冬天间或到昆明训练。以榆中为中心，兰州—马坡—312国道，构成了一个完整的系统训练营地。“高住低练”“低住高练”是长期高原训练实践中摸索出的一条成功的重要训练方法。相比较而言，国内其他两大基地不具备榆中如此明显的优势。第三，路面宽阔，车辆较少。自行车高原训练中，安全问题是一个十分重要的问题。多年来，全国公路训练中车祸屡有发生。甘肃省公路交通发达，通车里程约40000千米，其中有国道11条，5178千米，省道32条，5320千米。近年来，适应西部大开发的需要，甘肃公路交通有了飞速发展。公路拓宽，为自行车队公路训练提供了方便的条件。第四，甘肃各高原训练点，特别是河西、景泰一带，日温差大，常在10℃以上。夏日，当中原酷暑难耐之际，这里却是另一番情景。运动员在上午、傍晚可进行大强度训练；而夜晚凉爽舒适，又可得到充分恢复。甘肃省大部分地区海拔较高，农作物普遍生长期较长，富含淀粉，日照时间长，瓜果糖分含量很高且品种繁多，价格便宜。从运动营养补充来说，主要是水分、糖类。多食瓜果能加速大运动量、大强度的肌体恢复。

第二节　体育赛事
——甘肃省城市改造的催化剂

随着我国经济持续快速发展和人民生活水平的日益提高,越来越多的城市开始积极举办或引进体育赛事以满足市民多元化文化生活的需求,并利用体育赛事所具有的传播力强、抗拒性小、最易亲近、易建立忠诚度(运动迷)这一特殊功能,来提升城市形象和树立城市品牌。

体育赛事作为展示城市形象的有效方式,可以通过吸引基础设施建设资金的投入而成为城市改造的催化剂,同时,作为一个动态的、极具号召力的"人文旅游品牌",对拉动旅游消费,促进经济增长具有积极作用。特别是现代媒体的全范围介入,使体育赛事的转播具有"风光片"一般的宣传,在展现体育赛事的同时,为广大群众展现了举办城市(地)的自然风景和人文环境。而体育赛事所蕴含的文化影响力,诸如尊重人、锻炼人(追求生理极限和自我发展)、教育人、熏陶人(激励和鼓舞)、提升人(感化和影响),重参与和娱乐性的公平、公开、公正的价值取向所传达的教化和感化力对城市居民文化素养和精神文明的提升具有重要意义和现实价值。本文就如何结合城市特质和城市发展,探索利用体育赛事提升兰州市形象的途径与可行性。

一、以赛道设计彰显城市形象

兰州是西北"座中四联"的历史名城和丝绸之路重镇,市区南北群山环抱,东西黄河穿城而过,是黄河唯一穿城而过的省会城市。利用这一独特优势,兰州国际马拉松赛突出赛道设计,摒弃其他城市以环城道路作为马拉松比赛线路的设计，采用独一无二的集通行、观光等为一体的黄河风情线作为马拉松赛道，使整个比赛路线沿黄河两岸而行，绕黄河景观而走，突出了黄河特色，让城市历史和文化与黄河沿岸的自然景观镶嵌一起，以独特的视觉效果彰显城市特色。兰州国际马拉松赛道也是目前国内首条亚高原黄金赛道，比赛路线途经“生命之源”水景雕塑、黄河母亲雕塑、西游记雕塑、平沙落雁雕塑、百年中山桥、白塔山、黄河音乐喷泉、人与自然广场、龙源园、体育公园、水车博览园、春园、秋园、夏园、冬园、绿色公园等沿河景观，使来自肯尼亚、埃塞俄比亚、美国、意大利等16个国家、地区的选手在竞赛之余充分领略兰州“西部夏都”的风采，感受黄河文化的魅力。而普通市民同样有机会在同一赛道、同一时间和国际专业运动员一起参与、共同拼搏。通过开放式的马拉松赛道展现城市景观，提升城市形象，并将赛道设计理念延伸至城市发展和文明建设的各个领域，从而丰富城市形象内涵和社会带动效应，达到提升城市整体形象的作用。

二、借助体育赛事改善城市基础设施和自然景观

兰州是历史悠久的文化古城，如何借助国际马拉松赛对城市的带动力，集中进行城市基础设施建设及城市景观的改善和提升，成为兰州市所要解决的重要问题。以举办兰州国际马拉松赛为契机，兰州市委、市政府果断决定筹备资金 3 亿元以打造42公里黄河风情线马拉松赛道为重点，展开了城市建设工程，启动了北滨河路供水管网配套工程、污水收集配套工程和天然气输配管网工程、快速公交项目、轨道交通工程、南北滨河路路面整治改造等十大重点工程。进行了城区 26条主次干道和城关黄河大桥桥面整治改造工程，创造了兰州市城建史上的奇迹，为老城区道路整治积累了有益经验。与此同

时改造和整治了以白塔山、五泉山公园为代表的人文景观。借助黄河穿城而过的优势,兰州市加大了黄河湿地开发和保护力度,编制完成了《黄河兰州段湿地保护专项规划》,启动实施万亩湿地保护与修复项目,并已列入全国湿地保护工程实施规划。完成黄家滩湿地、代家湾湿地、马滩湿地、中心滩湿地整治和湿地公园建设的初步设计等前期工作。编制兰州山水景观专项规划构想,启动实施农沙段大规格苗木栽植工程,全市已新增和改造城市绿地7.62公顷,植树18.7万株。在打造"如兰之州、如家之城"的进程中又迈出了新的步伐 。实施城市基础设施和城市景观改造,是从根本上提高城市综合承载能力、提升城市形象的重大举措,是改善市民生产、生活条件的民生工程。它不仅为成功举办国际马拉松赛提供了强有力的保障,而且为未来较长的一段时期内改善兰州市民的物质文化生活奠定了坚实的基础。

三、以体育赛事充实城市文化内涵

马拉松运动是历史最悠久、最具影响力、最能彰显奥运精神的体育赛事之一。它是一项室外的、无专门赛场的超长距离比赛,其开放式和广泛参与性可以带动市民参与其中,具有其他体育项目无法比拟的影响力和感召力。以"激情马拉松,活力新兰州"为口号的兰州国际马拉松赛,正以其特殊的魅力展现在全体市民面前。

兰州的独特文化魅力表现在具有深厚内涵的黄河文化,黄河文化塑造了兰州人热情、质朴、包容、好客的性格特点,也培育和形成了"河汇百流、九曲不回、创新创业、和谐共进"的城市精神。而环境优美的黄河风情线,为兰州国际马拉松赛提供了良好的赛道保证的同时,将古老的马拉松运动与兰州的城市特征完美结合起来,使"挑战自我、超越极限、坚韧不拔、永不放弃"的马拉松精神与"奔腾不息、九曲不回”的黄河文化相融共通，将一个既具有厚重历史文化、又充满活力与希望的新兰州展现给全世界，并使马拉松参与者融入兰州，体验这座千年古城特有的厚重历史，感受“如兰之州、如家之城”的文化魅力。

当将一项体育运动、一种体育精神与一座城市的人文气息、与一座城市的发展变化紧紧联系在一起时，体育运动就超越其固有的局限，成为一座桥梁、一种媒介，进而释放出更大的能量，成为城市经济发展和社会进步的助力。而黄河母亲塑造了兰州儿女质朴、聪慧、不懈奋斗的民风特点和人文精神，与马拉松精神和兰州城市精神的相通相融、殊途同归，体现了兰州国际马拉松赛的文化品位。更为重要的是，兰州国际马拉松赛所传承的精神将被放大和延续，并已经成为一条充满激情与活力的纽带，将兰州市各行各业、不同年龄的人凝聚在一起，激发起他们对这座城市的强烈责任感、荣誉感、自豪感和使命感。通过体育赛事来展示城市文化风格，丰富发展文化传统，提升城市文化内涵，有效地增强城市形象的影响和辐射作用将是马拉松赛事的又一收获。

四、以体育赛事树立政府良好形象

体育赛事为城市发展带来机遇的同时也对城市的各项功能和软硬件设施提出了综合性、高标准的要求。体育赛事具有规模大、会期短的特点，对人力资源的调配提出了一种非常态的要求——赛前迅速聚集数万名工作人员，赛中高负荷工作，赛后及时遣散。举办国际马拉松赛，首先要求这个城市要有42.195千米的合格跑道、线路；其次，要具备可同时接纳几万人短期内涌入的接待能力；其三要把国际马拉松赛办得具有影响力，既要保证世界高水平的运动员参与，又要确保上万人参加马拉松赛的规模。除此之外，它还需要体育、交通、城建、医疗、媒体、保卫等部门的通力合作和广大市民的无私奉献。这一切都是对一个城市综合管理能力的考验,是对市政府办事效率的考验,更是政府树立良好形象的契机。而体育赛事由于其自身运作要求很高,赛事的成功举办也就为举办城市政府部门自动贴上高效、勤政的标签,无疑会极大地提升政府在各界中的良好形象。只有拥有良好政府形象的城市才有可能拥有良好的城市形象。

兰州国际马拉松赛以1个月的申办、3个月的筹备,42天完成高标准、高质量的南北滨河路马拉松赛道(42.195千米)的改造提升,充分体现了勤劳质朴的兰州人用超凡的速度践行着自己的城市精神。

兰州国际马拉松赛的成功举办,进一步证明了兰州的综合实力,它对推动兰州全民健身运动,增强市民体质,培养广大市民勇敢顽强的性格、超越自我的品质,鼓舞和激励全市人民充分发挥主体作用,提升市民文明素质,并促进政府的管理水平和服务水平的提高具有积极的促进作用,对促进对外交流与合作,提高兰州市在国内外的知名度具有积极的影响。这种宝贵经验无疑将会成为兰州今后建设城市的巨大财富和动力。兰州市正积极努力地把这项赛事打造成为一项传统体育赛事,在美丽的"百里黄河风情线"长久举办,使其成为宣传兰州、展示兰州城市形象的又一亮丽名片。

五、媒体传播提升城市影响力

兰州国际马拉松赛是参与人数最多的赛事之一,也是兰州市民评价最好、自豪感最强、归属感最强的赛事。赛事吸引了中央及省内外近百家媒体的300余名记者,中央电视台体育频道和兰州电视台综艺体育频道对赛事进行了全程直播,特别是中央电视台航拍的空中鸟瞰画面与近距离拍摄的运动员及赛道两旁观众画面的交互穿插,全方位展现了兰州的市容市貌。蜿蜒的黄河、美丽的河岸景观,将一个既具有厚重历史文化,又充满活力与希望的新兰州展现给了全世界,让这座一度被忽视的内陆欠发达城市仅用几个小时的时间就“跑”出国门,走向了世界,让世界发现了这个美丽城市。国际马拉松的举行和中央电视台体育频道的直播使兰州得到了无数的称赞和肯定,也彻底改变了人们过去对西北、对兰州的认识,吸引了大批外地客商来兰州旅游、投资或生活。新华社甘肃分社的统计显示,“兰州马拉松现场直播”一度跃居“百度风云实时热点”排行榜第一位。而兰州大学新闻传播学院一份对2012兰州国际马拉松赛进行的公众调查报告显示:赛事当天,参与观看的人数达到40万之多。有94.4%的受访者表示在兰州举办马拉松赛感到非常自豪或比较自豪;有90%以上的受访者认为马拉松赛对兰州市形象起到积极的改善作用,包括拓宽马路,绿化城市,改善和重塑兰州的城市形象,提升兰州的自然、人文环境等等。据省旅游局统计数据显示,赛事举办期间各地来兰游客比去年周期增长15%以上,可见其不可小视的对外影响力。

在赛前兰州马拉松赛就得到了很多人的关注,兰州马拉松赛官方网站的点击率高达112.3万次。赛后许多市民表示,希望我市能够每年举办一次马拉松赛,让更多的市民参与其中。甘肃新闻网调查数据显示,知道兰州举办国际马拉松者占调查人数的93.2%,而赞同举办兰州马拉松赛的群众占调查人数的83.6%,不赞同者占调查人数的16.4%,对赞同兰州国际马拉松赛能提高兰州知名度的群众占调查人数的85.2%,不赞同者占10.9% ,从中可以看出马拉松赛事在兰州市民心中的地位和影响力。

2012年第二届兰州国际马拉松已列入全国马拉松积分赛,中国田协将根据运动员在马拉松积分赛上的成绩,对国内的马拉松选手进行排名,以作为参加全运会甚至世界大赛的参考,这必将为兰州国际马拉松赛的品牌创造提供了一个良好平台，更为兰州市的发展和城市影响力增添活力。

体育赛事筹划、宣传及其举办，地方政府对体育基础建设投资加大，有利于有地方特色的体育项目的挖掘与开展。2011年，兰州市群众体育发展迅速，健身大拜年、龙腾狮跃闹元宵、健身气功大赛、健身"六进"活动、马拉松配套健身活动等，众多赛事的举办丰富了市民的日常生活。兰州不仅要配合好马拉松、环湖赛等一系列赛事活动外，还将打造特色鲜明的品牌赛事，如羊皮筏子漂流赛、"玫瑰"运动会、兴隆山登山节等，这些赛事都将以高水平、高标准的思路进行筹备。2012年，由市体育局主办的群众体育赛事有64项，而各县区举办的群众赛事共有113项，丰富多彩的群体活动使市民享受丰盛的健身大餐。我省将开展20余项具有浓郁地域特色和民族特色的群众体育赛事，利用建设华夏文明传承创新区的机遇，加大品牌赛事的开发创新，创建更多具有浓郁地域特色和民族特色的体育赛事活动。全省范围内将举办：中国拔河公开赛（临潭）、全国钓鱼公开赛（庆阳）、"玄奘之路"戈壁挑战赛（瓜州）、国际汽车拉力赛（嘉峪关）、中华龙舟大赛（永靖）、中国汽车拉力赛（张掖）、全国攀岩锦标赛（漳县）、全国沙排赛（敦煌）、格萨尔赛马大会（玛曲）、中国嘉峪关国际滑翔节等20余项群众体育赛事。

第三节　甘肃省体育文化资源

一、民族体育文化资源

甘肃的民族自治地方有临夏、甘南两个自治州，7个自治县，另有

39个民族乡,其中东乡族、裕固族、保安族是甘肃特有的少数民族。民族的特有文化构成了甘肃丰富的人文资源优势。民族体育资源的主要项目有:(1)观赏型:赛马、摔跤、腰鼓、藏戏、射箭。(2)参与型:骑马、秋千、打陀螺、拔河、滑雪。(3)健身型:武术、摔跤。(4)益智型:藏棋、方棋(回棋)。(5)探险型:七一冰川、狩猎、黄河漂流。(6)旅游商品:保安腰刀、藏刀、弩、民族服饰。(7)娱乐型:花儿会、姑娘追、叼羊。

甘肃民族旅游资源自然人文兼备,组合良好,拥有一批新、奇、特的传统体育项目,每年吸引着大量游客前来观光,主要民族旅游区临夏、甘南又地处兰州、九寨沟旅游热线上,其余各景点均沿丝路古道分布。甘肃民族地区拥有良好的资源条件、较佳的区位交通条件和庞大的潜在客源市场,辅之国家对西部旅游崛起的期望、政策以及甘肃省对民族地区旅游产业发展的优惠政策,使其发展旅游产业的基本条件完全具备。甘肃民族体育旅游经过多年发展,通过加强区域内合作,已形成永靖黄河三峡——玛曲黄河漂流探险旅游,临夏、甘南回藏民俗风情草原风光观光旅游,肃南——肃北——阿克塞狩猎旅游等特色旅游线路,在国内外有一定影响。

二、现代体育文化资源

甘肃兰州市是黄河唯一穿城而过的城市,利用兰州40里黄河风情线可开展黄河漂流、赛艇、摩托艇、龙舟竞渡、羊皮筏竞渡黄河、马拉松赛、“三人篮球”、溜索滑越黄河、探险、自行车、武术、垂钓、轮滑、放风筝等大众健身性文化体育旅游活动。“丝绸之路”甘肃段大部分地区海拔800米到3000米之间,平均海拔在1500米以上,地处高原、亚高原地带,形成独特的海拔梯级高度,适用于系统体育训练。目前已经建成使用或正在兴建的基地就有近10个,如甘肃榆中亚高原训练基地(1987米)、刘家峡水上训练基地(1800米)、嘉峪关滑翔基地

(1000米)、清水训练基地(1500米—2000米)、白银亚高原水上运动中心(1500米)、兴隆山滑雪基地(1900米)以及兰州体育公园(1500米)等基地类体育旅游资源。利用这些资源可进行自行车越野、马拉松赛跑、自驾车越野、热气球、跳伞、滑翔、赛艇、皮划艇、摩托艇、划船、龙舟竞渡、水球、游泳(冬泳)、潜水、温泉疗养滑雪、球类运动及健身消费类等文化体育旅游项目。现代体育类赛事文化资源如兰州国际马拉松赛、环青海湖国际公路自行车甘肃段比赛、瓜州玄奘之路戈壁挑战赛、张掖汽车拉力赛、中国嘉峪关(国际)航空滑翔节等58项。自从1984年奥运会挖走第一桶金以后,大型体育赛事的产业价值逐渐得到国际社会的认同。美国经济学家迈克尔·利兹指出,大型体育赛事具有巨大的经济价值,对城市经济的运行具有良好的推动作用。唐智(2008年)指出,大型体育赛事对经济的潜在影响主要包括潜在的积极影响和消极影响,其中,积极影响主要包括经济活动增加、就业岗位增加、劳动力供应增加和居民生活标准提高。1984年洛杉矶奥运会为南加利福尼亚地区带来了32.9亿美元的收益;1988年汉城奥运会共带来了相当于70亿美元的生产诱发效果和27亿美元的国民收入诱发效果;2000年悉尼奥运会给澳大利亚和新南威尔士州带来了63亿美元的收益;2008年的北京奥运会也获得13亿美元的纯利润。

三、现代旅游业与体育资源的融合发展

近年来,我国体育旅游产业得到快速发展,随着体育旅游总收入占生产总值的比率的不断提高,已逐渐成为重要的支柱产业之一。随着我省国民经济的快速、健康、稳定发展,人民生活水平不断提高,广大群众对体育的需求和参与意识日益增强,从而使体育旅游得到了突飞猛进的发展。在我省科学发展、转型跨越、民族团结、富民兴

陇的形势下，旅游产业和文化产业的互动与整合有利于我省的文化、经济、社会的协调发展。旅游与文化相互依存、相互促进，在区域社会经济发展和产业整合中就必须把握旅游经济与地域文化的关系，在旅游产业与文化产业的互动中，有效地将文化、经济结合起来，进一步提升体育旅游产业品质，确保体育旅游业可持续发展和整体开发水平的提高，对于丰富文化的内涵和提高文化产业、旅游产业的附加值，实现利益双赢具有重要的意义。

参考文献

[1]宋玉芳.奥运会志愿者的特征及其管理原则[J].体育与科学，2004(1):20-23.

[2]吴泓，顾朝林.基于共生理论的区域旅游竞合研究——以淮海经济区为例[J].经济地理，2004(1):105-107.

[3]奥斯本，盖布勒.改革政府[M].周敦仁，译.上海：上海译文出社，2006.20.

[4]李晓莉.大型体育赛事中旅游杠杆效益的发挥[J].旅游学刊，2009.24(1):11-12.

[5]石培基，程华，樊妍芳.甘肃黄河风情旅游带竞争力评价[J].经济问题，2008.9:123-126.

[6]王东良，彭丽娜.丝绸之路体育健身旅游长廊产业化开发探讨[J].体育文化导刊，2009.4:80-84.

[7]卢双鹏.旅游视角下的体育赛事及其作用[J].发展，2007，199(5):33-34.

[8]慈鑫.不以竞技为先 甘肃的特色体育之路[N].中国青年报，2010-7-24(7).

[9]张鲲，康冬，樊敏.构建“新丝绸之路体育娱乐带”的思考[J].体育文化导刊，2006(5): 40-42.

[10]袁音，陈忠菊，任莲香.构建甘肃“丝绸之路体育健身旅游长廊”的研究[J].西北师范大学学报：自然科学版，2008，44(2):112-114.

[11]宋娜梅，梁建平，寿在勇.体育赛事产业对经济发展贡献的评价方法探讨[J].体育与科学，2011，32(5)：23-25.

[12]黄海燕.体育赛事经济影响评价的实证研究[J].上海体育学院学报，2011.35(3)：1-6.

[13]易剑东.大型赛事对中国经济和社会发展的影响论纲[J].山东体育学院学报，2005, 12：1-7.

[14]刘彦.大型体育赛事对城市经济和社会发展的推动作用[J].南京体育学院学报，2008，06：49-52.

社会体育研究论文辑录

甘肃省城乡社区体育现状与对策研究

王世哲　何步文

摘要：运用社区发展理论、社会学、管理学及体育学相关理论，采用田野法、问卷调查法、专家咨询法及数理统计等研究方法，在调查分析甘肃省城乡居民体育锻炼现状、城市社区体育发展现状及农村社区体育特点与建设现状之基础上，考证了甘肃省社区体育发展基础，提出了甘肃省城乡社区体育发展策略。

关键词：甘肃省；社区体育；城市；农村；策略

社区体育是经济社会发展的必然结果，是体育社会化的产物，是城市精神文明建设的重要内容。社区体育作用于人者，则以满足人们健身健心、休闲娱乐和审美需求，帮助人们获得高质量生活能力，实现终身健、美、乐为目标；其作用于社会者，则以人们健康有效投入的各类体育实践活动与一定社会的政治、经济、文化、教育、军事、医疗、卫生等的互动作用,直接促进社会进步和经济发展为目标。二者有机结合实施,共同为构建人类理想社会服务,使人们生活更美好、更幸福。这对当前全面构建“和谐社会”来说已经显现出十分重要而迫切的时代价值,同时也是新形势下对我国当代体育的核心价值功能的反思与回归,其作为城乡文化的实践与表达,而成为社会控制的重要形式。为此对城乡社区体育发展策略的研究不仅对社区文化建设和居民健康生活方式的建立以及为政府部门基层文化建设,特别是为新农村文化建设提供现实的理论参考和实践指导,而且为政府部门对公共资源的配置与社会组织的管理提供理论和实践参考。

一、研究方法

1.文献资料法。查阅国家和政府有关部门关于社区建设、社区体育建设的政策法规及相关文件、统计年鉴,通过对中国期刊网、以“社区”“社区体育”“甘肃省”“社会经济”为关键词,搜集相关文献,并对文献进行分析整理。

2.实地调查访谈。利用学校假期时间,实地走访了兰州市、金昌市、金塔县、肃州区、静宁县等市县区的12个乡(镇)及其相关负责人。并对甘肃省体育局群体科、各区文体科及社区负责人就社区体育组织相关问题进行了访谈。

3.问卷调查。依靠学校各地区的学生,统一培训,按要求完成调查问卷。

4.数理统计。把有效问卷输入计算机,应用SPSS11.5统计软件对数据进行统计处理。

二、甘肃省城乡社区体育发展存在的问题

1.社区体育管理服务不到位

首先,政府职能部门、企事业单位、社团组织互不关联,使社区体育资源无法充分、合理利用;其次,上一级主管部门、社区体育的管理机构设置、社区体育行政管理权力、企事业单位内部形成的相对封闭的体育行政管理系统,造成管理不统一,制约了社区体育建设的顺利进行;最后,政府对体育社会专业化组织和服务机构培育还不到位,社区体育管理表现出“强政府,弱社会”形态。调查显示:社区体育活动方式以锻炼者自发组织者占46.3%,居第一位;体育行政部门帮助占17.4%,居第二位;街道居委会帮助占11.5%,居第三位。体育活动的组织管理依次排序是企事业单位8.8%,各类体协7.2%,各级工会5.3%,其他部门3.5%。这一结果表明社区居民有主动参加体育活动积极性,并由零散活动逐步变为有组织活动的自主性,且社会性组织缺乏。

2.社区体育场地和经费不足

截至2007年底,甘肃省共有各类体育场馆22591个,全省人均体育场馆面积约为0.77平方米,每万人拥有体育场馆8.7个。平均每平方公里体育场馆面积为44.2平方米。与全国均值比较,甘肃省人均体育场馆面积比全国低0.26平方米;人均建设资金投入不足全国均值的一半,比全国均值低79.20元。群众公共体育基础设施依然薄弱,不能满足人民群众的日益增长的健身文化的需要。我省目前现有体育场馆多集中在学校和单位,且开放率较低,无法满足群众多样化的需要。对城市社区调查显示:小区无体育场地和器材者占13.8%,有场地且有器材者占34.4%,有场地无器材者占46.6%,无场地有器材者占5.2%。其中无器材现象较突出的占60.4%,有场地且有器材的社区比例偏低。

我省城乡社区体育经费来源:一是专项拨款,基本依行政指令进行;二是社区财政预算经费投向较多。如一个拥有3000户居民的城市社区一年的财政预算经费为2万元,除去日常开支已所剩无几,对社区体育的投入根本无法实现。调查结果表明:社区体育经费来源于体育主管部门,城乡社区体育无专项财政经费预算。目前社区体育的活动经费来源比较单一,主要来自社区会员自筹占62.5%。

3.健全社会体育指导员培养体系与管理制度

我省体育社会指导员不能满足社区群众体育健身需求的原因主要集中在:一是没有充分利用现有体育人才资源,二是缺乏健全的体育指导员培训体系和制度。甘肃省现有各级体育指导员21600名,1200人拥有1名体育指导员,与北京、上海、天津相比差距很大。调查表明,甘肃省社区体育指导员非体育专业人员比例较大,区域发展不均衡,大多数经过短期结业,学历层次偏低。指导员大多数以无偿服务为主,工作环境以非体育场所居多,多在余暇时间进行。

4.居民对社区认同感和归属感的淡化

社会成员在单位中几乎可以解决生活上的一切问题,所以对单位的依赖感非常强烈,而对所居住的社区的依赖感表现得却很淡漠,并且是无意在社区中建立社会网络关系。随着市场经济体制改革和"单位制"的消解,社会管理职能逐步从单位管理中不断剥离而回到社区。社区成员对社区认同感普遍偏低已是我国社区发展中的一个致命缺陷。社区居民对社区活动不够关心,社区居民间互动不够。调查显示:76.3%被调查者希望社区经常组织活动,但是社区居民从来没有或很少了解所在社区活动者占53.3%。虽然大部分居民愿意参加社区活动,但是社区居民在社区活动中希望当观众的占65.3%,当局外人者占20.4%,希望当参与者占10.2%,希望当组织者的占4.1%,可见大部分居民只是希望作为观众参加社区活动,而参与社区活动的主体意识较差。

5.城乡发展不平衡

城市和农村二元化格局的明显差异,不仅体现在经济发展上,收入水平、生活条件、受教育水平和社会福利水平等方面更是差异显著，造成城乡社区体育建设与发展的差异，从而形成体育场地设施和社区体育指导员绝大部分集中在城市，特别是集中在中心城市和地区。我省目前的社会体育指导员90%集中在城镇，而广大的农村只占10%。

6.体育活动不易组织

调查显示：居民闲暇时间主要是看电视和看书或上网为主。分别占调查人数的42.15%和29.36%、与朋友聚会的占17.14%，参与文体活动的占11.35%，而文体活动则排列第四。而现代社会人们的价值观念更加多元，对体育活动项目的选择更加多样，同时，现代社会是一个生活方式多样的社会，人们工作、闲暇的时间安排也不尽相同，显示出个性化的趋势，并且这种现象也会随着全面小康社会建设进程的发展而更加明显。在这种情况下，传统的社区体育的组织形式和方法都渐渐失去作用，由于体育兴趣各异、时间安排不同，社区体育活动更难组织。

三、甘肃省农村社区体育发展策略

在新农村文化建设视域中农村社区体育的发展，是“现代”与“传统”的对话与互融，是民族的、地域的文化与现代文化的对话与互融，是乡土文化内涵的重构与创新。为此，农村社区（乡、村）体育的发展，应以公共体育文化服务体系和公共体育文化空间的构建为基础，以培育和激发农民的体育文化自觉为主体，包括设施、内容、服务、产业等在内的全方位的、立体的、有内容的、有主体的乡村体育文化形态的建设，应为引领农民健康生活方式的有效途径。其发展策略如下：

1.完善公共服务和社区服务制度

从农村现实及实践来看,农村社区建设应走“服务之路”,即通过“服务”将分散的人们重新联系起来,在“服务”的基础上重建社区认同。完善以政府为主导的公共服务和社区服务制度和政策措施,制定具有全局性和长远约束力的城乡群众体育发展规划。统筹城乡发展,以新农村建设为契机,建立和完善农村社区体育组织网络。充分发挥农民体育协会的作用,从建立农民体育指导站入手,逐步建立农民体育活动网点和俱乐部,最终建立健全农村社区体育组织网络,将农村体育纳入基层工作之中,有计划、有组织地开展农民体育活动。

2.因地制宜、挖掘传统体育文化形式

农村社区体育活动应坚持与农村生产劳动、文化活动相结合,坚持业余、自愿、小型、多样和因人、因时、因地制宜以及科学文明的原则,利用传统节日和农闲季节,以身边的文化建设引导居民健康的生活方式,建立新型体育文化形式;利用现代手段挖掘和利用传统文化形式,创立农民喜闻乐见的体育活动项目。归根到底是建设一种属于乡村和农民的新的体育文化,使体育活动项目更加贴近农村、贴近农民,使体育活动与农村传统文化习俗交相呼应,以健康的文化丰富广大农民的精神生活,占领农村思想阵地;把社区、学校和家庭有机联系起来,充分利用学校的示范和辐射作用,充分利用有限的体育资源,利用孩子带动家长、学生教会居民,使体育融入生活,形成和谐健康的生活方式,推动农村体育文化的健康发展。

3.建设完善多样化的体育文化设施

借助金彩工程,多渠道、多方式鼓励社会力量建设农村体育文化基地,以满足不同层次的农民体育文化需求。充分利用现有文化馆、文体站,实行体育活动与文化活动统一管理,实现农民体育与农村文化的融合与互动。发挥农民工在农村体育活动中宣传、扩散和示范作用与桥梁效应，促进农民体育文化的发展。

4.从实际出发开展体育工作

农村地区民风、民俗差异较大，经济发展不平衡，开展农村社区体育工作要从实际出发，区别对待。

四、甘肃省城市社区体育发展策略

1.政府制定社区体育建设和发展的配套法律、法规和制度政策，规定社区体育建设标准（场地和配套设施），扶持和规范社区体育，推进社区体育多样化、民主化、法制化的发展。

2.加强社区体育俱乐部和体育中心建设，提高参加有组织的体育活动人口的比例。有组织的体育人口的数量是一个国家群众体育发展水平的重要标志，要积极推进协会实体化，建立身边亲民、便民的组织，实现社区体育的健康快速发展。

3.建立一支高素质的社区体育工作者队伍，积极引导和鼓励社区体育志愿者队伍的积极性，推进社区体育的快速发展。

4.建设“三位一体”的学区体育。把社区、学校和家庭有机联系起来，充分利用有限的体育资源，让孩子带动家长、学生教会居民，使体育融入生活，使居民有了健身场所和健身方法的指导者，家庭有了健身氛围和健康的生活方式，这可以弥补社区体育人力和场地不足的难题。

5.大力开发体育自然资源。如正实施的“丝绸之路健身长廊”、兰州正在规划的“黄河两岸运动休闲带”与“南北两山山地运动带”、已经建成的“兰州体育公园”以及分布各地的众多名山、河流和名胜古迹，这对开展登山、漂流、游泳、划船、体育旅游等提供了天然的条件。充分利用在全国产生较大影响的品牌赛事的影响和辐射作用，如：贵青山攀岩运动、敦煌沙滩排球运动、酒泉铁人三项运动、临潭万人拔河运动、玛曲少数民族赛马运动、盛行在甘南藏族地区的锅庄舞、赛马、大象拔河等少数民族体育活动、天水民间武术运动等为我省城乡社区体育的发展提供了宝贵的资源。

6.依靠社会、单位和个人等社会力量，利用市场形成多元化的投资渠道，促进社区体育公共文化建设的多元化，为社区体育的可持续发展奠定基础。

7.建立社区体育信息网络。通过信息网络宣传并提供有关的体育咨询服务，提高社区体育设施、场地、人员管理的科学化，提高社区体育服务的质量和效率。

8.落实健身网点的组织管理制度。因地制宜地规划和建设好方便社区群众健身活动的健身网点，按照全国先进体育社区的标准和要求配备体育指导员，使社区群众健身活动能够正常化、规范化。

参考文献

[1]石生泰.甘肃省公共体育场馆现状调查分析及对策研究[R].甘肃:甘肃省体育局,2010:2-3.

甘肃省健身娱乐市场现状调查与分析

王世哲　何步文

摘要：根据体育社会化、产业化的发展趋势，通过对甘肃省体育健身娱乐市场的调查，与具有代表性的北京、浙江地区体育健身娱乐业进行比较，对其中存在的问题进行了对比分析，提出了相应的对策，以求为甘肃省体育健身娱乐市场持续、健康、稳定的发展提供理论依据。

关键词：甘肃省；体育健身娱乐业；体育产业；市场；分析

一、体育健身娱乐市场的特点及其发展动态

体育产业是指向全社会提供各种体育物质和服务的行业。1996年，国家体委制定了《体育产业发展纲要》。《纲要》从管理工作的角度把体育产业划分为三大类：体育主体产业；体育相关产业和体办产业。体育产业作为朝阳产业，有着极大的发展空间，体育健身娱乐业是以体育娱乐项目为中介，为参与活动者提供各种满足人们的健身娱乐需要的第三产业。它既具有第三产业的一般特点，也具有自身的特点。在大众体育健身娱乐活动日益普及与社会化发展进程推

动下，该行业已成为世界上许多国家体育产业中的支柱行业，在西方发达国家是体育产业中一个效益最好、规模最大的市场。据有关调查统计，瑞典家庭仅用于体育健身活动的总开支从1985年的9.75亿克朗增至1992年的27.18亿克朗，8年间增幅高达近2倍。法国的体育产业以健身娱乐业为主，法国现有各类体育俱乐部17万个，正式注册会员1250万人（其中职业运动员4000名），占全国人口的73.9%。因而法国大众体育消费水平很高，1993年时人们用于体育健身娱乐服务的消费支出总额就高达409亿法郎。据美国学者1995年的统计，在全国体育总产值中，平均每1美元的产值中，来自健身与休闲体育活动市场的收入为0.68美元。1995年，澳大利亚体育健身服务业的总收入为9.316亿澳元;占体育产业总收入的23.9%，居第一位。1996年，韩国体育器材与体育健身服务业的总产值为27000亿韩元，其中体育器材的产值为12000亿韩元，占44.5%，体育健身服务业的产值为15000亿韩元，占55.5%。由于健身娱乐市场的大规模发展和大众体育消费水平的大幅度提高，体育给各国健身娱乐企业带来可观的经济效益。体育健身娱乐市场的发展，在一定程度上满足了人们的健身需要，同时企业也取得了一定的经济效益。这对促进全民健身活动的开展与经济建设起到了一定的作用。

二、甘肃省健身娱乐市场现状

随着我省国民经济的快速增长和人民生活水平的不断提高，我省城乡居民体育锻炼和体育消费意识不断增强，体育消费支出不断增加，满足广大人民群众多元化体育健身需求的全民健身服务业也同时得到快速发展。一些深受广大群众喜爱的体育娱乐项目和健身场馆逐步成为社会投资的热点，健身服务投资多元化的局面正在形成。据调研，全省共有各类体育场馆8930个（甘南、临夏两州未调研),其中体育系统182个,各类学校6165个(城市社区1676个,农村乡镇967个),宾馆等服务行业561个。全省经常开展的体育经营活动项目有十几类,群众首选的项目依次是健身、棋牌、垒球、乒乓球、羽毛球、保龄球等项目。经常参加活动的人数平均每月达到90多万人次。在我省全民健身服务业发展中,个体健身服务单位占有明显比重,为繁荣健身服务业市场、满足广大人民群众健身需求、促进体育产业发展,扩大就业渠道正在发挥着重要的作用。不足之处是他们所拥有的固定资产少、发展规模小、市场竞争力弱、经济效益偏低、从业人员整体素质有待进一步提高。在现实中,体育场馆和培训指导方面的消费处于不稳定的状态,特别是在市场经济条件下,供需双方的矛盾的重要热点是价格之间的矛盾。越是短缺的体育消费品,价格上涨的可能性越大。目前,我国城市的体育场馆设施还不足,以此新增的非公共性体育场所成本较高,但当这类场馆数量一旦增加,各商家出于竞争的需要,价格会纷纷下调。因此,扼制价格上涨的有效办法是鼓励更多的人投资兴建体育场馆和增加各类体育专业人才数量,稳定价格才能吸引更多体育参与者,由此带来的全民性参与的社会效益更为重要。

三、比较分析甘肃省健身娱乐业市场存在的问题

1.投资与利润状况

北京的体育娱乐企业中,港澳台资产所占份额较大。2003年体育娱乐业规模以上企业总资产达37亿元,其中与港澳台合资、合作企业19家,资产达14亿元,所占份额达39%;其他注册类型依次为国有集体企业占18%,中外合资、合作与其他有限责任公司均占13%,私营有限责任公司为6%。全市各级各类体育休闲场所吸引了众多体育爱好者和消费者,全市经常参加体育锻炼人数达到543.79万人,

占全市常住人口的比重达49.47%。休闲项目主要集中在游泳、保龄球、台球、乒乓球、网球、健美及棋类,共创收41.15亿元,比上年增长26.62%;吸纳从业人员3.1万人。全民健身和体育休闲的热潮推动了体育健身场所的发展。

2000年浙江省健身娱乐业经营单位数近3000家,年营业收入8.3亿元。2002年健身娱乐业经营单位数5870家,年营业收入10.6亿元,利润1.4亿元。浙江省健身娱乐市场的供给方具有显著的浙江经济特征,即民营经济所占的结构比例较大,占70%。但相对规模较小,民营企业的收益情况明显好于其他经济类型企业,民营企业占全部企业利润的66.4%。

截至2003年底,甘肃省共有不同所有制健身服务业经营单位3965个,其中个体民营经济投资兴建的全民健身服务业单位1054个,占36%;健身服务业从业人员25172人,其中个体健身服务业从业人员10896人,占总数的43%;个体民营经济投资兴建全民健身服务业总金额近4000万元,并且呈明显的快速发展趋势;2002—2003年全省个体健身服务经营收入约500万元。与上述两省相比甘肃省健身娱乐市场无论是规模还是经济收益都是较落后的,2003年收益是北京的1/823,2002年是浙江的1/212,差距悬殊的原因是健身娱乐市场规模和就业人数的差距。

2.体育人口数量和居民体育消费水平比较

2002年北京市居民人均文化、体育娱乐服务支出403.9元。全市各级各类体育休闲场所吸引了众多体育爱好者和消费者,全市经常参加体育锻炼人数达到543.79万人,占全市常住人口的比重达49.47%。浙江省对居民健身娱乐消费情况的调查结果显示:居民家庭健身娱乐年支出平均为379.6元,人均为127元,消费水平相对较低。同时在调查中还发现居民的体育实物型消费显著高于参与性消费，实物型消费占健身娱乐消费支出的47.6%，而参与性消费只占11.0%。这也是供给市场发展中面临的一个“瓶颈”，即“消费需求不足”。据甘肃省体育局统计资料显示，“九五”末全省经常参加体育锻炼和活动的人数增加到870万，占全省总人口的33.96%；我省体育消费以实物消费为主，占体育消费的56.05%，且消费水平较低，人均不足100元。这种疲软的体育消费必然导致疲软的体育市场，并影响人们健康的体育生活方式的形成。

3.市场定位盲目

供给方的定价偏高，超出需求方的承受能力，消费者认为消费价格高或偏高。在人们健身娱乐消费观念还不十分强烈的情况下，价格依然成为左右消费的“指挥棒”；健身娱乐项目设置不能满足消费者的需求，加上卫生设施大多不合格，造成了经营不下去的局面；健身娱乐场所布局不合理，健身场所的地理位置是健身娱乐业的主要影响因素。目前健身娱乐场所主要位于城市的繁华地段，隶属于宾馆饭店。而城乡居民的居住地却不断地向市郊、城郊迁移，从而导致已有的健身场所不能被有效地、充分地利用。

四、健身娱乐市场协调发展的思路

1.加强政策支持与宣传力度

我省体育健身娱乐市场的管理状况随着我国社会主义市场经济的不断发展和广大人民群众物质文化的不断改善，体育健身娱乐市场有了很大的发展，为了促进体育事业的繁荣、发展，丰富人民群众的文化生活，提高人民群众的身体素质，推动体育健身娱乐市场的健康发展，政府制定了一系列的法律和法规逐步调整和优化项目结构。根据体育社会化、产业化的发展趋势，通过政策倾斜和市场的价格杠杆，调整和优化现有的项目结构，大力发展符合消费者需求的健身娱乐项目。加强规划和引导,对组建各类健身娱乐行业进行合理的规划和政策引导,实现健身娱乐市场资源的合理配置,促进市场的健康协调发展。同时,加强健身娱乐消费观念的宣传和引导,加大健身娱乐市场的宣传力度,进一步加强人们对科学地进行健身娱乐的价值和意义的认识,促使更多的人参与健身娱乐消费。

2.注重市场调查,细分体育市场

政府应深入了解消费需求,把握消费者消费水平的变化动态,遵循健身娱乐市场的客观经济规律,充分利用社会资源,开发健身娱乐市场。根据健身娱乐消费的需求多元化特点,细分消费市场开发适合不同需求层次的健身娱乐市场。注重多种经营和多项目的开发,挖掘我国民间传统的健身娱乐项目,扩大健身娱乐市场规模,以满足消费者不同层次的健身娱乐需求,并通过提高经营管理水平,加强内部管理,改善服务质量,树立良好的企业形象,以吸引更多的人进行体育消费。

3.开拓经营者的数量和质量

企业效益的高低关键在于经营者,因而要把人才问题作为发展体育健身娱乐市场的首要工作。经营性的体育健身娱乐场所必须经营那些社会体育资源比较稀少而大众喜闻乐见的项目。经营者不要只把眼光盯在健美操、乒乓球、羽毛球、足球等项目上。当然,在经营项目的设置上只是一方面的改进,此外,还必须延伸、扩展我们的体育服务范围。举办一些大型的群众性体育赛事,举办这些比赛,不但赢利,还可以激发群众参与体育健身的积极性,培养新的体育健身消费点。目前,经营性的体育健身行业的经营者却很少涉及这些领域。

4.要打破部门界限,多渠道全方位发展

我省的体育场馆大多由国家投资兴建,国有资产的基本性质决定了这些体育场馆首先面临的是管理体制问题。在国际上也有多种体制模式。不同的管理体制决定不同的运行机制,运行机制的设立与改革必须与体制配套进行。要建立一套责任明确、权力到位、利益明确的体制与机制,针对目前经营性体育健身娱乐场所的实际情况,开发已有的设施,在服务范围上进行大的结构性调整。办出自己的特色以吸引消费者,提高效益,增加利润。

参考文献

[1]卢元镇.中国体育社会学[M].北京:北京体育大学出版社,2000.

[2]符国群.消费行为学[M].武汉:武汉大学出版社,2000.

[3]刘可夫.论体育市场构成及运行特征[J].体育科学,1998,18(3):21-23.

[4]中国体育市场研究[M].国家体育总局政策法规司,2000,6

[5]国家体育局.2001—2010年体育改革与发展纲要,2000,12,15.

[6]王乔君,童莹娟,李建设.浙江省健身娱乐业供给市场与需求市场的调查研究[J].北京体育大学学报,2004,5.

[7]耿力中.体育市场策略与管理[M].北京:人民体育出版社,2002.

[8]张贵敏.用ELES模型对我国城市居民体育消费需求的分析[J].体育科学,2003(4)1-3.

甘肃省健身娱乐业现状调查与分析

王世哲　何步文　康英萍

摘要：根据体育社会化、产业化的发展趋势，对甘肃省体育健身娱乐市场进行调查比较，对其中存在的问题进行了探讨，以此论证甘肃省健身娱乐市场存在的问题及可能的解决对策。推动体育健身娱乐市场持续、健康、稳定的发展。

关键词：甘肃省；体育健身娱乐业；体育产业；市场

一、体育健身娱乐业的内涵和特点

体育产业是指向全社会提供各种体育物质和服务的行业。1996年，国家体委制定了《体育产业发展纲要》。《纲要》从管理工作的角度把体育产业划分为三大类：体育主体产业，体育相关产业和体办产业。体育产业作为朝阳产业，有着极大的发展空间，健身娱乐市场在发达国家是体育产业中一个效益最好、规模最大的市场。体育健身娱乐业是以体育娱乐项目为中介，为参与活动者提供各种满足人们的健身娱乐需要劳务的第三产业。它既具有第三产业的一般特点，也具有自身的特点。在大众体育健身娱乐活动日益普及与社会化发展进程推动下,该行业已成为世界上许多国家体育产业中的支柱行业。据有关调查统计,瑞典家庭仅用于体育健身活动的总开支从1985年的9.75亿克朗增至1992年的27.18亿克朗,8年间增幅高达近2倍。法国的体育产业以健身娱乐业为主,法国现有各类体育俱乐部17万个,正式注册会员1250万人(其中职业运动员4000名),占全国人口的73.9%。由于体育人口众多,因而法国大众体育消费水平很高,1993年人们用于体育健身娱乐服务的消费支出总额就高达409亿法郎。据美国学者1995年的统计,在全国体育总产值中,平均每1美元的产值中,来自健身与休闲体育活动市场的收入为0.68美元。1995年,澳大利亚体育健身服务业的总收入为9.316亿澳元,占体育产业总收入的23.9%,居第一位。1996年,韩国体育器材与体育健身服务业的总产值为27000亿韩元,其中体育器材的产值为12000亿韩元,占44.5%,体育健身服务业的产值为15000亿韩元,占55.5%。由于健身娱乐市场的大规模发展和大众体育消费水平的大幅度提高,体育给各国健身娱乐企业带来可观的经济效益。体育健身娱乐市场的发展,在一定程度上满足了人们的健身需要,同时企业也取得了一定的经济效益,这对促进全民健身活动的开展与经济建设起到了一定的作用。通过对甘肃省体育健身娱乐市场进行调查,与具有代表性的北京、浙江地区体育健身娱乐业予以比较,对其中存在的问题进行了比较分析,提出了相应的对策。以求达到推动体育健身娱乐市场持续、健康、稳定的发展。

二、甘肃省健身娱乐业现状

随着我省国民经济的快速增长和人民生活水平的不断提高,我省城乡居民体育锻炼和体育消费意识不断增强,体育消费支出不断增加,满足广大人民群众多元化体育健身需求的全民健身服务业也同时得到快速发展。一些深受广大群众喜爱的体育娱乐项目和健身场馆逐步成为社会投资的热点,健身服务投资多元化的局面正在形成。据调研,全省共有各类体育场馆8930个(甘南、临夏两州未调研),其中体育系统182个,各类学校6165个(城市社区1676个,农村乡镇967个),宾馆等服务行业561个。截至2003年底,全省共有不同所有制健身服务业经营单位3965个,其中个体民营经济投资兴建的全民健身服务业单位1054个,占36%;健身服务业从业人员25172人,其中个体健身服务业从业人员10896人,占总数的43%;个体民营经济投资兴建全民健身服务业总金额近4000万元,并且呈明显的快速发展趋势;2002年—2003年全省个体健身服务经营收入约500万元。全省经常开展的体育经营活动项目有十几类,群众首选的项目依次是健身、棋牌、垒球、乒乓球、羽毛球、保龄球等项目。经常参加活动的人数平均每月达到90多万人次。在我省全民健身服务业发展中,个体健身服务业单位占有明显比重,为繁荣健身服务业市场,满足广大人民群众健身需求,促进体育产业发展,扩大就业渠道,正在发挥着重要的作用。不足之处是他们所拥有的固定资产少、发展规模小、市场竞争力弱、经济效益偏低,从业人员整体素质有待进一步提高。

三、比较分析甘肃省健身娱乐业市场存在的问题

1.经济发展水平对体育健身娱乐消费的制约

(1)投资与利润状况

北京的体育娱乐企业中,港澳台资产所占份额较大。2003年体育娱乐业规模以上企业总资产达37亿元,其中与港澳台合资、合作企业19家,资产达14亿元,所占份额达39%;其他注册类型依次为国有集体企业占18%,中外合资、合作与其他有限责任公司均占13%,

私营有限责任公司为6%。全市各级各类体育休闲场所吸引了众多体育爱好者和消费者，全市经常参加体育锻炼人数达到543.79万人，占全市常住人口的比重达49.47%。休闲项目主要集中在游泳、保龄球、台球、乒乓球、网球、健美及棋类，共创收41.15亿元，比前一年增长26.62%；吸纳从业人员3.1万人。全民健身和体育休闲的热潮推动了体育健身场所的发展。2000年浙江省健身娱乐业经营单位数近3000家，年营业收入8.3亿元。2002年健身娱乐业经营单位数5870家，年营业收入10.6亿元，利润1.4亿元。浙江省健身娱乐市场的供给方具有显著的浙江经济特征，即民营经济所占的结构比例较大，占70%。但相对规模较小，民营企业的收益情况明显好于其他经济类型企业，民营企业占全部企业利润的66.4%。甘肃省个体民营经济投资兴建全民健身服务业总金额近4000万元，2002年—2003年全省个体健身服务经营收入约500万元。

(2)居民体育消费水平低，体育人口数量低

2002年北京市居民人均文化、体育娱乐服务支出403.9元。全市各级各类体育休闲场所吸引了众多体育爱好者和消费者，全市经常参加体育锻炼人数达到543.79万人，占全市常住人口的比重达49.47%。浙江省对居民健身娱乐消费情况的调查结果显示：居民家庭健身娱乐年支出平均为379.6元，人均为127元，消费水平相对较低，这与浙江的社会经济发展水平很不相称。同时在调查中还发现居民的体育实物型消费显著高于参与性消费，实物型消费占健身娱乐消费支出的47.6%，而参与性消费只占11.0%。这也是供给市场发展中面临的一个“瓶颈”，即“消费需求不足”。据甘肃省体育局统计资料显示，“九五”末全省经常参加体育锻炼和活动的人数增加到870万，占全省总人口的33.96%；我省体育消费水平是很低的，这种疲软的体育消费必然导致疲软的体育市场，并影响人们健康的体育生活

方式的形成。

3.市场定位盲目

供给方的定价偏高，超出需求方的承受能力，消费者认为消费价格高或偏高。在人们健身娱乐消费观念还不十分强烈的情况下，价格依然成为左右消费的“指挥棒”；健身娱乐项目设置不能满足消费者的需求，卫生设施大多不合格，造成了无法经营的局面；健身娱乐场所布局不合理，健身场所的地理位置是健身娱乐业的主要影响因素。目前健身娱乐场所主要位于城市的繁华地段，许多隶属于宾馆饭店。而城乡居民的居住地却不断地向市郊、城郊迁移，从而导致已有的健身场所不能被充分地利用。

四、健身娱乐市场协调发展的思路

1.加强政策支持与宣传力度

根据体育社会化、产业化的发展趋势，通过政策倾斜和市场的价格杠杆，调整和优化现有的项目结构，大力发展符合消费者需求的健身娱乐项目。加强规划和引导，提供优质服务，政府部门要通过制定相应的政策和发展规划，向健身娱乐经营单位提供市场信息咨询，组建各类健身娱乐行业协会等有效措施，进行合理的规划和政策引导，实现健身娱乐市场资源的合理配置，促进市场的健康协调发展。我省体育健身娱乐市场的管理状况随着我国社会主义市场经济的不断发展和广大人民群众物质文化的不断改善，体育健身娱乐市场有了很大的发展，为了促进体育事业的繁荣、发展，丰富人民群众的文化生活，提高人民群众的身体素质，保护消费者的利益，推动体育健身娱乐市场的健康发展，从中央到地方都制定了一系列的法律和法规。加强健身娱乐消费观念的宣传和引导，加大健身娱乐市场的宣传力度，进一步加强人们对科学地进行健身娱乐的价值和意义的认识,提高自觉性和积极性,促使更多的人参与健身娱乐消费。

2.注重市场调查,细分体育市场

了解消费需求,把握消费者消费水平的变化动态,遵循健身娱乐市场的客观经济规律,放宽市场准入门槛,充分利用社会资源,鼓励和引导参与健身娱乐市场的开发。根据健身娱乐消费的需求多元化特点,细分消费市场开发适合不同需求层次的健身娱乐市场。注重多种经营和多项目的开发,挖掘我国民间传统的健身娱乐项目,扩大健身娱乐市场规模,以满足消费者不同层次的健身娱乐需求,并通过提高经营管理水平,加强内部管理,改善服务质量,树立良好的企业形象,以吸引更多的人进行体育消费。

3.开拓经营领域

(1)开拓经营者的数量和质量

企业效益的高低关键在于经营者。首先,要把人才问题作为发展体育健身娱乐市场的首要工作,其次,作为经营性的体育健身娱乐场所,必须经营那些社会体育资源比较稀少而大众喜闻乐见的项目。经营者不要只把眼光盯在健美操、乒乓球、羽毛球、游泳等项目上。当然,在经营项目的设置上只是一方面的改进,还必须延伸、扩展我们的体育服务范围。举办一些大型的群众性体育赛事,举办这些比赛,小则可以扬名,大则可以获利,还可以激发群众参与体育健身的积极性,培养新的体育健身消费点。目前,经营性的体育健身行业的经营者却很少涉及这些领域。

(2)开拓资源

要打破部门界限,多渠道全方位发展。我省的体育场馆大多由国家投资兴建,国有资产的基本性质决定了这些体育场馆首先面临的是管理体制问题,在国际上也有多种体制模式。不同的管理体制决定不同的运行机制,运行机制的设立与改革必须与体制配套进行。要建立一套责任明确、权力到位、利益明确的体制与机制,针对目前经营性体育健身娱乐场所的实际情况,开发已有的设施,在服务范围上进行大的结构性调整。办出自己的特色以吸引消费者,提高效益,增加利润。

参考文献

[1]卢元镇.中国体育社会学[M].北京:北京体育大学出版社,2000.

[2]符国群.消费行为学[M].武汉:武汉大学出版社,2000.

[3]刘可夫.论体育市场构成及运行特征[J].体育科学,1998,18(3):21-23.

[4]中国体育市场研究[M].国家体育总局政策法规司,2000,6.

[5]国家体育局.2001—2010年体育改革与发展纲要,2000,12.

[6]王乔君,童莹娟,李建设.浙江省健身娱乐业供给市场与需求市场的调查研究[J].北京体育大学学报,2004,5.

[7]耿力中.体育市场策略与管理[M].北京:人民体育出版社,2002.

甘肃省分地区成年人体质动态变化比较分析

王世哲

摘要：通过对比1997年—2005年甘肃省兰州、武威、天水三地区国民体质监测20岁—59岁成年人相关指标数据。旨在研究甘肃省不同地区成年人的体质特征和变化规律；了解成年人的体质变化趋势及特点；为制定全民健身计划的实施方案提供依据；提高全民健康水平。

关键词：甘肃省；成年人；国民体质；对比分析

成年人是一个国家进行建设的中坚力量，成年人的体质状况对一个国家的未来发展具有重要的影响和不可忽视的作用。本文纵向分别比较了1997年、2000年和2005年甘肃省兰州、天水、武威三地区三次大样本成年人体质监测的相同指标，且与全省国民体质相比较。比较三地区成年人体质变化特点与规律，分析不同地区成年人体质状况变化趋势及相互之间内在联系。揭示三地区成年人体质变化的异同点，为制定提高国民体质健康水平措施提供参考。

一、研究对象和方法

1.研究对象

甘肃省天水、兰州、武威三市随机抽取成年人(见表1)。

表1 1997年—2005年甘肃省三地区样本分布

	2005年		2000年		1997年	
地区	男	女	男	女	男	女
兰州	850	842	1109	1067	1043	966
天水	842	840	837	964	999	875
武威	840	842	889	843	1001	872

2.研究方法

(1)文献资料法

利用文献资料,查阅1997年和2000年甘肃省国民体质调查结果。所有初始数据均来自《2000年甘肃省国民体质现状》和《2005年甘肃省国民体质研究报告》两本书。

(2)数理统计法

对体质指标的数据采用SPSS11.5统计软件进行统计处理。

二、结果与分析

表2 1997年—2005年甘肃省三地区体质指标(男)

指标	2005年			2000年			1997年		
	兰州	天水	武威	兰州	天水	武威	兰州	天水	武威
身高	170.46	169.29	170.39	169.55	169.37	169.44	169.21	167.92	170.49
体重	67.5	66.5	69.06	66.58	66.56	68.24	64.68	63.04	66.94
克托来指	392.49	405.08	392.32	392.64	402.52	381.44	375.13	392.38	395.94

续表2

指标	2005年			2000年			1997年		
	兰州	天水	武威	兰州	天水	武威	兰州	天水	武威
肺活量	3282	3322.9	3322.6	3589.5	3568.2	3481.3	3319.6	3291.2	3408.5
台阶指数	56.3	61	57.27	55.72	57.52	58.01	56.26	55.59	62.9
坐位体前屈	4.8	6.17	5.21	6.51	8.27	6.98	9.74	8.26	3.87
握力	50.3	45.04	45.27	44.69	48.16	45.3	44.52	46.63	43.63
纵跳	34.8	34.28	32.45	31.26	30.3	30.98	36.9	40.02	34.97
俯卧撑	12	17	17.25	18.6	17.6	16.8	18.87	18.93	20.5

体质指标均值t检验差异有显著性($P<0.05$)

表3 1997年—2005年甘肃省三地区体质形态指标(女)

指标	2005年			2000年			1997年		
	兰州	天水	武威	兰州	天水	武威	兰州	天水	武威
身高	158.4	158.38	158.78	158.27	157.57	157.66	158.93	156.81	160.52
体重	56.7	56.78	56.98	55.81	57.13	57.93	55.3	55.97	56.06
克托来	357.8	358.42	358.59	354.83	362.26	367.13	347.74	356.7	348.87
肺活量	2251.9	2167.9	2092.2	2432.2	2481.4	2384.8	2437.6	2386.8	2494.6
台阶指数	60.29	61.55	60.57	63.49	59.56	56.31	57.8	55.71	54.86
坐位体前屈	7.97	9.35	9.61	13.96	9.77	9.89	10.7	9.57	4.29
握力	29.78	27.14	27.78	27.1	28.7	27.8	29.65	31.09	28.95
纵跳	22	21.84	20.55	17.67	18.8	19.5	26.32	25.56	25.26
仰卧起坐	14.1	15.8	14.3	12.47	8.77	9.33	14.45	9.61	13.11

体质指标均值t检验差异有显著性($P<0.05$)

表4 1997年—2005年甘肃省国民体质形态指标

指标	2005年		2000年		1997年	
	男	女	男	女	男	女
身高	169.9	158.4	169.5	157.9	169.2	158.8
体重	67.7	56.2	67.1	57	64.8	55.8
克托来指数	398.45	355.34	395.6	360.7	383	351
肺活量	3335	2154	3496	2437	3338	2440
台阶指数	57.5	60.4	57	57.9	56.1	56.2
坐位体前屈	5.3	8.5	7.2	8.9	7.3	8.3
握力	45.6	27.6	45.9	27.9	44.3	29.8
纵跳	34	21.8	30.9	19.8	37.3	25.8
俯卧撑	20.6	-	17.7	-	19	-
仰卧起坐	14.7	10.3	13			

1.身体形态

由表2可以看出，身高变化除兰州、天水女性身高均值呈持续增长趋势，其他地区男女性身高均值整体呈降低趋势。对比全省均值，男性身高均值持续增长，女性身高2000年回升，但整体均值下降。这种现象可能与男女性的生活方式、饮食观念与习惯有关，也可能与测试人群的特征有关系。

三地区男女居民体重均呈增加趋势。体重不但反映人体骨骼、肌肉、皮下脂肪内脏器官的发育状况和人体充实度，而且可以间接地反映人体营养状况。天水和武威地区女性在2000年体重增加较多，2005年时有下降，但相比1997年还是有所增加，这与全省均值变化基本一致。

2.身体机能

通过表3得知，2005年三地区男女性肺活量整体下降，2000年度均值最大，但2005年监测指标下降幅度较大，低于1997年均值。台阶试验指数是反映人体心血管系统机能状况的重要指数。台阶试验指数值越大,则你心血管系统的机能水平越高。经常参加有氧代谢运动,可以提高心血管系统的机能水平。台阶指数指标除武威地区男性居民降低外,其他地区男女性指标均增高。这说明三地区居民心血管系统的机能水平有所提高。

3.身体素质

三地区除武威地区男性坐位体前屈均值、兰州地区男性握力均值、天水与武威地区女性仰卧起坐均值增大外,其他指标均值均呈下降趋势,说明三地区居民身体素质均呈下降趋势。对比全省均值,俯卧撑与仰卧起坐均值呈增长趋势,其他指标均值整体下降。

四、结论与建议

1.随着经济的增长,人民生活水平的提高,三地区成年人的体重出现正增长的趋势。心血管功能出现正增长的良好趋势。说明成年人经常参加有氧代谢运动,有氧代谢运动是指运动时人体需氧量和摄氧量达到动态平衡的运动。做有氧运动时,心率和呼吸保持在稳定的状态,因而持续运动时间长,脂肪消耗多,有利于改善心血管系统的功能,三地区成年男性的身体素质指标均值总体呈下降趋势。

2.成年女性的体质状况优于男性,说明成年女性比成年男性更重视体育锻炼,这与男女性生活习惯和经济收入有关。三地区相比,兰州地区握力指标均值、台阶指数指标均值增高,其他指标均值下降;天水地区女性仰卧起坐指标均值增大,台阶指数指标均值增高,其他指标均值下降;武威地区女性仰卧起坐指标均值、坐位体前屈指标均值、女性台阶指数指标均值增高,其他指标均值下降;说明三地区成年人身体素质整体呈下降趋势。参与体育运动的项目比较单一,建议有关负责单位全面掌握国民的体质与健康发展趋势,制定出健康保护与健康促进对策。

3.在居民生活水平不断提高的条件下出现的居民体能下降问题应引起有关部门足够的重视。要努力做好成年男性的健身宣传普及工作,提高体质健康水平。建议有关负责单位在体能测试的同时重点对他们的健康状况进行监测,全面掌握居民的体质与健康发展趋势。对比各地区居民体质变化特点及相应的制度措施,制定出针对性的、提高国民体质健康水平的有效措施。

参考文献

[1]杨树滨.2000年甘肃省国民体质现状[R].甘肃.兰州大学出版社,2004,4.

[2]杨树滨,陈耕.2005年甘肃省国民体质现状[R].甘肃.兰州大学出版社,2007,11.

甘肃省经济社会发展与国民体质关系研究

何步文　王世哲

摘要:采用文献资料、数理统计及统计补漏法和逻辑推理等研究方法,探讨了甘肃省经济社会发展水平对成人体质的影响,提出了体质“假说”,结论认为经济社会发展水平对成人体质的影响程度不同,“假说”得到了理论印证。

关键词:经济社会;成人体质;关系;影响

随着经济社会的不断发展,体质与健康已经成为人类全面发展的重要部分。从社会发展的角度看,国民体质的强弱,既关系到每个人身体健康和自身发展问题,也关系到一个民族发展和国家前途的战略问题。因而国民体质与经济社会之间双向关系的研究是社会发展的趋势与需要。为此本文依据甘肃省成人(20岁—59岁)体质的变化特点与规律,统计分析社会经济发展对国民体质水平的影响,探求经济社会发展与成人体质发展的关联问题。本章旨在为国民体质监测和大众体质的健康发展提供理论依据,并为政府部门和社会机构制定相关政策提供参考。

1.研究对象

筛选甘肃省经济社会发展指标29项,国民体质指标12项,运用统计学方法进行相关分析剔除非相关指标,最终确定经济社会发展指标11项、国民体质指标10项(参见表1)。

表1 社会经济发展指标与体质指标一览表

经济社会指标	简称*	体质指标
国内生产总值	GDP	身高(cm)
人均国内生产总值	人均GDP	体重(kg)
全社会固定资产投资	固定投资	肺活量
职工平均工资	职工工资	台阶指数
社会最终消费	社会消费	握力
居民消费	居民消费	纵跳
全社会零售总额	零售总额	坐位体前屈
各级学校在校学生占总人数百分比	学生比例	俯卧撑(仰卧起坐)
卫生机构技术人员数	卫生人员	单脚闭眼站立
工会干部	工会干部	
工会基层组织数	工会组织	

注:*为表格的简单化,以下表中经济社会指标均用简称表示。

在体质指标选择上,依据从1997年开始在全国范围内进行的国民体质监测与统计所运用的体质指标。我们力求选择最具代表性的成人体质发展指标,从形态、机能到身体素质等诸方面。而经济社会指标选择则参阅国家经济发展指标和社会发展指标。之所以选取以上所列指标,我们考虑到指标的选取要既符合比较全面原则,同时数据又能够比较容易得到,且得到的数据具有较高的可靠性和准确性。为此经济社会发展指标与体质指标相关分析以此为基础，尽可能在某一时间点或时间段上寻求其二者的相关性，并力求使统计分析符合科学性并较真实反映事实。

2.研究方法

采用数理统计法和逻辑推理，运用统计补漏法对缺失数据进行了补漏处理，力求达到数据上的连续性和可操作性，所有数据用SPSS12.5进行处理。

3.结果与分析

(1)关于经济社会发展与国民体质发展的假说

①经济社会的高速发展必将伴随生活水平的提升和生活质量的改善，引起成人身高和体重的相对增长，形成成人身体形态的横向发展(如肥胖等)和身体机能的退行性变化。

②经济的发展和科技水平的提高所引起的生产方式、生活方式和生活环境的改变，将导致成人身体素质的退行性变化。

③经济社会高速发展必将导致有闲时间的增加，随之而来为人们的休闲(部分的对体质或体力需求的偏好者)提供时间上的可能性。

(2)经济社会发展与国民体质相关性分析

基于成年人作为经济社会建设的中坚力量，其体质水平对社会的发展具有一定的影响因素。为此我们力求在经济社会发展指标和成人体质发展指标的变化中寻求其相关性，而对二者的相关分析则为我们的假说提供一点理论支持。

①成人身体形态与经济社会发展关系分析

表2 男性身体形态、体质与社会经济发展指标

		身高	体重	肺活量	台阶指数	握力	俯卧撑
GDP	r	−0.179	0.004	−0.976**	0.957**	−0.779*	0.711*
	p	0.644	0.992	0.000	0.000	0.013	0.032
人均GDP	r	−0.165	−0.011	−0.976**	0.951**	−0.768*	0.720*
	P	0.672	0.977	0.000	0.000	0.016	0.029
固定投资	r	−0.280	0.107	−0.972**	0.988**	−0.847**	0.639*
	p	0.466	0.784	0.000	0.000	0.004	0.064
职工工资	r	−0.238	0.062	−0.983**	0.983**	−0.826**	0.673*
	P	0.538	0.874	0.000	0.000	0.006	0.047
社会消费	r	−0.107	−0.069	−0.982**	0.937**	−0.733*	0.760*
	P	0.748	0.861	0.000	0.000	0.025	0.018
居民消费	r	0.118	−0.058	−0.987**	0.945**	−0.744*	0.755*
	P	0.762	0.883	0.000	0.000	0.022	0.019
零售总额	r	−0.245	0.072	0.977**	0.980**	−0.826**	0.666
	P	0.525	0.855	0.000	0.000	0.006	0.050
存款余额	r	−0.227	0.053	−0.982**	0.978**	−0.817**	0.680*
	P	0.577	0.894	0.000	0.000	0.007	0.044
学生人数	r	0.362	−0.228	0.686*	−0.748*	0.718*	−0.325
	P	0.339	0.552	0.041	0.021	0.029	0.393
卫生人员	r	0.744*	−0.678*	0.358	0.586	0.765*	0.152
	P	0.021	0.045	0.344	0.097	0.016	0.695
工会组织	r	−0.188	0.015	−0.834**	0.816**	−0.685*	0.574
	P	0.629	0.969	0.005	0.007	0.042	0.106
工会干部	r	0.272	−0.127	0.840**	−0.865**	0.762*	−0.514
	P	0.478	0.744	0.005	0.003	0.017	0.157

** Correlation is significant at the 0.01 level (2-tailed)

* Correlation is significant at the 0.05 level (2-tailed)

成年男女身体形态总体趋势是身高均值呈随年龄的增长而增长趋势，且增幅较小，体重均值则呈逐年增长趋势，而增幅较大，也就说成年男女在1997年—2005年时间段身高和体重呈不断增长趋势，统计结果印证了人体生长发育规律(即从出生到中年身高发展趋势呈单驼峰形、体重发展则呈不断增长趋势)。但相关性分析显示社会指标“卫生机构技术人员数量”与男女身高呈正相关、与男女体重呈负相关，而其他经济、社会发展指标与成年男女形态指标无关。身高指标求证了假说1，体重指标反证了假说1。总体来说成年男女身体形态的发展现实与经济社会发展无关，更进一步地说明经济和社会的发展现实无法改变人体基本生长规律，同时证明了自然规律的不可抗拒性。

②成年人身体素质与经济社会发展关系分析

成年男女肺活量除与社会指标“卫生机构技术人员拥有数”无关外，与其余经济、社会指标均呈负相关，也就是说经济社会的发展对成年人耐力素质的影响是随经济社会发展水平的提高而呈下降趋势，这也正好印证了成年男女肺活量素质指标的发展趋势，同时印证了假说2(见表2)。

反映成年男女心血管系统的指标台阶指数与经济发展指标呈正相关，而男性则与社会发展指标呈正相关、女性与社会发展指标呈负相关。也就是说成年男女心血管机能水平有随经济发展水平的提高而提高的趋势，这一结果反证了假说2，女性指标则求证了假说2。而随社会发展水平的提高男性心血管机能呈提高趋势、女性则呈降低趋势。这一结果男性反证了假说2，女性求证了假说2。

反映成年男女上肢力量指标握力与经济呈负相关，而与社会指标呈正相关(除与工会组织一项呈负相关外)。也就是说成年男女上肢力量随着经济发展水平的提高呈下降趋势，而随社会发展水平则对男女上肢力量有提高趋势，前者求证了假说2，后者反证了假说2。

表3　女性身体形态、体质与社会经济发展指标

		身高	体重	肺活量	台阶指数	握力	仰卧起坐
GDP	r	−0.179	0.004	−0.976**	0.957**	−0.779**	0.711*
	P	0.322	0.496	0.000	0.000	0.007	0.016
人均GDP	r	−0.165	−0.011	−0.976**	0.951**	−0.768**	0.720*
	P	0.336	0.489	0.000	0.000	0.008	0.014
固定投资	r	−0.280	0.107	−0.972**	0.988**	−0.847**	0.639*
	P	0.233	0.392	0.000	0.000	0.002	0.032
职工工资	r	−0.238	0.062	−0.983**	0.983**	−0.826**	0.673*
	P	0.269	0.437	0.000	0.000	0.003	0.024
社会消费	r	−0.107	−0.069	−0.982**	0.937**	−0.733*	0.760**
	P	0.392	0.430	0.000	0.000	0.012	0.009
居民消费	r	−0.118	−0.058	−0.987**	0.945**	−0.744*	0.755**
	P	0.381	0.442	0.000	0.000	0.011	0.009
零售总额	r	−0.245	0.072	−0.977**	0.980**	−0.826**	0.666*
	P	0.263	0.427	0.000	0.000	0.003	0.025
存款余额	r	−0.227	0.052	−0.982**	0.978**	−0.817**	0.680*
	P	0.278	0.447	0.000	0.000	0.004	0.022
学生人数	r	0.362	−0.228	0.686*	−0.748*	0.718*	−0.325
	p	0.169	0.278	0.021	0.010	0.015	0.197
卫生人员	r	0.744*	−0.678*	0.358	−0.586*	0.765**	0.152
	P	0.011	0.022	0.172	0.049	0.008	0.348
工会组织	r	−0.188	0.015	0.834**	0.816**	−0.685*	0.574
	P	0.314	0.484	0.003	0.004	0.021	0.053
工会干部	r	0.272	−0.127	0.840**	−0.865**	0.762**	−0.514
	P	0.239	0.372	0.002	0.001	0.008	0.078

** Correlation is significant at the 0.01 level (2-tailed)

* Correlation is significant at the 0.05 level (2-tailed)

而反映成年男性上肢力量的另一体质指标俯卧撑与经济指标呈正相关(其只与全社会零售总额一项指标无关,但也接近临界水平),与社会指标无关。说明经济水平的发展对男性上肢力量的提高有帮助作用,这一点反证了假说2。

而女性腰腹力量指标与经济发展指标呈正显著相关、与社会发展指标无关。结果反证了假说2,也就是说相关分析结果说明成人腰腹力量随经济的发展而有提高趋势(见表3)。

③男性体质与恩格尔系数关系分析

表4 男性体质与恩格尔系数一览表

	坐位体前屈	握力	俯卧撑	闭眼单脚站立	身高	体重	肺活量	台阶指数
城镇居民恩格尔系数	0.000*	0.239	0.000*	0.089	0.006*	0.051	0.051	0.035*
农村居民恩格尔系数	0.000*	0.148	0.005*	0.031*	0.008*	0.065	0.065	0.037*

* Correlation is significant at the 0.05 level (1-tailed)

恩格尔系数是指居民日常食品支出所占消费支出的百分比,它反映居民生活水平,统计结果表明城、乡男性身高、心血管机能、上肢力量和柔韧素质与恩格尔系数呈显著相关、农村男性平衡能力与恩格尔系数呈显著相关,而体重、肺活量、握力等指标与恩格尔系数无关,也就是说城、乡居民生活水平对男性身体形态、机能和身体素质的影响不是全面的,而是部分的。这一结果部分地支持了假说1、2(见表4)。

④女性体质与恩格尔系数关系分析

表5 女性体质与恩格尔系数一览表

	坐位体前屈	握力	俯卧撑	闭眼单脚站立	身高	体重	肺活量	台阶指数
城镇居民恩格尔系数	0.231	0.055	0.001*	0.399	0.339	0.236	0.000*	0.002*
农村居民恩格尔系数	0.309	0.065	0.002*	0.086	0.102	0.231	0.000*	0.004*

* Correlation is significant at the 0.05 level (1-tailed).

统计结果表明城、乡女性心血管机能、肺活量、上肢力量与恩格尔系数显著相关,而身高、体重形态指标和柔韧、握力和平衡能力身体素质与恩格尔系数无关。这一结果吻合了经济发展指标与体质相关性分析结果,并为假说2的求证提供了可能的支持(见表5)。

4.甘肃经济社会发展对国民体质影响的讨论与分析

(1)成人身体形态与社会经济发展的相关程度分析

从人体的发展规律看,成人身体形态表现为相对稳定状态,身高变化呈单驼峰形,并逐步出现随年龄的增长呈负增长,而体重呈正增长的发展趋势,国民体质监测结果印证了近年来成年男性身高变化趋势(成年男性身高峰值均出现在20岁—30岁年龄段,其后呈逐步下降趋势)。而身高随年龄的增长而降低,符合生物学特征。成年男性身高总体(均值)呈逐年上升趋势,尽管升幅较小。相关性统计分析结果显示,我省成人身高和体重与经济社会发展指标无关。为此依据影响人体生长发育因素遗传、自然环境、社会环境和体育锻炼等因素来考察,成年男性身体形态变化显然反证了假说1,也部分地求证了现实的经验判断(近年来全社会肥胖人数的增多和热衷于“减肥”的社会现象),统计结果从另一个侧面反映先天遗传的不可抗拒性,即经济社会的发展对遗传规律的不可改变性,也就是后天因素无法改变人体的基本生长规律(即从人类从出生到死亡和种族特征等)。

(2)成人身体机能、身体素质指标与社会、经济指标的相关程度分析

身体机能是身体素质的基础,二者互为影响、互为提高,并符合人体成长和体质发展变化的生物学规律。相关性分析显示身体机能指标与经济社会发展指标呈显著相关,显示了成人身体机能社会、经济发展存在一定的关系(这也只表现为数据指标间存在着关联,却不能就此主观判定社会、经济的发展作用或影响着体质发展指标)。这也正好符合体质内涵,即体质指标的现实性主要依赖于生活环境、营养、卫生、身体锻炼等后天因素,而影响体质指标的这些后天因素在不同程度上都要受到社会经济发展状况的制约和影响。但我们认为,经济的发展和社会的进步将会为国民提供包括体育健身等一系列社会活动的物质条件、政策保障和时间上的可能性。但并不能就此认定社会和经济的发展必然转换为身体机能和身体素质的提高(近年来体质监测结果部分地印证了这一点),因为对身体素质起决定作用的是后天的科学健身与体育锻炼。

国民体质调研结果表明,近年来我省成人身体机能有上升也有下降(成年男女肺功能呈下降趋势、而心血管机能呈上升趋势)。而身体素质女性上肢力量和平衡能力呈上升趋势、腰腹力量呈下降趋势;男性下肢力量和柔韧素质呈下降趋势、上肢力量和平衡能力呈上升趋势。但纵观不同年度身体素质的发展趋势,总体呈现出其峰值在20岁—24岁年龄段,其后随年龄的增长而呈逐步下降趋势。但与经济社会发展指标的统计相关分析中,无论成年男女都表现为显著相关,不同的是肺活量呈负相关,台阶指数呈正相关。握力呈负相关、俯卧撑(仰卧起坐)呈正相关。从理论层面反映了身体机能、身体

素质和社会经济发展呈显著相关。但我们认为,身体机能和身体素质的下降和与社会经济指标的负相关,原因主要表现为政府为群众健身所投入的公共资源和服务的严重缺乏以及成人缺乏足够的体育锻炼、体育观念落后等。体育健身资源配置短缺和公共服务的稀少,影响和制约着国民健身的实践行动。由于多年来计划体制所形成的政府指令—单位组织—群众参与的体育活动形式的藩篱影响,造就大众性体育活动为组织行为,而非公众生活需求。同时由于中国社会由贫困进入温饱并逐步向小康社会的社会转型期,在众多生活选择中体育健身活动的选择机会基本为零,而生活和文化思想的现实问题,影响着公众对自身健康和体育促进健康的认识和实践活动,总之,影响成人体质的因素众多,经济社会因素只是其中之一。

由于城乡居民可支配(纯)收入差距的显著(如表6)以及以上原因,城镇与农村相比较,城镇居民体质一般高于农民,差异明显,农民的体质只有靠劳动"补偿",而体育的文化娱乐性和健身性,也只有在传统节日和喜庆活动中有所表现,其他基本属于空白,为此城、乡成人体质的差异也就成为现实存在,其实历次国民体质监测结果也证明了这一点(我省城、乡成人体质存在显著差异,城镇居民体质明显好于农民)。

表6 城乡居民可支配(纯)收入一览表(1997年—2005年)

年度	1997	1998	1999	2000	2001	2002	2003	2004	2005
城镇	3592.43	4009.61	4475.23	4916.25	5382.91	6151.42	6657.24	7376.74	8086.82
农村	1210.0	1393.05	1412.98	1428.70	1508.61	1590.3	1673.0	1852.0	1980
相差倍数	2.96	2.88	3.17	3.4	3.6	3.9	3.9	3.98	4.1

*依据甘肃省统计年鉴整理

(3)社会经济的发展带来了人们生活方式的改变,导致有闲时间的增加,为大众休闲(部分对体质或体力需求的偏好者)提供时间上的可能性。

国家统计局甘肃调查队首次在全省范围内就城乡居民(15岁—75岁)一天生产、生活娱乐和休息所占用的时间进行了调查,结果显示,我省城乡居民收入越高,有酬劳动时间越短。

从表7所示的调查结果可以看出,城乡居民用于生产和学习培训时间为6小时7分钟,占24小时的25.5%,而睡觉休息、用餐及其他饮食活动、家务和交通活动等必需时间为14小时8分钟,剩余3小时45分钟的可支配时间,包括看电视、看报、个人卫生活动和健身、娱乐、休闲和社会交往,可以看出居民一天24小时的时间利用中,在理论上完全有可支配的休闲时间,且不少于3小时,这一结果支持假说3。

我省居民用于包括健身、娱乐休闲和社会交往的时间是47分钟,占24小时的3.25%,若将这部分时间全用在健身项目上,方可保证科学健身的最低有效时间(每次健身活动不少于30分钟),显然在24小时中居民存在选择健身时间的可能性。

从表8可以看出,我省居民有酬劳动时间与收入成反比、与休闲娱乐时间成反比,也就是说收入越高,付出的有酬劳动时间越少,而得到的休闲娱乐时间越多,相反收入越低,付出的有酬劳动时间越多,而得到的休闲娱乐时间越少。这表明无论收入多少或有酬劳动时间多少都有可选择的休闲时间,这一结果同样支持假说3。

表7 城乡居民一天(24小时)时间利用一览表

分配项目	上班	睡觉	用餐	个人卫生	看电视	看报纸	健身休闲	学习培训	家务	交通
城乡	5h8m	9h10m	1h43m	47m	1h50m	25m	47m	59m	2h4m	1h11m

注:为书写方便小时用"h"代替、分钟用"m"代替;健身、休闲项目还包括娱乐和社会交往。

表8 城乡居民收入与有酬劳动时间和休闲时间一览表

收入	500元以下	2000元~5000元	5000元~10000元	10000元以上
有酬劳动时间	6h20m	4h46m	4h25m	不足1h
休闲娱乐时间	不足1h	2h52m	3h33m	4h5m

5.结论

(1)统计指标显示甘肃省成人身体形态表现出向“纵、横”方向发展趋势。而研究结果表明经济社会发展指标与成人身体形态无关,这一结果说明经济和社会的发展现实无法改变人体基本生长发育规律,同时证明了自然规律的不可抗拒性,并反证了假说1,求证了现实的经验判断,但二者并不矛盾。

(2)甘肃经济、社会发展指标对成人身体机能的影响表现出明显的差异性,相关性研究结果显示,经济、社会发展指标与成年男性肺通气能力呈负相关,而与成年女性则呈正相关;成年男性心血管功能与经济、社会发展指标呈正相关,而经济指标与成年女性呈正相关,与社会指标呈负相关,也就是说经济社会发展水平对成人身体机能的影响程度不同,并部分地求证了假说1。

(3)甘肃成人身体素质呈逐步提升趋势,社会经济发展对成人身体素质的影响男女有别,差异显著,力量素质和耐力素质成年男性反证了假说2,成年女性则既求证了假说2,也反证了假说2,即后天因素的改变对成人身体素质的影响程度也是不尽相同的。

(4)社会经济的发展为居民提供了选择健身休闲在时间上的可能性和基本条件,但社会经济发展并不意味人们身体机能、身体素质的一定提高。本文仅对甘肃省成人体质与社会经济发展之间的关系进行了相关分析,其相关性也只是统计上或者理论上的分析,对本章的许多初步成果未做进一步深入的验证,而更准确地揭示体质变化与社会经济发展之间的内在关系还需进行更深入的研究。

(5)城乡经济社会的发展和生活方式的差异是城乡居民体质差距的重要原因,而经济发展和生活方式的差异是有多种因素造成的,但生活方式的改变不完全取决于经济发展。为了提高农村人口的体质水平,政府应大力改善和扶持农村基础设施发展,并引导和提倡积极健康的生活方式。

(6)成人体质的发展具有明显的阶段性,它随人的生长发育到死亡而发展和衰亡。对体质及其相关问题的研究是人类全面发展的一个重要方面,其对减轻社会保障压力的隐性体现(如疾病的减少、人力资源质量的提高等)以及家庭和社会的和谐健康具有现实意义。

参考文献

[1]杨树滨.2000年甘肃省国民体质现状[C].兰州大学出版社,2004,4.

[2]杨树滨,陈耕.2005年甘肃省国民体质现状[C].兰州大学出版社,2007,11.

[3]国家体育总局.1997年中国成年人体质监测公报[Z].1998,8.

[4]甘肃年鉴委员会编.甘肃年鉴[M].中国统计出版社,1998—2006.

甘肃省成年人体质动态分析与对策研究

王世哲　何步文

摘要:依据甘肃省成年人国家体质监测统计数据(1997年、2000年、2005年),用数理统计和逻辑分析方法,对甘肃省成年人体质特征和变化规律进行了研究和分析。结论认为甘肃省成年人体质整体水平低于全国平均水平,并提出了建议。

关键词:成年人;体质;动态分析;对策;甘肃

我国从1997年开始实行国民体质测定工作,其目的是对国民进行体质测定,评定体质状况,检验体育锻炼的具体效果,寻找增强体质的有效方法和途径,指导国民科学健身,不断提高国民的体育健身意识,从而促进国民体质的健康发展。近年来,就国民体质研究问题,针对青少年体质研究较多,而对成人体质研究较少,为此本文重点对甘肃省成年人国民体质现状及发展趋势做以梳理和分析,其目的是为大众体育政策的制定提供基础资料。

一、研究对象和方法

(一)研究对象

1997年、2000年、2005年、2010年甘肃省成年人体质状况抽样调查样本。

(二)研究方法

1.文献资料法。查阅相关国民体质研究报告及资料。

2.数理统计法。所有数据采用SPSS12.0统计软件进行处理。

3.对比分析法。对三年的相关数据进行对比分析。

二、结果与分析

1.成人体质达标率分析

表1 1997年—2005年甘肃省成年人体质达标率

		优秀(%)	良好(%)	合格(%)	不合格(%)
1997年	全国	12.1	25.9	33.4	28.6
	甘肃	9.2	18.5	47.2	25.1
2000年	全国	12.8	26	42.2	12.3
	甘肃	7.7	18.9	42.3	31.1
2005年	全国	15.5	25.8	45.5	13.2
	甘肃	11.2	23.4	51.6	13.8
2010年	全国				
	甘肃				

表1显示我省成人体质优良率均低于全国水平,其中优秀率平均低于全国水平4.1个百分点,良好率低于5.6个百分点,只有合格率高于全国水平,平均高出6.7个百分点,而不合格率除1997年外,均低于全国水平。纵观3年体质达标状况,甘肃省成人体质多处于合

格水平，体质优良者所占比例较低，但成人体质达标者呈逐渐上升趋势，统计检验差异显著($P<0.01$)。这反映出成年人体质水平整体不高，应引起足够的重视。

2.男性成人形态与机能变化分析

表2 1997年—2005年甘肃省成年人身体形态指标(男)

	样本数	身高(cm)	体重(kg)	肺活量(ml)	台阶试验指数	坐位体前屈(cm)
1997	3043	169.2±5.7	64.8±8.5	3338±594	56.1±9.9	7.3±9.2
2000	2834	169.5±5.8	67.1±9.1	3496±721	57.0±10.0	7.2±7.9
2005	5032	169.9±5.8	67.7±9.2	3335±657	57.5±9.8	5.3±7.5
2010						

表2结果显示，男性身高均值呈随年度增长的趋势，但增幅较小，差异显著($P<0.01$)，也就是说近年来成年男性身高总体有不断增高的趋势。从年龄变化看，身高总体随年龄的增大而呈下降趋势。从不同职业相比，成年男女身高均值呈现非体力劳动者、体力劳动者和农民依次下降($P<0.01$、$P<0.05$)。

男性体重均值呈增长趋势，增幅较大，差异显著($P<0.05$、$P<0.01$)，也就说近年来成年男性体重总体呈稳定增长态势。从年龄变化看，成年男性体重均值呈现随年龄增长体重上升，各群体间差异缩小。不同职业相比，男性体重呈现非体力劳动、体力劳动和农民依次下降，差异显著($P<0.05$)。

男性肺活量均值总体呈下降趋势，年均下降36ml，但下降中有上升，差异显著($P<0.05$)，间接显示，近年来成年男性耐力素质有下降趋势。从年龄变化看，成年男肺活量呈现随年龄的增大逐年下降趋势。不同职业间相比，成年男为非体力劳动者、体力劳动者和农民，

呈逐步下降趋势,差异显著($P<0.01$)。

男性台阶试验指数均值总体呈上升趋势,但上升幅度较小,差异显著($P<0.01$),表明成年男性心血管机能水平呈不断提升趋势。从年龄变化看,总趋势是随年龄的增长而下降。从不同职业相比,农民、体力劳动者和非体力劳动者依次降低趋势,这可能与体力劳动强度对人体心肺功能的影响有关。

3.男性成人身体素质动态分析

表3 1997年—2005年甘肃省成年人身体素质指标(男)(续)

	样本数	握力(N)	纵跳(cm)	俯卧撑(次)	闭眼单脚站立(sec)
1997	3043	44.3±7.6	37.3±10.0	19±9.0	16±21.0
2000	2834	45.9±7.8	30.9±6.5	17.7±8.8	23.1±28.5
2005	5032	45.6±7.0	34±7.1	20.6±9.6	23.8±22.7
2010					

由表3可以看出,男性坐位体前屈均值总体呈下降趋势,差异显著($P<0.01$),结果显示成年男性柔韧素质呈下降趋势。从年龄变化看,成年男性坐位体前屈呈随年龄的增长而呈下降趋势。从不同职业相比,农民和非体力劳动者高于体力劳动者($P<0.05$)。

男性握力均值总体呈上升趋势,但上升中有下降,差异显著($P<0.05$、$P<0.01$),结果显示成年男性手臂力量在不断增长。从年龄变化看,成年男性握力在40—44岁之前呈随年龄增长而上升趋势,而此后呈随年龄增长而下降趋势。从不同职业相比,依次从体力劳动者、非体力劳动者和农民而减小,差异显著($P<0.05$)。

男性纵跳均值总体呈下降趋势,但在下降中有上升,差异显著($P<0.05$),也就是说近年来成年男性下肢力量呈下降趋势。从年龄

变化看，成年男性纵跳随年龄增长而呈下降趋势。从不同职业相比，依次从非体力劳动者和体力劳动者高于农民，差异显著($P<0.05$)。

男性俯卧撑均值总体呈上升趋势，但在上升中有下降，差异显著($P<0.05$)，结果显示成年男性上肢力量有随年度增大趋势。从年龄变化看，成年男性俯卧撑均值呈随年龄增长而下降趋势。从不同职业相比，男性体力劳动者高于非体力劳动者和农民，差异显著($P<0.05$)。

男性闭眼单脚站立均值总体呈上升趋势，差异显著($P<0.05$)，显示成年男性平衡能力有随年度而提高的趋势。从年龄变化看，成年男性平衡能力呈随年龄增长而下降趋势。从不同职业相比，体力劳动者和非体力劳动者高于农民，差异显著($P<0.01$)。

4.成年女性身体形态和机能指标分析

表4　1997年—2005年甘肃省成年人身体形态指标(女)

	样本数	身高(cm)	体重(kg)	肺活量(ml)	台阶试验指数	坐位体前屈(cm)
1997	2713	158.8±5.4	55.8±7.6	2440±519	56.2±9.6	8.3±8.1
2000	2894	157.9±5.4	57.0±8.1	2437±537	57.9±11.0	8.9±6.9
2005	4991	158.4±5.1	56.2±7.3	2154±545	60.4±11.7	8.5±7.6
2010						

由表4可以看出，女性身高均值总体呈下降趋势，下降中有上升，差异显著($P<0.01$)，结果显示近年来成年女性身高是稳中有降。从年龄变化看，成年女性身高呈随年龄增长而下降趋势。从不同职业相比，依次从体力劳动者、非体力劳动者和农民而减小，差异显著($P<0.01$)。

女性体重均值总体呈上升趋势，上升中有下降，差异显著($P<0.01$)。结果显示成年女性体重是稳中有升。从年龄变化看，成年女

性体重呈随年龄增长而上升趋势。从不同职业相比，成年女性体重各职业间无差异。

女性肺活量均值总体呈下降趋势，差异显著（$P<0.01$），结果显示成年女性耐力素质呈下降趋势。从年龄变化看，成年女性肺活量呈随年龄增长而逐渐下降趋势。从不同职业相比，依次从非体力劳动者、体力劳动者和农民而减小，差异显著（$P<0.01$）。

台阶试验指数均值总体呈上升趋势，差异显著（$P<0.01$、$P<0.05$），结果显示成年女性心血管系统机能有不断提升的趋势。从年龄变化看，成年女台阶试验指数呈随年龄增长而下降趋势。从不同职业相比，非体力劳动者和体力劳动者之间无差异，而农民明显高于非体力劳动者，差异显著（$P<0.01$）。

5.成年女性身体素质指标分析

表5　1997年—2005年甘肃省成年人身体素质指标（女）（续）

	样本数	握力（N）	纵跳（cm）	仰卧起坐（次）	闭眼单脚站立（sec）
1997	2713	29.3±5.3	25.8±7.2	13.0±9.0	13±15.0
2000	2894	27.9±5.5	19.8±4.6	10.3±9.8	23.5±31.6
2005	4991	27.6±5.6	21.8±5.5	14.7±9.8	19.7±17.6
2010					

女性坐位体前屈均值总体呈上升趋势，但在上升中有下降，差异显著（$P<0.05$）。显示成年女性柔韧素质在不断提升。从年龄变化看，成年女性坐位体前屈呈随年龄增长而逐年下降趋势。从不同职业相比，女性非体力劳动者和非体力劳动者高于农民，差异显著（$P<0.01$、$P<0.05$）。

由表5可以看出，成年女性握力均值总体呈下降趋势，差异显著（$P<0.01$），数据显示成年女性手臂力量呈不断下降趋势。从年龄变化看，成年女性握力呈随年龄增长而下降趋势。不同职业相比，体力

劳动者、非体力劳动者和农民依次下降，差异显著（$P<0.01$、$P<0.05$）。

女性纵跳均值总体呈下降趋势，在下降中有上升，差异显著（$P<0.05$），数据显示成年女性下肢力量有下降趋势。从年龄变化看，成年女性纵跳呈随年龄增长而下降趋势。不同职业相比，非体力劳动者、体力劳动者和农民依次下降，差异显著（$P<0.01$）。

女性仰卧起坐均值总体呈上升趋势，在上升中有下降，有差异但无统计学意义，数据显示成年女性腰腹力量有不断增长趋势。从年龄变化看，成年女性仰卧起坐呈随年龄增长而逐步下降趋势，降幅较大。从不同职业相比，体力劳动者、非体力劳动者和农民依次下降，差异显著（$P<0.01$）。

女性闭眼单脚站立均值呈上升趋势，在上升中有下降，有差异但无统计学意义。数据显示成年女性平衡能力在不断提升。从年龄变化看，成年女性闭眼单脚站立呈随年龄增长而下降趋势。不同职业相比，非体力劳动者、体力劳动者和农民依次下降，差异显著（$P<0.01$）。

三、结论和建议

1.身体形态

从形态指标看近年来成年男性身高在逐步增高、女性身高在逐步降低，男女体重则逐年增长，成年男女身体形态总体呈“苗条”形的标准型形态。

不同职业成年男女性身高和男性体重均呈现出非体力劳动者和体力劳动高于农民，而女性体重不同职业间无差异。

2.身体机能

我省成年男女心肺机能呈良好水平，且男性优于女性，差异显著。不同职业相比肺功能则非体力劳动者好于体力劳动者,农民最差。但心血管机能则呈现出农民好于体力劳动者,非体力劳动者最差。

3.身体素质

我省成年男女柔韧及上、下肢力量素质呈下降趋势,但女性腰腹力量和男女平衡素质有上升趋势,且差异显著。

不同职业成年男女身体素质总体趋势是非体力劳动者好于体力劳动者,农民最差。

4.我省成年人体质整体水平处于全国平均水平以下,成年人作为经济社会建设的主力军其体质状况应引起高度重视。建议政府加强自身健康与科学健身意识,建立和健全惠及全民的公共性制度和策略是提升成年人体质健康水平的制度保障。

5.加强社会健身资源合理配置,倡导多元健身服务格局,建立亲民、便民、利民的全民健身服务体系。

6.加大农村基础设施投入,政府及相关部门要特别关注农民的体质健康问题,引导和帮助农民提高其健康水平。

7.开展以社区(乡、村)为中心,以体育赛事为引导,多渠道开展群众性健身活动,提高大众体质健康,引领健康生活方式。

参考文献

[1]国家体育总局.1997年中国成年人体质监测公报[Z],1998,8.

[2]杨树滨.2000年甘肃省国民体质现状[C].兰州大学出版社,2004,4.

[3]杨树滨,陈耕.2005年甘肃省国民体质现状[C].兰州大学出版社,2007,11.

甘肃省成年人体质动态变化及成因分析调查

王世哲

摘要：通过对比1997年—2005年甘肃省成年人体质整体变化与分地区变化状况，揭示甘肃省成年人体质的发展变化特点。并对影响国民体质水平的成因进行分析与调查。为制定全民健身计划的实施方案提供依据。提高全民健康水平。

关键词：甘肃省；成年人；体质变化；成因；全民健身

和谐社会的构建与全民健身事业的发展之间具有相辅相成的关系。和谐社会的构建是全民健身事业科学发展的基础。同时，全民健身事业的发展，将会在促进社会公平、和谐社会、人际关系、维护社会稳定等方面发挥较大作用。甘肃省为经济欠发达地区，改革开放30年来，体育事业有了突破性发展。基础设施不断完善，群众体育蓬勃开展，竞技体育屡创佳绩。但是作为国家进行建设的中坚力量——成年人，体质优良率均低于全国水平，其中优秀率平均低于全国水平4.1个百分点，良好率低于5.6个百分点，只有合格率高于全国水平，平均高出6.7个百分点，而不合格率除1997年外，均低于全国水平。纵观3年体质达标状况，甘肃省成人体质多处于合格水平，体质优良者所占比例较低,但成人体质达标者呈逐渐上升趋势,统计检验差异显著($P<0.01$)。这反映出成年人体质水平整体不高,应引起足够的重视。为准确客观地反映甘肃省成年人体质发展状况以及全民健身计划的实施,本文试图揭示成年人体质变化特点与规律,分析成年人体质状况变化趋势及相互之间内在联系,并就成年人体质变化的成因从主客观两方面进行了调查与分析。为制定提高国民体质健康水平措施提供参考。

一、研究对象和方法

(一)研究对象

甘肃省天水、兰州、武威三市随机抽取成年人(表1)。1997年、2000年和2005年甘肃省三次大样本成年人。1997总样本量5756人,其中男性3043人,女性2713人。2000年5728人,其中男性2834人,女性2894人。2005年有效样本10023人(男5032人,女4991人)。

表1 1997年—2005年甘肃省三地区样本分布

	2005年		2000年		1997年	
地区	男	女	男	女	男	女
兰州	850	842	1109	1067	1043	966
天水	842	840	837	964	999	875
武威	840	842	889	843	1001	872

(二)研究方法

1.文献资料法

利用文献资料,查阅1997年和2000年甘肃省国民体质调查结果。体质初始数据均来自《2000年甘肃省国民体质现状》和《2005年甘肃省国民体质研究报告》两本书。

2.数理统计法

对体质指标的数据采用SPSS11.5统计软件进行统计处理。

二、甘肃省成年人体质变化趋势

1.甘肃省成年人体质整体变化趋势

表2 1997年—2005年甘肃省国民体质形态指标

指标	2005年		2000年		1997年	
	男	女	男	女	男	女
身高	169.9	158.4	169.5	157.9	169.2	158.8
体重	67.7	56.2	67.1	57	64.8	55.8
克托来指数	398.45	355.34	395.6	360.7	383	351
肺活量	3335	2154	3496	2437	3338	2440
台阶指数	57.5	60.4	57	57.9	56.1	56.2
坐位体前屈	5.3	8.5	7.2	8.9	7.3	8.3
握力	45.6	27.6	45.9	27.9	44.3	29.8
纵跳	34	21.8	30.9	19.8	37.3	25.8
俯卧撑	20.6	–	17.7	–	19	–
仰卧起坐	14.7	10.3	13			

体质指标均值t检验差异有显著性($P<0.05$)

成年人体质整体水平处于全国平均水平以下,成人体质优良率均低于全国水平,男女体重则逐年增长,成年男女心肺机能呈良好水平,且男性优于女性,差异显著。成年男女柔韧及上、下肢力量素质呈下降趋势,但女性腰腹力量和男女平衡素质有上升趋势,且差异显著(表2)。

2.甘肃省分地区成年人体质变化趋势

表3　1997年—2005年甘肃省三地区体质指标(男)

指标	2005年			2000年			1997年		
	兰州	天水	武威	兰州	天水	武威	兰州	天水	武威
身高	170.46	169.29	170.39	169.55	169.37	169.44	169.21	167.92	170.49
体重	67.5	66.5	69.06	66.58	66.56	68.24	64.68	63.04	66.94
克托来指	392.49	405.08	392.32	392.64	402.52	381.44	375.13	392.38	395.94
肺活量	3282	3322.9	3322.6	3589.5	3568.2	3481.3	3319.6	3291.2	3408.5
台阶指数	56.3	61	57.27	55.72	57.52	58.01	56.26	55.59	62.9
坐位体前屈	4.8	6.17	5.21	6.51	8.27	6.98	9.74	8.26	3.87
握力	50.3	45.04	45.27	44.69	48.16	45.3	44.52	46.63	43.63
纵跳	34.8	34.28	32.45	31.26	30.3	30.98	36.9	40.02	34.97
俯卧撑	12	17	17.25	18.6	17.6	16.8	18.87	18.93	20.5

体质指标均值t检验差异有显著性($P<0.05$)

表4　1997年—2005年甘肃省三地区体质指标(女)

指标	2005年			2000年			1997年		
	兰州	天水	武威	兰州	天水	武威	兰州	天水	武威
身高	158.4	158.38	158.78	158.27	157.57	157.66	158.93	156.81	160.52
体重	56.7	56.78	56.98	55.81	57.13	57.93	55.3	55.97	56.06
克托来指	358.42	358.59	354.83	362.26	367.13	347.74	356.7	348.87	357.8
肺活量	2251.9	2167.9	2092.2	2432.2	2481.4	2384.8	2437.6	2386.8	2494.6
台阶指数	60.29	61.55	60.57	63.49	59.56	56.31	57.8	55.71	54.86
坐位体前屈	9.35	9.61	13.96	9.77	9.89	10.7	9.57	4.29	7.97
握力	29.78	27.14	27.78	27.1	28.7	27.8	29.65	31.09	28.95
纵跳	22	21.84	20.55	17.67	18.8	19.5	26.32	25.56	25.26
仰卧起坐	14.1	15.8	14.3	12.47	8.77	9.33	14.45	9.61	13.11

体质指标均值t检验差异有显著性($P<0.05$)

身高变化除兰州、天水女性身高均值呈持续增长趋势，其他地区男女性身高均值整体呈降低趋势。三地区男女居民体重均呈增加趋势。与全省均值变化基本一致。2005年三地区男女性肺活量整体下降，台阶指数指标除武威地区男性居民降低外，其他地区男女性指标均增高。说明三地区居民心血管系统的机能水平的提高。与全省均值变化基本一致。三地区除武威地区男性坐位体前屈均值，兰州地区男性握力均值，天水与武威地区女性仰卧起坐均值增大外，其他指标均值均呈下降趋势。对比全省均值，俯卧撑与仰卧起坐均值呈增长趋势，其他指标均值整体下降(表3、4)。

通过对比发现，分地区成年人体质变化与全省均值变化基本一致。

三、成年人体质变化的相关分析及问卷调查

1.经济发展水平的制约性

统计出1997年—2005年甘肃省国民体质的连续数据，对体质指标的数据采用SPSS11.5统计软件进行统计处理。筛选反映经济、社会发展19项指标。剔除没有相关性的指标，对与体质指标有相关性的指标进行相关分析研究。随着人民收入水平的增高，饮食结构发生变化。体重和说明人体充实程度和现时营养状况的克托来指数、反映体型的胖瘦状况的BMI指数显性相关。另外，女性身体机能指标和男性台阶指数指标与经济收入和消费水平有相关性。说明伴随着经济高速增长，国民生活水平不断提高，因运动不足、营养过剩威胁着国民的身心健康。从客观条件看，经济实力的提高对大众体育没有明显的影响。甘肃省经济发展水平低下，2001年—2006年，甘肃财政收入甘肃占全国财政收入的比重分别0.76%、0.80%、0.82%、0.82%、0.80%、0.75%。数据显示，甘肃的大口径财政收入从绝对值

上看不及东部的一个地级市，只占全国财政收入的0.8%左右，但每年的财政支出却是收入的近两倍。低于全国地方财政自给能力0.54的平均水平。正是甘肃经济总量的狭小制约了甘肃地方财政收入增长，过大的收支差距使得地方政府财政运行日趋困难，窘迫的地方财政又使政府在推进社会发展和建设上力不从心，无力向社会提供所需的公共服务产品。

2.对社会的依赖性

相关分析显示，从工会基层组织数与男性身体形态，女性身体机能显著正相关。从客观上看，计划经济体制下的"单位体育"思维仍然存在，并对居民体育生活产生一定的影响。依靠单位来"办"和"管"的意识仍存在。由于甘肃省是西部欠发达地区，主要经济来源靠农业，居民收入居全国倒数第三，这制约了社区体育的发展。城市社区居民的活动场所少，城市社区体育指导员的培训滞后，城市居民社区体育信息服务状况较差，社区体育管理人才素质和能力偏低，业务水平不高，社区体育宣传不够，没有畅通的信息管理网络，活动单一，整体社区体育开展不顺，与区外单位联系不主动，造成区内健身场地、器材的压力过大。从主观上看，计划经济体制向市场经济体制转轨时间较短，人们思考问题和做事的方式仍受计划经济的影响，主观上"靠"和"等"的思想明显存在。多年来我国经济和体育体制下衍生出来的群众体育运行使一些人逐渐丧失了锻炼的主动性，他们目前尚在等待"领导重视""有人来组织"他们进行体育活动，这种在当前各方面条件尚不完善的情况下一时还很难消解，大大阻滞了一些人参与体育健身的步伐。很难适应全民健身和社区体育活动的空前高涨。

3.成年人对健身概念的认知和社会体育资源的矛盾

甘肃省居民的体育认知、情感状况。调查显示：对体育健身作用的认知情况进行调查,有87.02%的居民认为体育锻炼能够增进自身的健康,但有3.61%认为体育锻炼对身体健康无作用。2000年成年男女分别有85.3%和86.1%的人确认参加锻炼的首要目的是“增强体质”,此比率较1997年首次监测时分别增长了27和31.2个百分点,表明成年人群对于全民健身运动的意义、认知水平上有了较大的提高。从情感方面调查显示:居民对参加健身的兴趣较高。在所调查居民中,有56.15%的居民对参加健身持喜欢的态度,有健康性投资的人占18.27%,表明少数人有明显体育健康投资倾向,但现有体育资源不能满足大众的需要。影响居民参加体育锻炼因素依次为:没时间、没有适合的场地、没有适合的项目、没兴趣。时间与场地设施的问题是影响居民参与体育锻炼的主要因素。甘肃省“十五”期间场馆建设成效显著,全省累计投入5亿多元,新建体育场地5000多个,约占全省体育场地总数的30%左右。体育产业起步良好,全省各类体育经营企业(实体)发展到3965个,从业人员达到25000人。体育科技、教育、宣传等其他工作都有长足发展。但经费投入不足、发展基础薄弱的现状与人民群众日益增长的体育需求之间的矛盾仍很突出。体育产业仍处于起步阶段,政策尚不完善,体育市场有待进一步培育和发展;体育改革尚需深化,体制、机制不活,发展模式还没有根本转变;城乡之间、地区之间体育发展不够平衡。

4.成年人健身行为与健身目标

通过对甘肃省居民抽样调查显示:第一,闲暇时间里参与文体活动人很少。闲暇时间是劳动和休息之外的可以自由支配的时间,是实现人们全面发展的必要条件,人们可以利用这一段时间进行精神产品的创造和智力的进步。余暇时间活动的取向是课余或周末的生活习惯和活动内容的选择性特征。从余暇时间的场所选择中,我们可以看出主要是看电视和看书或上网为主。分别占调查人数的

42.15%和29.36%。参与文体活动的占11.35%，与朋友聚会的占17.14%。而文体活动则排列第四。第二，参与运动的强度低。调查结果显示：参加健身的强度在中等强度以上的占总调查人数的20.86%。这说明大多数人的健身意识还不强，缺乏主动性和积极性，尚未真正体会到锻炼健身效果。成年人自身主动性差。造成了健身行为的随意性。合理有效的体育管理体制和运行机制还没有形成。与发达国家相比，居民健身的管理监控系统发展较慢。2006年—2010年甘肃省实施全民健身计划纲要第二期工程第二阶段工作计划主要任务之一是健全社会化组织网络，发展壮大群众体育骨干队伍。在城市辖区、街道和农村乡镇逐步建成一批社区体育俱乐部或体育活动站。

5.健身目标不明确

调查显示：居民对健康的认识了解一点和不了解的占20.65%。表明部分居民对自己的身体反应和情感体验没有正确的认知，这影响良好习惯的形成。经常参加体育锻炼的居民占15.65%；经常加体育锻炼，并且给自己制定了锻炼计划的居民10.36%。而每次锻炼的持续时间在一小时以上的占46.52%。影响居民参加体育锻炼因素依次为：没时间、没有适合的场地、没有适合的项目、没兴趣。时间与场地设施的问题是影响居民参与体育锻炼的主要因素。国外发达国家的大众健身计划均提出了具体明确的实施目标。这些目标是可以量化、可以跟踪评估的指标体系，它提供了大众健身计划的宏观监控水平和管理效率，并能准确地反映出大众健身计划的实施效果。甘肃省政府部门为了推进体育社会化，落实全民健身计划，目前，一个以全民健身为基本内容，初具特色的群众体育社会化网络体系在全省初步形成，并在运作中取得显著成效，为甘肃体育的社会化进程奠定了政策性保证，但就个体发展的具体目标尚没有明确规定。

参考文献

[1]周结友,裴立新.试论和谐社会与全民健身相互关系及促进对策[J].武汉体育学院学报,2006,40(6):16-20.

[2]杨树滨,陈耕.2005年甘肃省国民体质现状[R].兰州:兰州大学出版社,2007,11.

[3]甘肃年鉴编委会.甘肃年鉴[R].北京:中国统计出版社,2006.

[4]王元水.国外大众健身理念的特点以及给我们的启示[J].体育与科学,2005,26(3):43-47.

[5]王红梅.甘肃省民众健身及相关情况的调查与分析[J].山西师大体育学院学报,2005,20(2):38-40.

[6]罗睿.甘肃省城市社区体育调查[J].体育成人教育学刊,2008,24(6):51-55.

[7]何步文.甘肃省小康社会进程中体育社会化目标研究[N].甘肃省社科规划办,2006,12.

[8]周克全.甘肃经济社会发展差距比较分析[J].发展,2008,1(207).

[9]姜文凯.1997—2000年江苏省成年人体质监测结果可比性分析与评价[J].体育与科学,2002(4):56-58.

甘肃省成年人健身理念与行为的特征
——基于相关分析与问卷调查

王世哲

摘要:利用文献资料、问卷调查,数据统计分析方法。对甘肃省成年人健身理念与健身行为现状进行分析调查,群众对体育运动项目选择倾向存在一定内在规律性。从意识、动机、行为,目标方面揭示甘肃省成年人的健身理念和健身行为特征。

关键词:甘肃省;成年人;相关分析;健身;特征

一、研究意义

我省成年人体质整体水平处于全国平均水平以下,成年人作为经济社会建设的主力军其体质状况应引起高度重视。首先,依据甘肃省居民体质健康水平的变化特点与规律。把国民体质健康水平放在国民经济和社会发展的社会语境中,统计分析社会经济发展对国民体质水平的影响,求证影响国民体质水平的社会经济发展指标。因为随着经济的不断发展,体育在社会中的地位日渐凸显,国民体质健康水平对社会的稳定和发展有着密切的关系。其次,通过对甘肃省居民的体育生活方式调查,了解居民现行生活方式的形式、特征和习惯,全面了解有关体育生活方式的研究现状。根据社会经济发展指标与国民体质的相关关系与问卷调查结果揭示成年人参与体育锻炼的状况，总结甘肃省成年人的健身特征，推动全民健身活动的开展。

二、研究对象与研究方法

(一)研究对象

甘肃省城乡成年人。2005年甘肃省国民体质监测点有兰州、天水、武威、庆阳、酒泉和临夏六个地区。随机抽取10031个成年人。其中男性5034人，女性4997人。1997年、2000年和2005年甘肃省兰州、天水、武威三地区三次大样本成年人体质监测分别为5756人、5709人、5056人。2007年11月至2008年2月完成了调查问卷的发放及回收的工作。

(二)研究方法

1.社会经济发展与国民体质相关性的纵向比较分析

利用文献资料，查阅1997年、2000年、2005年甘肃省国民体质调查结果。对缺损的数据运用统计学方法进行处理。统计出1997年—2005年甘肃省国民体质的连续数据；对体质指标的数据采用SPSS11.5统计软件进行统计处理。筛选反映经济、社会发展19项指标。剔除没有相关性的指标，对与体质指标有相关性的指标运用定性与定量的方法结合起来进行分析研究。

2.社会经济发展与国民体质相关性的横向比较分析

利用文献资料，查阅2005年甘肃省国民体质调查结果。所有体质初始数据均来自《2005年甘肃省国民体质研究报告》和《2006年甘肃省统计年鉴》两本书。对体质指标的数据采用SPSS11.5统计软件进行统计处理。筛选反映经济、社会发展19项指标。剔除没有相关性的指标，对与体质指标有相关性的指标运用定性与定量的方法结合起来进行分析研究。

3.问卷调查法

查阅了社会学研究方法、心理学等方面的专著，在四种学术期刊网上查阅有关生活方式论文105余篇。全面了解有关生活方式的研究现状。问卷涉及教职工的个人简介、生活习惯、健身情况、社会活动与卫生保健五个方面，包括24个子问题。2007年11月至2008年2月完成了调查问卷的发放及回收的工作。共发放问卷500份，回收482份，有效问卷468份，有效率为93.6%。对问卷调查结果所得的数据运用逻辑学方法进行分析。

三、甘肃省社会经济发展与国民体质的相关性分析

1.城乡居民收入水平和年末常住人口数是影响我省居民身体形态的主要社会经济指标。随着人民收入水平的增高，饮食结构发生变化。体重与说明人体的充实程度和现时营养状况的克托来指数、反映体型的胖瘦状况的BMI指数显性相关。建议有关职能部门加大宣传力度，引导居民合理膳食。

2.女性身体机能指标和男性台阶指数指标与经济收入和消费水平有相关性，社会指标每万人拥有公交车数与台阶指数和肺活量相关；经常乘车出行为人们的生活工作带来方便，但相比其他出行方式，没有身体运动负荷，所以影响居民的心血管系统呼吸系统功能。

3.工会基层组织数与男性身体形态，女性身体机能显著相关。

四、健身理念的特征

1.经济社会发展的制约

经济发展指标与身体素质没有相关性。成年人收入水平与消费水平的提高对成年人的身体素质没有明显的影响。但随着经济高速增长，城乡居民收入水平是影响我省居民身体形态的社会经济指标主要。随着人民收入水平的增高，饮食结构发生变化。体重和说明

人体的充实程度和现时营养状况的克托来指数、反映体型的胖瘦状况的BMI指数显性相关。营养过剩威胁着成年人的身心健康;社会发展指标影响成年人的身体素质。体育锻炼与健身对身体素质的强弱有着决定性的作用。生活环境、城乡之间、地区之间发展不够平衡、管理监控系统、社会化组织网络系统影响成年人的健身行为和健身效果。有几项社会经济发展指标理论上与国民体质有相关性。但用已有的数据分析不准确。需要进行进一步研究。社会经济发展并不意味人们身体机能、身体素质的一定提高,对甘肃省成人体质与社会经济发展之间的关系进行相关分析,其相关性也只是统计上或者理论上的分析,更准确地揭示体质变化与社会经济发展之间的内在关系还需进行更深入的研究。

2.认知水平的明确

甘肃省居民的体育认知、情感状况如调查所示:对体育健身作用的认知情况进行调查,有87.02%的居民认为体育锻炼能够增进自身的健康,但有3.61%认为体育锻炼对身体健康无作用。2000年成年男女分别有85.3%和86.1%的人确认,参加锻炼的首要目的是"增强体质",此比率较1997年首次监测时分别增长了27个百分点和31.2个百分点,这表明成年人群对于全民健身运动之意义,认知水平上有了较大的提高。从情感方面调查显示:居民对参加健身的兴趣较高。在所调查居民中,有56.15%的居民对参加健身持喜欢的态度。有健康性投资的人占18.27%,表明少数人有明显体育健康投资倾向。

3.健身行为的随意性

通过对甘肃省居民抽样调查显示:首先,闲暇时间里参与文体活动的人很少。闲暇时间是劳动和休息之外的可以自由支配的时间,是实现人们全面发展的必要条件,人们可以利用这一段时间进行精神产品的创造和智力的进步。余暇时间活动的取向是课余或周末的生活习惯和活动内容的选择性特征。从余暇时间的场所选择中,我们可以看出,主要是以看电视、看书或上网为主。分别占调查人数的42.15%和29.36%。参与文体活动的占11.35%,与朋友聚会的占17.14%。而文体活动则排列第四。参加健身的强度低。健身强度的大小直接关系到健身效果。其次,参与运动的强度低。调查结果显示:参加健身的强度在中等强度以上的占总调查人数的20.86%。这说明大多数人的健身意识还不强,缺乏主动性和积极性,尚未真正体会到锻炼健身效果。

另外,个体经营者和社会指导员对大众健身的影响不够。据调研,截至2003年底,全省共有不同所有制健身服务业经营单位3965个,其中个体民营经济投资兴建的全民健身服务业单位1054个,占36%;健身服务业从业人员25172人,其中个体健身服务业从业人员10896人,占总数的43%;个体民营经济投资兴建全民健身服务业总金额近4000万元,并且呈明显的快速发展趋势;2002年—2003年全省个体健身服务经营收入约500万元。全省经常开展的体育经营活动项目有十几类,群众首选的项目依次是健身、棋牌、垒球、乒乓球、羽毛球、保龄球等项目。经常参加活动的人数平均每月达到90多万人次。在我省全民健身服务业发展中,个体健身服务业单位占有明显比重,它们为繁荣健身服务业市场,满足广大人民群众健身需求,促进体育产业发展,扩大就业渠道,正在发挥着重要的作用。不足之处是他们所拥有的固定资产少、发展规模小、市场竞争力弱、经济效益偏低,从业人员整体素质有待进一步提高。

4.健身目标的不科学

经常参加体育锻炼的居民占18.65%;经常参加体育锻炼并且给自己制定了锻炼计划的居民10.36%。而每次锻炼的持续时间在一小时以上的占46.52%。影响居民参加体育锻炼因素依次为:没时间、没有适合的场地、没有适合的项目、没兴趣。时间与场地设施的问题是影响居民参与体育锻炼的主要因素。发达国家全民健身计划的目标体系具有鲜明的共性之一是:许多国外发达国家的大众健身计划均提出了具体明确的实施目标。这些目标是可以量化、可以跟踪评估的指标体系,它提供了大众健身计划的宏观监控水平和管理效率,并能准确地反映出大众健身计划的实施效果。甘肃省政府部门为了推进体育社会化,落实全民健身计划,1995年2月,"甘肃省实施全民健身计划委员会"成立,全省14个地、州、市以及大部分县市、大型企业,也相继成立相应机构。省政府向全省发布《甘肃省全民健身计划实施方案》。有关部门制订和发布了《2003年—2008年甘肃省实施〈全民健身计划纲要〉第二期工程工作计划》。强调要推进体育社会化,实施全民健身战略,提高劳动者身体素质。目前,一个以全民健身为基本内容,初具特色的群众体育社会化网络体系在全省初步形成,并在运作中取得显著成效。为甘肃体育的社会化进程奠定了政策性保证。

参考文献

[1]杨树滨,陈耕.2005年甘肃省国民体质现状[R].兰州大学出版社,2007,11.

[2]甘肃年鉴编委会.甘肃年鉴[R].北京:中国统计出版社,2006.

[3]王元水.国外大众健身理念的特点以及给我们的启示[J].体育与科学,2005,3(26):43-47.

[4]王红梅.甘肃省民众健身及相关情况的调查与分析[J].山西师大体育学院学报,2005,2(20):38-40.

建设小康社会进程中西部地区体育现状及发展目标与对策研究

王世哲

摘要:文章对西部地区体育基本情况进行了综合评价和现状分析,针对该地区在建设小康社会进程中对体育的需要,西部地区要抓住西部大开发的有利时机,依靠自身优势,借助外部力量,发展民族传统体育项目和体育旅游产业,逐步提高人们参与体育运动和体育消费的意识,从而促进西部地区社会体育和体育经济的全面发展。

关键词:中国西部地区;体育现状;发展目标;对策

根据新世纪新阶段中国经济社会发展的新要求和社会出现的新趋势新特点,我们所要建设的社会主义和谐社会应该是民主法治、公平正义、诚信友爱、充满活力、安定有序、人与自然和谐相处的社会。全面建设小康社会应当把社会全面进步和人的全面发展统一起来,把生产力发展与人的全面发展统一起来,把提高人的物质生活,提高人的思想道德素质、科学文化素质、健康素质统一起来,把实施可持续发展战略与促进人的全面发展统一起来。

体育社会化是进行社会教育和促进经济发展的一种手段,是人类文明、健康和科学的生活方式不可缺少的组成部分,其根本目的是增强人们身体健康,磨炼人们的坚强意志,振奋人们的进取精神,培养人们高尚的道德品质。体育社会化的特点主要是与文化氛围相融,与时代气息相通,它以物质生产和精神生活的需要,以强身健体、丰富社会文化生活为目的,以民间民族体育为主要内容,以闲暇体育活动为基本方式,被动观赏与主动参与相结合,竞技性与趣味性相结合,娱乐消遣与身心锻炼相结合,从而体现出体育社会化的广泛性、大众性和渗透性特点。

西部经济落后、人口素质较低已成为制约西部地区社会各项事业发展的主要"瓶颈"。因此,实施西部大开发战略,是党中央做出的一项重大英明决策,是从根本上促进西部经济发展、实现共同富裕的重要举措,也是加快西部体育发展的重要基石。

一、西部地区体育现状

西部地区城市数量较少,中心城市聚集功能强,扩散能力弱,对区域经济及社会发展驱动力不足,其固有的经济、教育、文化和体育等优势难以对周边中心城市及广大农村产生辐射作用。薄弱的城镇工业基础难以提供足够的资金搞基础建设,使得城市化水平低、城市文化发展呈现大城市过少,中小城市区位不合理,小城镇发展更滞后的局面。西部地区体育发展状况与东部地区有很大差距,其主要原因有以下几方面。

(一)经济发展水平落后

西部地区土地资源丰富,人口稀少,土地面积约540万平方公里,总人口2.85亿。经济实力薄弱,1994年—1996年GDP仅为全国平均水平的76.2%、76.19%和69.74%,且呈一定下降之势。居民收入较低,负担较重,贫困人口所占比重较大。由此可见,西部地区经济发展滞后,自身积累能力差,体育产业所需的资金投入长期以来严重不足，这是制约西部体育发展的重要原因。

(二)体育人口情况

西部地区体育人口在15%左右，远远低于全国31.20%左右体育人口。其中西部地区体育人口中男性占63.3%，女性占36.7%，比例与全国水平相吻合。天水市的体育人口为32.24%，其中55岁以上的老年人最多，为49.92%，36岁—45岁的中年人最少，为20.2%。甘肃全省经常参加体育锻炼的人占39.75%，但被调查者中有20.73%是在校学生，有6.99%是离退休人员，中青年实际人数约占12%左右。西安市的体育人口在1999年为29.05%。西藏自治区经常参加体育锻炼的人群依次为：中小学生(45.6%)，中青年人(28.9%)，老年人(25.2%)。由此可见，除西藏外，我国西部地区体育人口的年龄分布仍然呈现“两头高，中间低”的“马鞍形”。这与全国体育的“两头热，中间冷”的状态类同(全国体育人口16岁—25岁最高，61岁—65岁次高，41岁—45岁最低)，这种体育人口的年龄结构不是体育人口的理想年龄结构。青壮年人对体育的疏远，既不利于我国劳动力主体的健康状况，也不利于中华民族长远的体质改善。西部地区是全国少数民族较为集中的地区，在调查中有37.1%是少数民族，体育人口为少数民族总人数的8.5%，是一个很低的水平。西部地区农村体育人口仅占4.7%，因此增加西部地区体育人口的工作重点应该放在广大农村地区。

(三)体育意识

据调查，西部地区大部分人群缺乏自觉锻炼的积极性。尤其是中青年人，由于工作忙、任务重，加上没有引导与组织，极少参加健身活动。有些人有参加健身活动的愿望，但是由于不懂得锻炼的方法，缺乏场地器材等，从而影响个人健身行为。据调查，西部地区人民对群体工作的要求和愿望依次为：要求建立配套的体育场所，占

22.3%;要求进一步宣传,占19.8%;希望能有专人指导体育锻炼,占15.1%;希望建立健全群体的法规政策,占13.4%;希望进一步开放体育场馆,占12.5%;其他占6.0%。

(四)体育消费

西部地区大部分人群体育消费意识淡漠。由于受封闭的地理环境制约和传统观念以及经济收入低等因素的影响,“花钱买健康”的观念还未被群众广泛接受。西部地区人们希望承受的体育消费水平大部分集中在年平均消费5元—10元和10元—20元。超过50元—100元的体育消费寥寥无几,其中男性占3.6%,而女性仅为0.3%。

(五)体育场馆建设

我国体育场馆的建设由东向西呈逐级下降趋势。根据国家体育总局、国家统计局、国家教委、全国总工会、农业部等单位于1995年11月—1996年10月共同进行的第四次全国体育设施普查结果,截至1995年底,我国拥有符合普查标准的体育场地615693个,累计投入372亿元。在体育场地建设投资中,东部地区投资占全国总额70%,而占有大部分国土面积的西部地区仅占全国总额的10%。由于西部民族地区经济基础薄弱,加上改革滞后,因此对体育发展的物质投入明显缺乏,特别是体育场馆建设严重不足,体育设备质量差、数量少。

(六)人力资源缺乏

在社会体育和体育经济的发展过程中,人才是最重要的,丰富的人力资源是体育发展的必要条件。人力资源绝对数量较大,但质量偏低、人才缺乏、人才流失严重、人力资源配置不当、浪费严重。西部民族地区由于历史原因,教育落后,人才流失严重,给社会体育和体育经济的管理与发展带来巨大阻力。

(七)农村农民体育现状

当前,农村农民的基本任务是生产劳动,且绝大部分属强体力劳动,尤其需要强壮的体魄。但传统的中国农民,特别是处于经济、文化都比较落后的西部地区,很多人依然处于"养尊处优"的生存状态,多坐少动,靠"热能"积累的生活方式侵蚀着一代又一代的农民。西部农村农民的体育意识很不成熟,价值观念非常淡薄,对体育的理解和认识,仅停留在欣赏层次上,缺乏自觉投身参与的意识,各自从不同角度看待体育,以各种不同的意识、形态解释体育。在余暇时间的使用上存在着较大的浪费。调查显示,有80.02%的男性有不良嗜好,14.26%的女性有不良嗜好。西部地区农村农民体育组织机构不健全、缺乏体育人才,是严重影响农村农民参加体育活动的一个原因。此外,政府用于农村农民体育的人均经费较低,农民对政府工作很不满意。

二、明确指导思想,科学地确定体育发展的目标和对策

加快西部地区体育发展,应确立以人为本的指导思想,其目的在于提高全民体质,推进全民健身运动。因此,发展体育的一切措施和政策都应据此而行。

(一)强化全民的体育意识,创造人人重视体育、关心体育、参与体育的大环境

传统的体育观念阻碍着人们对体育意义的正确认识。在我国,把体育看作是"社会福利""消费事业"等观念相当普遍。一部分地方政府与企、事业领导人对开展体育抱着"有钱则办,无钱则罢"的态度。要广泛宣传体育在现代社会与经济的发展中以及人的全面发展中的作用,提高人们对体育意义的认识;动员社会各界更多地参与和支持体育,使体育事业真正成为全民族的事业。为了克服轻视体育的思想,需要组织有广泛阶层和职业人士参加的体育大调查,组织全社会的大讨论,唤起全民对体育的共识,都来为体育的发展与改革献

计献策、出钱出力。

(二)改革现行的体育体制,改革传统的管理方法

首先,必须破除狭隘的竞技观念,牢固树立体育必须为社会主义现代化服务的思想。其次,根据社会经济发展的要求,合理调整体育结构。第三,深入进行体育体制改革,全面提高改革力度。改革现行的体育投资结构,广开财源,促进体育事业的迅速发展。为了保护和进一步调动社会各界办体育的积极性,除应继续制定具有吸引力的政策,鼓励社会各种力量办体育外,还应通过立法程序,确定社会各界在发展体育中的任务、权利、义务和责任,明确其在体育体制中的合法地位。为了把社会力量办体育引向健康发展的道路,国家体委主管部门要设置专门机构,对社会力量办体育在方向、目标、质量上严格加强管理,但在具体事务上不必干涉太多。立法的意义不在于限制,而在于鼓励、引导与扶持。

(三)西部体育人力资源开发策略

我国西部体育人力资源,引发应以弘扬“西部体育人文精神”为依托,以制度创新为动力的独具西部特色的体育人力资源开发策略。其特色突出体现在西部体育人力资源开发上的非均衡性、层次梯度性以及它与体育文化生态环境密切相关的体育文化制度的衔接性上。实行灵活的“不求长住,但求常往”的体育人才交流政策,促进西北地区体育的快速发展。

(四)在西部大开发的大好形势下,大力发展体育旅游业

我国西部地区地域辽阔、民族众多、文化悠久、气候各异、地貌百态,构成了丰富的体育旅游文化资源和自然资源,在西部大开发的大好形势下,大力发展体育旅游业,通过政府管理,社会投资,进行产业化、生态化的可持续发展,将会促进西部地区的文化、经济进步,加速文明进程。构建体育旅游发展体系,规范、持续发展西部体育旅游市

场,最大限度地挖掘体育旅游资源,丰富体育旅游文化内涵,达到体育与旅游双赢的目的,利用资源资金,创建高效、合理的西部体育旅游格局。

(五)大力发展西部地区体育产业

我国西部地区体育产业虽然发展缓慢,但有其特有的资源优势。西部大开发、中国加入WTO和2008年北京举办奥运会都给体育产业发展带来新的机遇和挑战,为此应更新观念、转变政府职能,大力发展优势地区和优势项目的体育产业,以带动整个西部地区体育产业的发展。同时西部的贫困和边境开放区,要发展与民族体育传统项目有关的体育产业。

(六)对西部民族体育资源综合开发

西部是我国少数民族最集中的地区。民族体育产生于特定民族的社会生存空间,体现着特定民族的生产、生活方式、行为规范和文化结构,它是构成民族传统文化的一个重要组成部分。少数民族传统体育它具有较强的竞技表演性、娱乐观赏性、强身健体性、教育和文化传承性等价值功能。因此,对它进行综合开发与产业化发展对促进西部地区的经济发展和社会进步具有十分重要的意义。

三、小结

实施西部大开发战略,对西部地区体育发展是一个难得的契机。抓住历史机遇,摆正体育在西部大开发中的地位,明确指导思想,科学地确定体育发展的目标和对策。同时我们也应该大力开发对多姿多彩、风格迥异的各民族传统体育构成多样性的民族文化资源。

参考文献

1.李政,周道平.西部民族体育资源综合开发与产业化发展研究[J].天津体育学院学报,2005,2:39-40.

2.裴立新.西北地区体育市场现状及发展对策研究[J].体育科学,2000,20(5):14-16.

3.裴立新.西北地区实施全民健身基本对策研究[J].体育科学,1997,17(7):22-24.

4.罗普磷.西北地区体育人才发展战略研究[J].西安体育学院学报,2004,4:24-26.

5.杨展加.西部地区农村体育发展若干问题的研究及建议[J].成都体育学院学报,2003,6:24-26.

6.蒋明朗.对西部地区体育产业发展定位及趋势的研究[J].咸阳师范学院学报,2002,6:48-50.

7.罗佐县.我国体育产业的现状与发展对策[J].河北体育学院学报,2002,3:60-62.

8.史斌.对开发西部体育旅游资源的初步研究[J].广州体育学院学报,2003,6:24-26.

9.王天军.西部大开发与西部民族地区体育产业培育和发展[J].成都体育学院学报,2000,2:31-34.

10.朱建民,黄艳梅.我国西部地区农村农民非体育参与者现状之研究[J].首都体育学院学报,2004,3:44-46.

城镇体育社会化评价指标体系研究
——以甘肃省为例

王世哲　何步文

摘要:从建立体育社会化评估指标体系的目的和作用入手,静态性建立现阶段城镇体育社会化评估指标体系。目的在于评估体育社会化的总体水平,提高人们对体育社会化意义的认识,找到加速体育社会化进程的可行途径。

关键词:城镇;体育社会化;甘肃省;指标;大众体育

一、研究意义

体育社会化有两层含义,其一是体育必须深入社会,成为人们生活的组成部分;其二是社会各方面积极举办体育活动,参与体育的组织管理。发挥体育的社会功能,使体育成为社会活动的重要形式。1995年10月,第八届全国人民代表大会第四次会议通过的《国民经济和社会发展"九五"计划和2010年远景目标纲要》指出:"要形成国家和社会共同兴办体育事业的格局,走社会化、产业化的道路。"这是国家第一次将体育社会化、产业化写入跨世纪的纲领性文件中,明确地指出了体育事业改革发展的方向和道路,为21世纪我国体育走社会化、产业化道路奠定了重要的理论基础和法律基础。建立体育社会化指标体系,对城镇体育社会化及其特点进行初步考察和总结,评估城镇体育社会化的总体水平以及存在的优缺点,以使政府能比较全面、准确地了解社会体育的发展状态和变化趋势,客观、全面地评价社会体育的工作成效,为各级党政领导及有关部门了解体育社会化的制约因素,制定社会政策和社会发展计划提供可靠的依据,更好地为全面适应社会主义现代化建设的新形式和新任务服务。有利于体育行政部门对社会体育工作实施目标管理,加速城镇体育社会化进程的正确道路。

二、研究方法

1.问卷调查法

本章的问卷采用专人发放和回收,共发放24份,回收问卷22份,回收率为95.8%。被调查的专家职称结构是教授12人,副教授7人,讲师4人,符合社会学调查要求。采用内部一致性的方法,检验结果的信度系数为0.956,说明问卷具有较高信度。关于问卷的效度检验,我们从已填写问卷的专家中抽取8人,请他们对问卷的内容效度给予咨询检验,专家给予较高评价。

2.指标的筛选

参考大众体育、竞技体育、社区体育、体育产业评价指标体系选出小康社会进程中城镇体育社会化评价指标。

3.用排序统计法计算各项指标排分值。

三、评价指标

用排序统计法计算各项指标排分值。计算公式为:

$$W=\frac{\sum a\cdot n}{N\sum a}$$

a为排序等级分值;n为选择等级的人数;N为总人数。

$$指标A=\frac{5\times10+4\times8+3\times4+2\times2}{24\times(5+4+3+2+1)}=0.272$$

B、C、D同样方法可求得。

一级指标：

1.国家及地方性体育政策法规和保障机制

2.体育人口数量

3.体育人口结构

4.人均体育场地面积

5.社会体育指导员数量

6.社会体育活动内容

7.社会体育运作方式

8.体育消费总额

9.社区体育的经费来源

10.社区体育组织建设规划

11.社区市民体质监测服务中心、群众体育指导中心和研究中心建制

12.社区体育保障机制

13.体育场馆的数量

14.体育产业增加值占GDP的比率

二级指标：

1.体质监测覆盖率及体质达标率

2.社会体育组织形式

3.体育消费结构

4.体育信息覆盖率

5.竞技体育运动成绩

6.体育赛事质量

7.体育赛事电视收视率

8.各类体育协会数量及参加人数

9.现场观看体育赛事人口数量

10.职业运动队义务服务项目

11.竞技体育经济效益

12.体育科研服务

13.体育产业产值

四、分析

从调查评价指标可以看出,城镇体育社会化评估指标以大众体育为主要内容,涉及大众体育的政策法规和保障机制、人口结构、经费来源、体质监测服务、体育消费等各个方面。在全面建设小康时期,甘肃体育由于受中国文化和政治、经济体制的影响,无论在管理体制还是在运行机制上与其他地区有很大差距。但是,这一时期的体育发展主要还是以竞技运动为核心,以政府意愿为主导的发展形态。尽管除了竞技运动以外,其他体育形式也得到了一定的发展,但从体育的管理体制和运行机制的本质上看,小型多样、自愿组织、丰富多彩的大众体育实际上还处于发展缓慢、投入力度小、体制陈旧封闭的局面。全面建设小康体育就是要推动体育体制由封闭向开放转变,发展模式由局部赶超型向全国发展型转变,发展动力由满足政府需求为主向满足大众需求为主转变。因此,小康体育发展有着实际的、丰富的内涵、它对中国体育来说具有强烈的时代感和紧迫感。为此作为甘肃小康社会进程中不可缺少的组成部分,推进体育社会化、发展大众体育不仅对促进甘肃体育与国民经济和社会协调发展,倡导大众健康的生活方式,而且对提高大众健康水平,促进精神文明建设和构建和谐社会具有重要的作用。

五、甘肃推进体育社会化进程的对策

(一)全民健康思想的宣传与测评

随着新世纪的到来，现代社会生产方式和生活方式的急剧变化，加上普遍的运动不足，造成了人们身心和生活环境之间的不平衡。于是出现了由于缺乏运动而引起的营养过剩、肥胖症、冠心病、心脏病、高血压、摩天大楼综合征、肌力衰退、神经衰弱、反应迟钝、记忆力下降等现代文明病。我国已进入全面建设小康社会。这就需要人们转变观念:随着高科技和生产力的发展，对人的体质也提出了更高的要求。高效率、快节奏、竞争性强的现代生产和生活要求人们必须有更好的身体素质、心理素质和适应能力。当人们充分认识到健康第一的重要性时，才能唤起健身意识，产生参与的动机，这样才能使更多的人认识到健身的意义、价值和作用。

(二)建立较为稳定的大众体育组织机构，发展体育人口

首先，较为稳定的社会组织形式是大众体育蓬勃开展的重要保证，它将人们组织起来，进行有指导的体育锻炼和比赛，使大众体育广泛深入持久地发展下去并不断提高质量。许多国家实行的不断壮大的以俱乐部为基础的社会体育组织成为开展大众体育的最基层载体。其次，多渠道地开展社区体育宣传活动，充分发挥广播、电视、报纸、期刊等新闻媒体的作用，结合全民健身计划的实施步骤，积极开展形式多样的宣传活动。引导市民逐渐树立科学健身的理念，激励和吸引更多的城市居民参加体育活动。

(三)提高城市社区体育科学化水平，加强对大众健身方法的科学化指导

推广科学实用、简便易行的体育健身方法，引导广大居民根据自身情况，选择参与对抗性强、有一定负荷强度的竞技项目，提高技能

水平。在加大对社会体育指导员培养力度的同时,充分发挥广大体育教师的作用,弥补指导力量的不足,联合和依靠社区医疗部门,积极参与健康指导、运动处方、体育疗法等服务,使广大社区居民树立科学健身观和体育消费观,提高社区体育的科学文化水平。

(四)开发大众体育市场

大众体育市场这一概念的引进和出现,是近几年我国体育事业紧跟国家改革开放,大力发展经济的潮流而应运而生的。在吸收国外体育事业发展经验和教训的基础上,"九五"末全省经常参加体育锻炼和活动的人数增加到870万,占全省总人口的33.96%;学校施标率和达标率分别达到97.02%和93.41%,到2000年已累计建成全国体育先进县10个,"田径之乡"2个,"武术之乡"2个;建成全省体育先进县14个,体育达标县54个,先进乡(镇)235个。结合实情大力开发和创造体育市场,特别是大众体育市场开发,是新世纪来临之际非常重要的任务。据资料统计,美国体育事业在20世纪80年代的总产值就超过600亿美元,比石油化工(533亿)、汽车(531亿)还多,占其GNP的1.3%,居国民经济各产业部门的第22位,在20世纪90年代中期的体育产业超过3000亿美元,增长率超过同期国内生产总值的增长率,并可以增加大量就业机会,解决就业困难的问题,为整个社会经济和文化注入了巨大的活力。广泛地培养大众的体育市场意识,改善城乡居民体育设施的投资,取之于民、用之于民,加强消费的指导,积极地进行市场调研,建立科学合理的体育产业结构,规划产业发展次序、发展规模,拓宽营销渠道,促进大众体育产业快速健康、持续的发展。因此各级政府部门必须清醒地认识到形势的严峻性,把全民健身活动的开展与实现经济增长和社会可持续发展联系起来,在增加经济收入的同时,增大对健身活动的投入,以此来提高居民生活质量水平,并把它作为一项衡量社会经济发展的重要指标来考虑。

（五）充分利用现有场地，大力兴修场馆设施

体育场地器材是开展体育活动的物质条件。为满足群众参加体育锻炼对体育场地、器材的要求，政府一方面要充分挖掘现有场地器材的潜力，物尽其用。另一方面，多方筹集资金，大力兴建场馆设施，使其向综合化发展。建立适合人们需要的、足够的、向所有人开放的体育与娱乐设施，吸引越来越多的人参加体育健身活动。伴随着人们需求的多样化，体育设施正朝着综合化方向发展。

参考文献

[1]朱庆芳.吴寒光.社会指标体系[M].中国社会科学出版社，2001，1.

[2]卢元镇.社会体育学[M].北京:高等教育出版社，2002，8.

[3]甘肃省体育经营活动政策法规文件汇编[M].甘肃省体育局，2003，6.

[4]张德福，赵鸿星.大众体育的前景与困顿[J].体育与科学，1996，2:25-26.

[5]田雨普.我国群众体育的发展走向与对策[J].体育科学，1999，7.

[6]李香华.中国现代体育与体育现代化[J].体育学刊，2002，2.

[7]韩丹.我国体育体系的根本性大变革[J].体育与科学，2004，1.

[8]李凤新.理论经纬:促进小城镇体育发展的关键问题[N].中国体育报，2002，11.

高原训练及甘肃高原训练基地分析

王世哲　李守汉　何步文

摘要:各国的训练实践证实,高原训练是发展有氧耐力的一种有效训练方法。本文从高原训练的发展过程、生理、生化机制和具体实施等几个方面进行了综述。并且对甘肃高原训练基地的优缺点进行分析。

关键词:高原训练;甘肃高原训练基地

高原训练是指有目的、有计划地将运动员组织到具有适宜海拔高度的地区,进行定期的专项运动训练的方法。利用高原缺氧和运动双重刺激,使运动员产生强烈的应激反应,以调动体内的机能潜力,从而产生一系列有利于提高运动能力的抗缺氧生理反应。

我国目前使用的高原训练基地有20多个,有人把青海多巴、青海西宁、甘肃榆中、云南呈贡、云南海埂、云南松茂称为我国的"六大高原训练基地"。榆中自1974年被确定为甘肃省自行车训练点以来,就一直作为甘肃省体工队高原训练的临时训练点来使用。从20世纪80年代开始,甘肃省体工队每年数次到榆中进行高原训练,并且取得了较好的成绩。

一、国内外高原训练概况及发展过程

早在20世纪30年代就有人提出在较低海拔的高原上，人体的最大心率会逐渐下降，这或许是高原训练研究的萌芽。20世纪50年代中期，苏联的研究人员提出在高原环境下人体可以产生缺氧适应。因此，他们开始对高原训练进行研究，并且在高加索建立了一个高原训练基地。

在1968年的墨西哥城奥运会上，出生在维多利亚湖畔海拔1500米—2000米的中度高原地区的肯尼亚人获得了10000米项目冠军，是因为他们在身体机能上的适应特征。这就引起了人们对海拔高度与运动能力的关注。从此以后，高原训练得到了国际上的普遍关注。“高原缺氧训练”成为长距离赛跑运动员取胜的秘密武器，目前世界上著名的长跑运动员每年都要花一段时间进行高原训练。如今，国外已经有近50个高原训练基地，其中美国就有11个，我国也拥有诸如昆明海埂及青海多巴等较好的高原训练基地。

近年来国内外对高原训练的理论和实践研究取得了很大的进展，人们更加重视对高原训练的生理生化机理的研究，同时还从方法学上提出了“缺氧训练”和“模拟高原训练”。

二、高原训练的生理学和生物化学基础

高原环境对人体的影响是个综合性的影响。高原训练影响运动员的主要因素是低气压低氧含量的大气环境对机体的刺激，而其他诸如气温、日照、湿度、辐射气流、地心吸引力和电离等因素则位居次要。机体处于高原环境对缺氧条件形成了一系列的适应性代偿反应，而通过施加适宜负荷的运动训练后，双重缺氧刺激叠加，加大了刺激机体的强度，使机体发生强烈的应激反应以调动体内各种潜力，从而产生了一系列有利于运动员提高运动能力、改善机体机能的抗

缺氧性生理适应。概括地说,经过高原训练可对人体产生如下影响:(1)强化机体对缺氧的耐受力,提高大脑对缺氧的感应性和稳定性。(2)有利于改善心血管系统功能,增大心搏出量。(3)有利于提高运动员呼吸深度,增大吸氧量。(4)增加肌糖原含量,加强组织、细胞在缺氧条件下糖酵解能力,使肌肉具有更高的耐酸能力和氧利用率。(5)代偿性增加血红蛋白含量满足机体需要。(6)培养运动员比赛时顽强拼搏的意志品质。

三、高原训练应解决的气象学问题

(一)注意选择高原训练的适宜的海拔高度

适宜的高原高度,应既能维持必要的训练运动量,又能达到适应和提高人体耐受缺氧的能力,一般以2000米～2700米为宜。

(二)注意避免受紫外线连续强烈照射的损伤

室外训练应采取不连续照射的办法,轮换进行训练。在10:00—15:00训练,运动员应采取一定的措施,以保护皮肤。一年之中,到达地面的紫外线冬季是夏季的1／6,高原训练可选择在冬季。

(三)注意高原气温变化加强预防疾病的工作

在气温低、温度变化剧烈的高原训练,必须注意保暖,预防感冒等常见病和多发病。应多吃维生素食品,特别是维生素C、B等以及含钙食品和多种新鲜蔬菜、水果。在低纬度高原进行训练时,应备有防暑饮料。

四、高原训练的一般规律

自20世纪50年代人们对高原训练取得一定的认识以来,各国体育界都在不断进行高原训练理论与实践的研究,并研究总结出高原训练的一般规律为:

1.高原训练的适宜高度一般在2000米～2700米之间。

2.高原大气压降低而引起空气中氧分压减小，通过高原训练，运动员能增强在缺氧环境中的耐受力；

3.高原训练时间以3周为宜，返回平原练3周，运动员的最佳竞技状态第21天表现出来。

4.我国开展高原训练，尚须加强对高原训练的认识，配备必要的科研仪器和科研人员队伍，增加高原训练的次数。

五、我国高原训练有待解决问题

高原训练对耐力项目的运动员提高运动成绩确有积极的作用，但我国目前对高原训练的开展并非十分理想。其原因是：

1.有关部门和教练员、运动员对高原训练的认识不足，不能很好地掌握训练量、强度和机体反应，缺乏相应恢复营养手段。

2.缺乏先进的科研仪器和专业科研人员。

3.缺乏高原训练经验。

4.教练员运动员对高原训练规律认识不足。

5.训练经费不足。

六、甘肃高原训练基地条件分析

我国目前使用的高原训练基地有20多个。其中榆中高原训练基地自1974年被确定为甘肃省自行车训练点以来，就一直作为甘肃省体工队高原训练的临时训练点来使用。

（一）海拔高度

目前已基本认同世居平原运动员高原训练的最佳高度为海拔1800米～2400米，其中又以2300米左右为最理想。低于海拔1800米，低压缺氧刺激较小，不利于充分激发和挖掘机体潜力；高于海拔2400米，则机体无法承受较大的训练负荷，也不利于训练后的恢复。研究表明，在海拔2000米～2500米的高原地区进行运动训练，可使运动员产生一系列适应性变化,从而有利于发展耐力运动员的有氧代谢能力榆中县城海拔1996米,距离榆中县城5千米的国家级自然保护区兴隆山,有一条省级公路贯穿而过,海拔在2200米~2800米。因此榆中高原训练基地适宜优秀进行高原训练,甘肃省体工队在多年的高原训练已证实了这一点。

(二)自然地理气象环境

榆中县自然地理环境特征明显,条件迥异。西南部崇山峻岭、高寒阴湿、植被茂盛、清泉溪流,为自然保护区;东北部童山秃岭、黄土覆盖、植被稀疏、气候干燥,为旱作农业区;中部川源河谷、地势平坦、水利发达、物产丰富,为灌溉农业区。在11月—次年4月(冬春季),气温低,较为寒冷,空气过于干燥。对于高原训练来说,榆中这一阶段的气候条件对室外的训练和比赛有一定的影响。在5月—10月(夏秋季),气温较高,晴天多,日照充足,这样的气候条件,符合高原训练要求气温较高、空气较为湿润的条件。因此,榆中夏秋季节的气候条件是适宜进行高原训练的。

(三)生活条件及环境

高原训练需要有较好的后勤生活保障。榆中具有较为丰富的自然资源,县城距离兰州市38千米,空气指数良好,透明度高,夏季绿树成荫,气候凉爽宜人,是盛夏避暑休闲的理想场所。国家级自然保护区、著名的旅游胜地兴隆山距离榆中仅5千米,出游十分方便。另外还有万眼泉、官滩沟、石门度假村、和平牡丹园等风景秀丽的自然景观,形成榆中独特的旅游资源。榆中饮用水源为兴隆山原始林区天然渗漏水,水质清纯无污染。距离榆中县城4千米的连搭胡家营有天然温泉,水大温高,对保健理疗、消除疲劳、治疗慢性伤病有较好的作用。榆中的交通也非常便利,榆中县城具有较好的基础设施和自然条件,能够为在此训练的运动员提供较好的后勤供给保障。

参考资料

[1]盛建国.甘肃榆中高原训练基地基本条件分析[J].中国体育科技,2003,39(1):56-58.

[2]刘志强,闵筠,马海福,等.世居高原中长跑运动员不同海拔地区交替训练的研究[J].体育科学,1999,19(6):34-38.

[3]翁庆章.高原训练对优秀游泳运动员的生理效应.中国运动医学杂志,1990,9(3):155-161.

[4]刘柏,冯炜权.耐力运动员高原训练的生理学基础综述[J].北京体育大学学报,1994,17(4):29-346.

“丝绸之路”甘肃段赛事旅游共生模式构思

王世哲 康英萍

摘要:体育赛事旅游是将体育比赛与旅游业联合起来开发,使两大产业互相配合和补充,最大限度地发挥资源优势和产业优势,形成一个新的经济增长点。借鉴生态共生理论,通过分析体育赛事与旅游业相互作用的机制问题,阐述体育赛事与旅游业共生关系及系统组成。构建赛事与旅游业的发展模式,建立互惠稳定的共生系统。为发展体育赛事旅游提供思路。

关键词:体育赛事;旅游业;可持续发展;全民健身

一、研究意义

随着社会体育文化事业的不断发展,各种国际赛事和地方性体育赛事活动日益频繁。吸引着众多的爱好者参与和观看。赛事旅游具备广阔的发展空间和市场空间,受到越来越多国内外游客的喜爱。作为21世纪阳光产业的体育产业和旅游业的发展面临着前所前未有的发展机遇和挑战,随着关联产业效应和经济效应乘数的凸显,越来越多的地区已将体育产业和旅游业联系起来,逐步或正在成为地方经济发展和提升区域性影响力的支柱产业。本文综合借鉴区域经济学、地理学、营销学、管理学、旅游学、社会学和体育赛事等相关理论和方法,利用甘肃省独特的地理和人文环境,对体育赛事旅游发展策略进行研究,旨在促使体育赛事开发与区域旅游品牌塑造有机结合,互相促进、共同发展,提升体育赛事及旅游品牌形象,从而构建体育赛事旅游品牌,以实现赛事旅游的可持续发展。

二、体育赛事与旅游的共生关系分析

"共生"是一个生物学概念,由德国真菌学家德贝里1879年首先提出。20世纪50、60年代以后,共生的概念以及相关理论已逐步应用于社会学和经济学领域。一个协调的共生系统,共生单元之间的共生条件、共生界面、组织模式和行为模式需要通过各利益相关者之间共同协作。共生关系的形成必须存在共生界面和共生机制,表现为共生单元之间物质、信息或能量的联系以及共生度逐渐提高的过程。构成共生关系的一般条件包括:(1)必须具有内在性质的兼容以及某种时间或空间联系。(2)在给定的时空条件下,它们之间应存在某种确定的共生界面。(3)共生单元之间按某种方式进行物质、信息和能量的交流,通常由共生单元内在联系的亲近度、同质度或关联度来决定。共生稳定与否取决于共生的内部结构,即对称性分配和稳定匹配。前者指对称最优激励兼容状态,后者指亲近度最高的同类单元或关联度最大的异类单元之间共生最稳定。(4)共生关系的选择和共生环境的培育对于共生关系的持续稳定发展具有重要意义。共生单元之间进行物质、信息和能量的交流,取长补短,形成一个高质高效的利益共同体。体育赛事运行时必然要与自身生存的自然环境、社会环境发生物质的、能量的、信息的交换活动,体育赛事内部各要素之间也存在着资源竞争。美国经济学家推算出与体育产业紧密联系的六大行业之中，与旅游业的关联度指数最高，达到0.21，体育赛事与旅游业的共生关系及其共生环境的培育对于体育赛事旅游的可持续稳定发展具有重要意义。体育产业与旅游业互相作用、互相影响的效果明显。以生态学视角探究体育赛事发展有一定的合理性与科学性，依据生态学理论将体育赛事旅游系统及其外部环境作为一个生态系统，理清赛事旅游与外部环境的生态平衡关系，推动两大产业的发展，达到双赢的局面。

(一)社会经济发展系统中的子系统

体育产业和旅游产业是国民经济发展系统的子系统。体育赛事与旅游相互制约、相互联系和相互推动。赛事旅游的结合对整个国民经济产生影响。随着全民健身计划的实施和人民健身意识的提高，消费能力的增强以及余暇时间的增多，人们逐渐追求健康文明的文化娱乐活动。以释放和缓解工作和生活带来的压力，增强体质；旅游活动是健体强身的有效途径，旅游者进行参观游览本身就是一种体育锻炼。以休闲旅游景点为基地建造赛事训练地基地，能满足旅游者参与体验赛事的需要，激发部分旅游爱好者参与的动力。旅游景点举办体育赛事，可以满足旅客的多种需要，能扩充彼此的客源。

(二)举办大型体育赛事对举办地旅游的影响

体育赛事赛前的系列推广活动和媒体的报道都会提升赛事举办地的知名度，体育赛事举办的过程中由于有多种多样的媒体宣传以及大量的媒体报道，树立和提高了举办的旅游形象。而举办地知名度的提高会显著提高举办地作为人们旅游目的地的概率，在赛事举办期间及赛后给举办地带来大量客源，促使举办大力建设旅游支持系统，改善旅游基础设施，使赛事举办地的基础设施供应能力和运行效率得以全面提高，与旅游业密切相关的餐饮、住宿等行业也得到极大的发展，旅游接待能力和品质进一步提高，为举办地旅游业的可持续发展打下了坚实的基础,对旅游业的可持续发展产生积极的影响。由于赛事的举办,举办地的一些文化遗产还得到了很好的保护,从而有利于同世界先进文化相互交流、相互融合,既增加了举办城市旅游资源的积累,又为人们外出旅游提供了更多的选择。

(三)旅游景点举办赛事的优势分析

旅游景区由一定数量的景点组成,拥有相应的旅游内容和接待设施,在相应的分布范围内足以供旅游者停留一定时间的旅游空间。体育赛事从旅游的视角下分析具有旅游产品的属性。一方面,旅游经营者借助体育赛事为旅游者提供各种服务;另一方面,体育赛事的举办满足了体育爱好者以及其他旅游者的特殊旅游需求。把体育赛事作为一种旅游资源开发,可以使体育赛事的举办地合理地开发和利用旅游资源,在体育赛事举办前为体育赛事成功举办做好准备评估,有效利用体育赛事举办后的各种资源,形成举办地的一种文化,树立良好的举办地旅游形象,优化举办地的旅游生命周期。通过对体育赛事进行长期性的策划和运作,使举办地在经济、社会、环境各方面得到最大的收益。

(四)大型体育赛事中旅游的杠杆效益

旅游杠杆效益是指通过赛事的举办、整合旅游起到杠杆作用,最大限度地发挥赛事的影响。主要包括赛前的宣传报道与策划,强化目的地的感知;赛事举办期间提高参与者的赛事体验旅游,组织各种主题旅游线路,为旅游企业寻求新的合作关系搭建平台;赛事举办后期旅游潜力的开发,挖掘大型赛事后基础设施的旅游潜力,除与旅游产品结合成为新的旅游吸引物外。还应与体育部门配合,利用已有场馆举办重要的国际国内体育赛事,发展面向社区的休闲赛事旅游业。

三、"丝绸之路"甘肃段赛事与旅游业发展的共生系统分析

(一)体育赛事与旅游业的关系

体育赛事是事件下的一种大型活动,它具备一般事件的基本特点。体育赛事超强的辐射能力产生了与之相联系的一系列社会、经济活动。而旅游业是体育赛事发展壮大过程中受益最大的产业之一,并且二者之间还存在着互补关系。旅游活动的本质在于旅游产品,因其产生的旅游吸引力使游客通过空间上的位移,到达旅游目的地,实现自身的发展的需求。旅游产品有吸引力,同样,体育也有吸引力,体育的吸引力在于对受众心智的发展,不但能起到锻炼身体的作用,也是一种集竞技性、观赏性、娱乐性为一身的公众休闲手段。从某种程度来讲,它具有同旅游产品相同的功效,体育赛事是一种可开发的旅游资源这一观点已被越来越多的人所认同。

(二)旅游景点是发展体育赛事的资源依托,是甘肃的旅游优势和品牌

甘肃黄河风情旅游带内旅游资源类型丰富,品位突出,涉及8个主类,涵盖31个亚类中的29个,拥有国家级AAAA景区10个,国家级森林公园10个,省级森林公园3个,国家级自然保护区4个,省级自然保护区12个,国家级地质公园2个,国家级农业旅游示范区1个,国家级工业旅游示范区1个,全国重点文物保护单位5处,省级重点文物单位94处。五级旅游资源集中分布在省会兰州及甘南藏族自治州,四级、三级旅游资源在四州市均有分布。2009年,全省接待旅游总人数为3393.74万人次,完成年度任务3000万人次的113%,增长36.3%,高于全国平均增长速度25.2个百分点;实现旅游总收入192.77亿元,完成年度任务160亿元的120%,增长40.2 %,高于全国平均增长速度29个百分点。旅游总收入相当于全省GDP的比重达

到5.7%。全省旅游接待人数已完成三年翻番目标的84.8%,超均衡进度18个百分点;旅游收入已完成三年翻番目标的83.8%,超均衡进度17个百分点。形成丝绸之路、敦煌莫高窟、麦积山、炳灵寺等具有特色的精品。充分体现甘肃旅游"触摸历史、品味文化、游历山水、感受风情"的整体形象。丝绸之路甘肃段旅游品牌是"文化甘肃、山水甘肃、民俗甘肃、现代甘肃""多彩甘肃,巨龙飞天""丝路文化、黄河风情、民族文化"。无论从哪个角度去观察和评价,无论以地球上哪个旅游地区的历史文化资源和自然景观为参照,甘肃的历史文化和自然资源对建设体育健身旅游长廊都极具优势和特色。另外,休闲旅游景点往往具备了完善的接待服务设施、文化游览设施。旅游景点都有成熟而便利的交通网络,风景和交通吸引人们前往。

(三)甘肃省特色体育赛事对旅游业的促进

特色体育赛事就是利用独特的自然资源和人文资源作为比赛地点,所开展的体育比赛。甘肃省地域辽阔,自然和人文资源丰富,既有延绵的沙漠,又有广袤的草原和众多的河流,为举办各种类型的群众体育赛事提供了良好的条件。依托独特的地理环境和人文资源,积极组织开展全国性体育赛事,使特色体育品牌赛事得到快速发展。近年来,我省相继举办了"嘉峪关国际铁人三项洲际杯赛暨全国铁人三项冠军杯系列赛""丝绸之路汽车拉力赛""玄奘之路戈壁挑战赛""兰州马拉松比赛"等特色体育赛事,独特的地域、特别的体育赛事吸引了全国四面八方的队伍参赛,不少体育赛事在全国已有一定的影响,对推动群众体育活动、宣传甘肃起到积极的作用。同时,推进了榆中国家亚高原训练基地、刘家峡水上训练基地、嘉峪关国家级铁人三项训练基地、临洮亚高原体育训练基地等体育基础设施的建设。2011年兰州国际马拉松赛参赛是甘肃省、兰州市历史上组织的规模最大、参赛人数最多、影响力最广的一次国际体育赛事,在国内外产生了广泛影响。同年第十届环青海湖国际公路自行车赛在兰州进行了最后一个赛段——兰州绕圈赛,圆满收官;“2011中国MBA黄河(兰州)漂流赛”在兰州境内的黄河开桨。赛事共吸引海峡两岸36所高校的40支参赛队。大型赛事的承办,对兰州市城市建设、环境改造、人文素质的提高及旅游形象的打造起了重要作用。资料显示,兰州国际马拉松赛成功举办后,各地来兰游客比去年同期增长15%以上。

四、赛事旅游生态共生的构建思路

(一)以促进全民健身事业发展为基础

现代城市中居民缺少体育运动和锻炼的场所,举办赛事的场馆应为人们提供体育锻炼的机会,锻炼环境和体育设施。以旅游景点为基地建造体育赛事基地,开辟更加适合大众运动的场所,开展积极健康的体育项目,满足各类人群的使用,促进全民健身运动的发展,还可提供专业的指导。赛事基地配备既具有科学训练能力又具备旅游服务能力的人才,旅游者可以在他们的指导下享受先进的体育设施和服务。赛事基地除利用体育设施举办各种体育比赛外,为民众健身服务,可举办各类群众喜爱的体育培训班。开发出相应的体育健康服务旅游产品,使广大民众得到正确健身的指引,增强身体素质,提高生活质量,促进社会进步。

(二)以促进社会经济发展为目标,实现赛事与旅游业的良性互动

体育赛事可看作旅游产品。赛事的发展能扩大旅游者消费支出,有效促进旅游景点的各项基础设施建设,带动区域社会经济发展,调整旅游产业结构,增加了第三产业在国民经济中的比重;在旅游景点举行的赛事会引起公众和新闻媒介的关注,对吸引潜在的旅

游者是一次极好的宣传机会。旅游城市举办赛事一般是较受欢迎的,举办地的气候条件、自然风光、历史人文资源吸引参赛者和游客安排一些旅游活动。

(三)参与性赛事旅游业的开发

赛事旅游是由组成它的所有系统共同塑造的。为了生存发展,系统必须有效地开发利用、适应、改造,把保护和优化系统作为赛事旅游自身的重要功能目标,以此维护环境和生态平衡。目前群众性参与的体育赛事较少,未能形成规模,而且缺少连续性,各省、市之间的差距较大。相关部门应根据社会各阶层、各年龄段开发相应的比赛项目,增加比赛的观赏性、参与性和娱乐性,提高比赛的观赏价值和吸引力。大众参与性赛事旅游的开发,一方面有助于体育赛事旅游资源的合理开发和利用,另一方面为旅游开发提供一种全新的模式。增强公众的生态意识,提高大众健康水平及竞技体育实力。使大众参与、赛事和旅游开发获得"三赢"。在创造经济效益、社会效益的同时,保证自身的可持续发展。

(四)赛事与旅游业的合理开发,统筹规划,延长赛事旅游基地的使用周期

科学合理的赛事规划,可以避免失败的风险,统筹旅游业发展规划体育赛事。以休闲旅游景点建设赛事基地,将景观与运动场所有机地融为一体。在相对有限的城市用地中,使基地观赏性和实用性结合,整体优化景观系统功能。在创造出优美而内涵充实的自然景观的同时,也建造了体育健身场地,节约了城市用地,使城市的供给体系、整体功能和产业结构逐渐成长。

(五)提高城市的整体旅游实力

发展赛事旅游业,赛事举办城市应具有旅游城市的吸引力,提供可以观光的多样的旅游项目和可以使用的完善的休闲娱乐设施,使

城市旅游整体提升,旅游产品多样化,实现赛事旅游拉动经济的即时效应与长期效应。我省相继举办的“嘉峪关国际铁人三项洲际杯赛暨全国铁人三项冠军杯系列赛”“临潭冶力关2009中国拔河公开赛”“丝绸之路汽车拉力赛”“兰州国际马拉松比赛”等品牌赛事,独特的地域、精彩的赛事吸引了国内外的队伍参赛,对推动群众体育活动、宣传甘肃起到积极的作用。

(六)体育赛事与主题旅游的融合

特色体育赛事通过旅游的强大吸引力,为赛事举办地提供更多的专业观展者和潜在顾客,而赛事为举办城市带来更多的旅游者。选择与城市旅游资源相关的赛事将使赛事和旅游凭借各自的优势互动发展。甘肃省以丝绸之路文化为主导的地域文化在国内外具有极高的知名度。甘肃的历史文化和自然景观资源都有明显优势,有条件构建丝绸之路体育健身旅游项目,可构建类型有:民族特色草原体育健身旅游、地域民俗文化体育健身旅游、探险旅游、河西地区体育健身特色旅游、森林健身旅游、自驾车旅游、徒步远足健身旅游、康复保健旅游、自然保护区国际狩猎特种旅游、戈壁摩托车旅游、滑翔机、滑翔伞运动、仿古驼队旅游。因情而宜地开发了冬季滑雪、江河漂流、沙漠探险、水上降落伞等具有地域特色的特种旅游产品,初步形成了“丝绸之路”甘肃段体育旅游业发展雏形。但开发很好的体育旅游产品实际运营情况不尽人意,甚至甘肃本地人都不知道有些什么项目,致使资源优势无法转化为经济优势。因此,特色赛事与当地旅游文化结合的路线是一种双赢路线。利用丰富的体育运动资源,应该分层次打造精品赛事品牌,结合赛事举办地传统赛事文化,策划赛事旅游线路,为广大赛事项目爱好者提供参与运动的设施与服务。

(七)减缓赛事对旅游业的负效应

赛事与旅游结合,可减缓体育赛事结束后出现的体育场馆利用率不高的问题。大型赛事后场馆、设施的利用率不高,造成了资源浪费。另外,体育赛事给举办地旅游注入活力,带来发展契机的同时也不可避免地会带来一些负面影响,举办地在某种程度上会出现旅游经济的低谷。因此,应采取相应的对策,尽力减小负面影响。

参考文献

[1]吴泓,顾朝林.基于共生理论的区域旅游竞合研究——以淮海经济区为例[J].经济地理,2004,1:105-107.

[2]李晓莉.大型体育赛事中旅游杠杆效益的发挥[J].旅游学刊,2009,24(1):11-12.

[3]石培基,程华,樊妍芳.甘肃黄河风情旅游带竞争力评价[J].经济问题,2008,9:123-126.

[4]王东良,彭丽娜.丝绸之路体育健身旅游长廊产业化开发探讨[J].体育文化导刊,2009,4:80-84.

[5]卢双鹏.旅游视角下的体育赛事及其作用[J].发展,2007,199(5):33-34.

[6]慈鑫.不以竞技为先 甘肃的特色体育之路[N].中国青年报,2010,7(7).

[7]张鲲,康冬,樊敏.构建“新丝绸之路体育娱乐带”的思考[J].体育文化导刊,2006,5:40-42.

[8]袁音,陈忠菊,任莲香.构建甘肃“丝绸之路体育健身旅游长廊”的研究[J].西北师范大学学报:自然科学版,2008,44(2):112-114.

“宝丁秀”训练对亚高原地区中年妇女身体形态与机能的改善

康英萍

摘要:HBL BODU SHOW 是由美、中、俄、德的专家合作研发的最新型女子健身专用项目,经过宝丁秀训练,训练者的身体形态与身体机能得到明显改善,给舍宾会员提供一个交流健康生活方式的平台,舍宾训练对练习者心理健康起积极的促进作用。

关键词:宝丁秀; 中年妇女; 健康

一、HBL BODY SHOW 的兴起与发展

全世界二百多种健身房的健身项目中,就女子项目而言,徒手体操类由于简单实效、内容丰富新颖而成为发展最快、参与人数最广的健身项目。过去无性别的大型的健身俱乐部逐步被细分化、社区化的健身美容保健会所。BODU SHOW 是由美、中、俄、德的医学专家、营养专家、美学专家、IT专家和健身专家合作研发的最新型女子健身运动项目,训练大纲内容分为五个部分:步态优化、姿态优化、动态优化、形体优化和放松练习。通过系统整体的训练,整体提升女性的形体美、形象美、气质美和动态美。每周只需训练两次,一个

月初见成效、三个月效果明显。由于它的特性——由权威专家研发团队提供技术研发和技术支持,不断推陈出新,始终保持参与者的新鲜感;科学的形体测评分析软件,为参与者定制个性化训练处方与营养处方,达到最佳形体雕塑效果;完善的网络加实体培训体系,为参与者提供专业化、系统化训练——在我国得到迅速发展。

二、研究对象与方法

(一)研究对象

甘肃宝丁秀健身俱乐部身体健康的、坚持一年训练的中年妇女30名。每周训练2次,每次时间为90分钟。研究对象30岁—51岁中年妇女组成。

(二)研究方法

1.第一次身体形态测试要在测试者参加训练的第一个月训练中完成,测试时间为经期的第三至第八天进行。

2.测试仪器。身高测量仪、测肩规、身高测量仪、皮尺。

3.身体形态测试。形态指标:身高、体重、肩宽、体脂;身体围度:臂围、胸围、腰围、臀围、大腿围、小腿围;皮下脂肪腰臀比(WHR);体脂指标:皮肤厚度、臂部、胸部、背部、腹部、腰部、大腿部、小腿部的皮下脂肪。本文就身高、体重、腰围三项指标进行分析研究。

4.统计学处理

所有数据用SPSS11.5 统计软件进行处理,显著性水平以 $P<0.05$ 为显著性差异,$P<0.01$ 为非常显著性差异。

5.HBL BODY SHOW 测评软件

三、结果与分析

(一)宝丁秀训练对身体形态的影响与分析

表1 宝丁秀训练前后身体形态变化情况

编号	年龄(岁)	训练前			训练一年后		
		身高(cm)	体重(kg)	腰围(cm)	身高(cm)	体重(kg)	腰围(cm)
1	45	165	57.5	70	165	53.2	66
2	38	156	46.2	63	156	47	62
3	41	161	53.5	65	161	52	63
4	44	165	61.2	76.5	165	55	66.5
5	48	154.5	49	62	154.5	45	60
6	47	161.5	64.8	76	161.5	60	68
7	42	160	56.7	70	160	53	63
8	37	161	61.2	77	161	60	70
9	38	158	58.4	74	158	55.3	68
10	31	164.5	59.5	70	164.5	58	67
11	34	160.3	80.7	97	160.3	77	89.2
12	49	164	53.6	67	160.3	49	63
13	43	159	46.2	66	159	44	62
14	40	156.3	51.3	66	156.3	48	63
15	49	169	55.8	69.5	169	51.5	67
16	45	160.5	53.9	68	160.5	52	65
17	46	160	68.7	79	160	63	72
18	36	160.7	51.2	68	160.7	50	64.3
19	51	155	52.2	74	155	51	70
20	48	162.7	60.5	74	162.7	58	71
21	45	155	48	67	155	46	64
22	33	175	66	70	175	64	68
23	37	155.5	62	76.5	155.5	57	70
24	32	154.5	53.1	66	154.5	50.4	64
25	37	159.5	50	66	159.5	46.5	63
26	37	153	62.4	83.5	153	58	75
27	43	167	53	63	167	51	61
28	45	164.4	66.2	75	164.4	64.5	70
29	45	164.5	75.3	84	164.5	70.5	77
30	38	168	52.8	67	168	52.2	67

表2 参与宝丁秀训练前后身体形态指标

	训练前	训练一年后	P值
体重	57.73	54.74	＜0.01
腰围	71.7	66.7	＜0.01

宝丁秀训练一年后中年女性的腰围和体重有不同程度的变化。指标比训练前有显著差异(P<0.01)。腰围平均减少5cm。体重下降2.9kg。表明经过宝丁秀训练,有效防止了女性的皮脂增加。对女性运动减肥、对改善会员身体形态具有积极作用(见表1、2)。

(二)宝丁秀训练对身体机能的影响与分析

表3 宝丁秀训练前后身体机能变化情况

编号	年龄(岁)	训练前		训练一年后	
		心率(次)	脂肪百分比	心率(次)	脂肪百分比
1	45	70	33	66	22.4
2	38	77	30.3	70	29
3	41	76	35	70	33
4	44	80	45	72	30
5	48	76	32.2	68	26.7
6	47	80	36.8	70	28
7	42	76	28	66	22
8	37	80	36.8	70	32.6
9	38	77	43.6	66	35.3
10	31	78	33.8	70	30
11	34	88	45.5	80	38.7
12	49	68	35.4	60	26.4
13	43	72	28	66	24.6

续表3

编号	年龄(岁)	训练前		训练一年后	
		心率(次)	脂肪百分比	心率(次)	脂肪百分比
14	40	70	35	62	27.7
15	49	76	40.4	70	32.3
16	45	70	38	60	30.3
17	46	80	33.4	76	27.6
18	36	70	32	60	24
19	51	72	33	70	27
20	48	77	26.3	70	33
21	45	68	34.3	62	26.7
22	33	77	34.6	70	28
23	37	75	36.7	70	26.7
24	32	78	34.1	68	28.3
25	37	75	28.6	66	23.4
26	37	80	38	72	29.6
27	43	70	28	62	24
28	45	80	39.8	75	33.5
29	45	85	40.9	77	30.4
30	38	70	25.3	70	25

表4 参与宝丁秀训练前后身体机能指标

训练前	训练一年后		P值
心率	75.7	68.5	<0.01
脂肪比	35.1	28.7	<0.01

安静心率是反映人体健康状况的一个简单而又重要的指标。中年人生理功能从30岁开始逐渐衰退，心、肺、功能也减弱。经过一年的宝丁秀训练，安静心率由75.7次/分钟下降到68.5次/分钟，心储备能力和心肌收缩能力增强，使心脏的每搏输出量增大(见表3、4)。

长期坚持锻炼，脂肪会逐渐减少。宝丁秀就属于这种全身性运动的项目，它长时间运动产生的疲劳不集中，不会造成局部疲劳，而且可以持续较长时间，能够达到消耗脂肪的目的。运动时间超过30分钟，脂肪才能动员起来供能。随着运动时间的延长，脂肪供能的比例逐渐增加，最多可占总消耗量的70%～90%。脂肪在运动时的供能作用还与运动强度有关。中等强度运动时，肌肉主要利用氧化脂肪酸获能，脂肪就消耗得快。运动强度增大，脂肪消耗比例随之相应减少，接近大强度时，脂肪供能比例减少为总消耗量的15%～20%。

（三）宝丁秀训练使中年妇女体脂含量明显改善

宝丁修秀训练对中年妇女的体脂含量的影响比一般性的体育锻炼效果明显。在一定程度上减少人体脂肪的积累，减小肥胖发生的概率。超重、肥胖与身体活动和生活态度有关。体内脂肪组织过多就会增加身体质量，在身体活动时，增加能量和氧的消耗，适宜的身体脂肪比重才会对健康和运动能力产生较好的作用。

（四）合理的运动负荷和膳食计划提高会员健康水平

宝丁秀是一项全身性的有氧运动，有氧运操练习一般持续90分钟，音乐节奏一般为20～24拍/10秒，合理的运动负荷控制了有氧阀值，有效地增加中年女性的运动系统、呼吸系统和消化吸收系统的生理功能。宝丁秀是一个较完整、较全面的健身体系，完全遵循健康锻炼基本原则。在进行宝丁秀训练时，一般脉搏次数保持在120～140次/分钟，每次运动时间保持在90分钟以内。训练后不会感觉到过度的疲劳，恢复较快，不会影响日常生活和工作。同时教练会准确地分析饮食中的错误，保障会员平衡膳食。通过访谈可以看出经过宝丁秀训练后，会员身体健康状况越来越好，工作生活充满活力。

四、结论

(一)宝丁秀训练明显改善居住在亚高原中年妇女身体形态和身体机能状况

1500米以上的高原对机体的刺激程度较大,另外,理论上和有关资料表明,高原训练的高度大都在1500米～2500米之间。兰州市市区海拔1520米,属亚高原。由于南北两山夹峙地形的影响,市区东西狭长,约30千米,南北最窄处仅5千米左右,具有带状盆地城市的特征。亚高原宝丁秀训练使参与训练者的无氧运动能力均有明显提高,训练者的身体形态与身体机能得到明显改善。

(二)宝丁秀训练促进会员心理健康发展

宝丁秀一方面对女性身体形态、机能起到了促进作用,另一方面对心理健康起到了积极的作用,提高职业女性对宝丁秀的兴趣,喜欢宝丁秀形体训练,树立自我的信心,对职业女性的身体自尊和心理健康都会产生积极的影响。

(三)宝丁秀训练提升会员的生活质量

宝丁秀是有别于其他健身方式的一种追求全面完美形态,快速提升气质的运动系统,它是以人体科学理论为基础,以提高人体运动系统的灵活性、控制力和形体表现力的基本素质训练。经过宝丁秀的姿势、姿态、步态、协调性和放松练习,强化了塑体和表现力等方面的训练。提高了女性身体活动能力和协调能力,通过宝丁秀测评系统对自己的最佳身体形态有了重新的认识,为女性自主锻炼身体确定了明确目标,进而坚定身体锻炼的决心,为终身体育奠定了基础。

参考文献

[1]孙小明,马相华,赵勇,等.不同运动项目对老年人身体形态

和机能的锻炼效果研究[J].西安体育学院学报,2005,22(3):68-70.

[2]高翔.浅析健身健美操运动对体脂的影响[J].科技信息,2009,26:621.

[3]张荣欣.成年人去脂体重、体脂含量与体重、身高和体围的关系[J].营养学报,2004,16(1):17-18.

[4]赵晋,孔垂辉.亚高原环境对运动训练的影响综述[J].北京体育大学学报,2005,1(28):78-80.

甘肃省体育社会化发展分析

何步文　王世哲　康英萍

摘要：根据体育社会学原理，以社会评价方法为基础，本文较全面地分析了甘肃省体育社会化的发展现状，力图寻求推进甘肃省体育社会化进程的新思路，以便更好地发挥体育在推动和谐社会发展的积极作用。

关键词：甘肃省；体育社会化；发展；分析

一、体育社会化是我国体育发展的基本方向

体育是社会发展的产物，又对社会发展起积极的促进作用。体育社会化，就是由全社会来办体育，发挥体育的社会功能，使体育成为社会活动的重要形式。体育社会化也是提高我国全民族人口质量最基本的途径。体育社会化作为体育发展的方向有两层含义，一是体育必须深入社会，成为人们生活的组成部分；二是社会各方面积极举办体育活动，参与体育的组织管理，成为群众性体育工作的重要力量。如果说国务院《全民健身计划纲要》的颁布使体育成为与国民经济和社会文化协调发展，全面提高中华民族的体质与健康水

平的新时期的国家目标,那么《中华人民共和国体育法》的颁布，则是体育工作从此有法可依，体育事业踏上了依法行政、依法治体的新里程。而《国民经济和社会发展“九五”计划和2010年远景目标纲要》提出:要形成国家和社会共同兴办体育事业的格局，走社会化、产业化的道路。这是国家对体育事业和人民健康的关注，并第一次将体育社会化、产业化写入跨世纪的纲领性文件中，明确地指出了体育事业改革发展的方向和道路，为21世纪我国体育走社会化、产业化道路奠定了重要的政策、理论和法律基础。现代体育的社会功能已大大超出增强人民体质的范围,成为改善生活方式和提高生活质量的不可缺少的因素。构建和谐社会是当代中国社会发展的首要任务，体育作为促进社会和谐发展的重要内容有其独特的社会作用。在小康社会进程中体育社会化研究其意义在于为政府决策部门和大众从社会学角度认识体育角色的形成提供参考，从而使社会能创造更好的、便于市民成为体育角色的社会环境、政治、经济环境和促成大众都能喜欢体育的心理状态。本文对甘肃省的体育社会化社会基础及其特点进行初步考察和总结，目的在于分析甘肃省体育社会化的总体水平以及存在的优缺点，提高人们对体育社会化意义的认识，找到加速甘肃省体育社会化进程的正确道路，为甘肃社会的和谐发展提供新思路。

二、甘肃省体育社会化现状(社会化基础)

(一)体育社会化的政策管理和法律保障机制

新中国建立六十多年来，我国体育事业逐步形成了层次制和分职制相结合的管理体制,即自上而下分为若干层次,层次越高管辖范围越大，国家体育总局为体育运动管理的最高层次领导，通过制定体育管理的方针、政策及有关法规、条例，对全国体育事业实施领导。各省、自治区、直辖市人民政府所属的体育部门属第二层次，它们在贯彻执行体育总局制定的体育管理的方针、政策、法规、条例的同时，还结合本身局部的实际情况，制定相应的体育管理法规、条例，对本省、自治区、直辖市的体育事业进行调控。各地(市)、县体育主管部门是体育管理的第三层次领导。其特点是职权明确，体育资源由国家控制，甘肃省也沿用这一管理机制。为了进一步加快发展我省体育事业，促进全省经济发展和社会进步，甘肃省委、省政府出台了《关于进一步加快发展体育事业的决定》，将体育事业发展作为我省全面建设小康社会的大事来抓，对全民健身、竞技体育和体育产业的发展有了新的历史定位和决策方向，对体育社会化进程必将有积极的促进作用。为了推进体育社会化，落实全民健身计划，1995年2月，甘肃省实施全民健身计划委员会成立，全省14个地、州、市以及大部分县市、大型企业也相继成立相应机构。省政府向全省发布《甘肃省全民健身计划实施方案》。有关部门制订和发布了《2003年—2008年甘肃省实施“全民健身计划纲要”第二期工程工作计划》，强调要推进体育社会化，实施全民健身战略，提高劳动者身体素质。目前，一个以全民健身为基本内容，初具特色的群众体育社会化网络体系在全省初步形成，并在运作中取得显著成效，为甘肃体育的社会化进程奠定了政策性保证。

(二)全民健身活动状况

据甘肃省体育局统计资料显示，“九五”末全省经常参加体育锻炼和活动的人数增加到870万，占全省总人口的33.96%；学校施标率和达标率分别达到97.02%和93.41%。体育教育与业余训练形成规模。全省有5所大专院校开设了体育专业，有6所师范学校开设了体育班，有8所高等院校试办高水平运动队。全省已建成中等专业运动学校10所(其中3所已被国家体育局确定为输送高水平运动员基地)，重点业余训练学校83所，开展传统体育项目训练学校613所。到2004年底，省、地、县三级共培训社会体育指导员1248人，为体育社会化进程提供了极好的人才保障。

自1996年实施全民健身计划以来，全省每年坚持开展“百万农民健身活动”，年均有300万人次参加各类体育活动，组织各类体育比赛近万次，到2000年已涌现出“全国体育先进县”10个，“全国田径之乡”2个，“全国武术之乡”2个；建成“全省体育先进县”14个，占全省87个县的16.1%，“体育达标县”54个，占62.1%，“先进乡(镇)”235个。现在全省每年坚持举办一次以上农牧民运动会的乡镇达到65%，到2002年经常参加体育锻炼的人数达到892.9万人，占全省总人口的34.8%。这为甘肃省体育社会化进程奠定了良好的基础并起到了积极的促进作用。

(三)农民健身不容忽视

据甘肃省国民体质监测中心最近一次国民体质监测公报显示，甘肃省成年人体质综合测定达标率中，男性农民的达标率只有70.1%，低于非体力劳动者；女性农民的达标率更低，仅为59.1%，居测试人群达标率最低点。在身体素质的9项测试中，有7项测试农民居末位。“我天天在干活，还需要体育锻炼？”这就是农民对体育活动的真切认识。对于刚解决了温饱的农民来说体育锻炼更是一种奢谈，然而他们又确实是最需要体育锻炼的一个群体。农村经济的不发达和文化活动的匮乏，是造成农村贫穷的重要原因。而体质差导致许多农民每年要拿出相当一部分收入用来看病吃药，这更会使贫穷雪上加霜。体力劳动不能等同于体育运动，许多疾病甚至是由过于繁重的体力劳动引起的。目前农村医疗保障制度还不完善，加强锻炼、增强体质、提高免疫能力也许是遏制农民因病返贫最经济、最有效的办法之一。然而农民的体育条件和体育意识、健康意识与城市相比，都要差得多,越是贫困地区，生活条件和卫生条件越差，越需要进行体育锻炼以增强体质。然而由于农民忙于生计的缘故，在意识上和行动上往往容易忽视自身健康和体育促进健康的良好生活方式。

(四)少数民族体育发展状况

甘肃省是一个多民族省份,全省共有汉族、回族、藏族、东乡族、土族、满族、裕固族、保安族、蒙古族、撒拉族、哈萨克族等54个民族，在少数民族中回族人口最多，超过100万人，甘肃省有裕固族、保安族、东乡族三个全国独有的少数民族，境内还有甘南藏族自治州、临夏回族自治州两个少数民族自治州。少数民族体育是丰富多彩的，由于所处的特殊地理环境和长期积淀的民族文化，传统的民族气质和风情，使少数民族体育文化别具特色，并且至今流传着有特色的传统体育运动项目,如押架、马术、赛马、民族式摔跤、角力、武术、赛跑、跳跃、赛牦牛、赛骆驼等,仅民族式摔跤就有绊跤、北嘎、搏克三种形式。少数民族群众由于其生活的地域和生活方式的原因，已形成了具有民族体育活动的历史和生活习惯。甘肃已举行的四届全省少数民族传统体育运动会都在少数民族聚居的甘南、临夏、肃南等地举办，对民族体育的发展起到了积极的促进作用。与现代竞技体育不同，民族传统体育运动会更像文化的展示。农运会上民族式摔跤、武术、押架、马上项目等四个大项目不仅是民族文化的展示，更是民族精神的缩影。但必须引起重视的是民族地区又是经济和文化相对落后地区，其传统体育的发展受到主、客观因素的制约。

(五)体育场地设施现状

由于群众体育不断向深度和广度发展，体育基础设施得到改善，全省各级各类体育场地截至2003年底发展到21900个。但与社会发展相比，现有体育场地严重不足，人均占有的体育活动面积只有0.76平方米，人均比全国低0.27平方米。而且绝大部分体育场馆集中在城市，农村极少，城市中的大部分场地又多集中在学校，教育系统体育场地占全省体育场地总数的80.6%。因此马路、广场和公园自然就成为健身爱好者们的“乐园”。自实施全民健身工程以来，国家体育总局共投入彩票公益金1129万元，甘肃省投入2037万元，地方各级政府配套投入995万元。新建成健身工程187个，健身路径218条，工程和路径分布在全省14个地州市63个县，这在一定程度上缓解了人民群众对健身场地设施日益增长的需求，受到社会各方面的好评。为了解决甘肃体育基础设施薄弱，人均占有体育场地面积和经营投入低于全国平均水平这一现状，甘肃省体育局决定每年在全省要新增80条健身路径，并每年从省级体育彩票公益金中划拨出200万元作为引导资金，支持基层场地和路径建设，落实后体育场馆设施必将会有较大改善。

(六)体育产业发展现状

目前，我省已有70%的体育单项协会推向社会，并逐步实现实体化。各级体育协会组织形成网络，各类体育俱乐部迅速发展，国家和社会共办体育的格局正在形成。群众的体育消费观念不断增强，体育表演、竞赛、健身娱乐和体育用品市场得到开发，体育彩票为主的体育产业已逐步成为扩大内需、促进经济增长的重要方面。各地发挥各自优势，抓住西部大开发机遇，依托体育社团组织，有计划地组织大型群众性健身表演比赛，2004年承办全国、全省高水平竞赛表演共7项20多项次，2003年承办全国、全省高水平竞赛16次。采取市场运作，积极引导大众体育消费，营造良好的体育市场氛围，取得了较好的社会效益与经济效益。近几年来体育旅游业已初步成为甘肃特色项目，到2004年底，有30多个国家和地区8000多人次来我省开展体育旅游活动，体育日益成为甘肃联络世界、促进经济发展的桥梁和纽带。目前甘肃省尚无"体育职业市场"，但业余"体育市场"正在不断发展和壮大中，我们有理由相信，在不远的将来，一定会有甘肃的"体育市场"。

（七）全民健身服务业发展现状

服务业的发展离不开当地居民消费水平和市场规模。随着我省国民经济的快速增长和人民生活水平的不断提高，我省城乡居民体育锻炼和体育消费意识不断增强，体育消费支出不断增加，满足广大人民群众多元化体育健身需求的全民健身服务业也将会有巨大的发展空间。一些深受广大群众喜爱的体育娱乐项目和健身场馆逐步成为社会投资的热点，健身服务投资多元化的局面正在形成。据调研，全省共有各类体育场馆8930个（甘南、临夏两州未调研），其中体育系统182个，各类学校6165个（城市社区1676个，农村乡镇967个），宾馆等服务行业561个。截至2003年底，全省共有不同所有制健身服务业经营单位3965个，其中个体民营经济投资兴建的全民健身服务业单位1054个，占36%；健身服务业从业人员25172人，其中个体健身服务业从业人员10896人，占总数的43%；个体民营经济投资兴建全民健身服务业总金额近4000万元，并且呈明显的快速发展趋势；2002年—2003年全省个体健身服务经营收入约500万元。全省经常开展的体育经营活动项目有十几类，群众首选的项目依次是健身、棋牌、垒球、乒乓球、羽毛球、保龄球等项目。经常参加活动的人数平均每月达到90多万人次。在我省全民健身服务业发展中，个体健身服务业单位占有明显比重，为繁荣健身服务业市场，满足广大人民群众健身需求，促进体育产业发展，扩大就业渠道正在发挥着重要的作用。不足之处是他们所拥有的固定资产少，发展规模小，市场竞争力弱，经济效益偏低，从业人员整体素质有待进一步提高。

(八)居民体育消费状况

从国民生产总值来看，中等收入的国家国民生产总值年人均2040美元，而我国2003年达到1000美元小康标准，这是影响我国文化娱乐消费支出的最基本因素，尤其是对体育消费水平的增长。城乡居民体育消费受当地社会和经济发展水平等因素的影响，随着城乡居民收入的增加，体育消费支出的比例也在发生变化。据调查资料表明，2001年我省城市居民对体育的投入主要去向是以运动服装、鞋袜等体育实物消费资料为主，占体育消费支出的42.42%，体育信息消费支出占15.8%，体育劳务消费占14.48%，体育服务消费占16.5%，其他体育消费占10.77%。也就是说，我省居民的体育消费正朝多元化发展。居民体育消费的总体变化趋势是随着经济的逐年增长呈上升趋势，其原因为个人收入的增长和国家推行"全民健身计划"和体育产业化的影响。但农村居民总体体育消费水平在上升中有下降，其原因是农民收入增长极为缓慢，且差距较大，而农村体育消费的主要群体是学生，他们几乎占家庭体育消费的80%，大部分农民还根本谈不上体育消费，尤其是那些还未解决温饱问题的农民，体育消费对他们来说是奢望或者不可思议。现有体育设施及其配套服务集中在城镇，也是影响农民体育消费的主要制约因素，多方原因造成城乡体育消费的巨大差距。

(九)体育总会与体育社团

甘肃省体育总会垂直辖设14个市(州)体育总会，各行业都拥有各行业体育协会，其主要任务是形成以大众服务体系为主要内容的全民健身体系。

甘肃省体育总会充分发挥桥梁纽带作用，组织协调各级体育社团，开展了丰富多彩的全民健身活动。目前，甘肃省具有法人代表的体育社团有17个，没有法人代表的体育社团有十几家。国家和省、地共投入资金928万元，新建31个全民健身工程和12个青少年体育俱乐部，补充和完善着体育社会化的服务体系。

三、甘肃省体育社会化的发展思考

(一)制度保障是体育社会化的根本保障

体育社会化发展，体制保障是根本。首先坚持以人为本的科学发展观，以增强人民体质，提高全民素质为根本目标，坚持体育为人民服务、为经济建设和社会发展服务，实施《全民健身计划纲要》和《奥运争光计划纲要》，坚持依法行政、依法治体和科技兴体，构建面向大众的多元化体育服务系统，不断提升体育综合实力，保障体育事业持续、健康、快速发展。其次要真正实现“管”与“办”的分离，理顺与社会体育组织、协会之间的关系，真正地从直接管理向间接管理转变，从微观管理向宏观调控转变，从单纯地依靠行政命令向以依靠法律、政策、经济、市场等多种综合性手段方向转变，在训练、竞赛体制方面，解决好专业队制与协会制、俱乐部制等之间的矛盾，并最终实现全新的管理体制。最后，要完善群众体育的社会机制。从我国当前的形势看，“群众体育”在我国从未形成成型的运行机制，没有相应的社会组织，缺乏必需的资源，而且群众活动以各种娱乐活动为主，真正具有社会生活内容的有规律的健身活动数量很少，已难承担广大人民群众的日益增长的物质(包括生命物质基础等)文化生活需要。这就要求由地方政府干预，由城镇社区的文化娱乐公共服务组织进行筹划和实施，构建融健身、娱乐、休闲、培训为一体的综合性服务平台，资源共享，以满足社会阶层的不同需要。

(二)经济基础是体育社会化的根本动力

国内生产总值(GDP)是衡量一个国家或地区经济总量的指标，而人均GDP则是评定人民生活水平的经济参数。纵观甘肃经济发展状况，甘肃人均GDP低于全国平均指标，甘肃人均GDP的平均水平只达到同期全国平均水平的56.8%，也就是说甘肃居民的收入水平低于全国平均水平，因而造成居民基本生活水平以外的消费水平的降低而使恩格尔系数大于全国平均水平，因而也就减少了居民对体育的投入，影响体育事业的进一步发展。为此经济的不断发达是脱贫后走向富裕的最好手段，更是影响居民消费和休闲的基础保障和根本动力。随着居民收入的增加，居民恩格尔系数会下降，而用于文化娱乐(体育)消费方面的支出会逐步上升。这是发展地方经济，提高居民收入水平，缩小城乡差距和实现体育社会化，构建和谐社会的必由之路。

(三)体育资源是体育社会化的物质基础

甘肃属西部欠发达省，现有体育场馆严重不足，人均占有的体育活动面积只有0.2平方米。而且绝大部分体育活动场馆都集中在城市，农村活动场馆极少，大部分乡镇中，数万人只有一个篮球场。目前我国已建成的61万多个体育场馆中，67.17%是学校场馆，甘肃省远远大于这个数字。甘肃省除体育局系统的体育场馆外，全是学校体育场馆。因此，除了加快体育设施建设，建设一座能承担大型综合性比赛的综合体育场馆，保障训练和比赛条件，满足群众健身需求。各县区的体育设施要达到国家体育总局提出的“四个一”(即一个标准田径场、一个标准游泳池、一个灯光篮球场、一个训练房)的要求。各级学校要按标准配齐体育器材设施，高级中学、高等院校都要建有体育馆、游泳池和健身房。乡镇要建有体育活动中心(站点)和简易健身路径;城镇街道办事处要建有60平方米室内和200平方米室外体育活动场所。新建居民区、经济开发区必须按照《体育法》《体育设施管理条例》等有关法规的规定，经市级体育行政部门审核，规划人均0.3平方米的体育健身预留空地和建设相应的配套体育设施，这些都是推进体育社会化进程的物质基础保证，必须受到各级政府的高度重视。

（四）体育产业化进程是体育社会化的发展动力

首先建立多渠道筹资机制。依照《体育法》的规定，积极争取和保证体育经费的落实。建立多渠道筹资机制，拓宽体育经费筹集渠道，鼓励和争取社会各界对体育事业的资助和捐赠，积极引进外资和利用银行贷款兴办一些发展项目；加强体育经费的使用管理，建立和完善体育专项资金管理使用制度，加强各级财务的审计和监督，使有限的体育经费发挥更大效益。其次，开发体育媒介市场。体育作为一种社会文化现象，对传播积极向上的生活方式，健康的生活方式及正确的体育观有其独特的社会功能。反过来讲，人们体育意识的增强，将有力地促进体育媒介市场的发展。目前，甘肃省的体育媒体市场，电视转播权转让市场，体育媒介称号、专利等无形资产开发市场封闭落后，根据不同发展地区、不同竞技水平开发不同的体育媒介市场体系，不失为推动甘肃省体育社会化进程的有力措施。

参考文献

[1]张亚平.甘肃省农村女性居民体育现状的调查与研究[J].西安体育学院学报，2003，4.

[2]田鸿章.甘肃省体育回顾与展望[J].人大研究，2004，2.

[3]梁晓龙.当代中国体育若干基本理论问题探讨之八——体育社会化[J].体育文化导刊，2003，3.

[4]段晓红.甘肃农民消费水平的分析[J].甘肃农业，2003，7.

兰州市全民体育健身现状分析与对策研究

王增喜　王润平　徐　嘉

摘要：现以兰州市辖区城乡居民为研究对象，通过查阅大量文献资料，采用问卷调查法、专家访谈法、数理统计法等研究方法，在查阅现有文献资料的基础上，针对兰州市居民的体质及体育健身开展的现状进行详细分析，并针对当前全民健身运动的误区，从系统、全面的角度提出对策，为城镇居民的全民健身活动提供可借鉴的、可操作性较强的方法。

关键词：兰州市；全民体育健身现状；对策研究

一、研究对象与方法

（一）研究对象

在兰州市辖区内随机调查老年、成年、少年人员的体质现状和健身状况。

（二）研究方法

1.文献资料法通过计算机检索中国期刊全文数据库、中国期刊题录数据库和国际体育信息管理数据库等。人工检索：查阅了大量文献资料，包括专著12部、科技期刊50余篇等，进行了深入细致的学习、分析、研究与探讨。

2.问卷调查法问卷的设计严格按照问卷设计原则，对设计的问题通过特尔斐法进行筛选，并获得效度指数0.80，随后进行了信度检验获得克隆巴赫系数为0.88。问卷发放2 000份，回收1 919份，回收率为95.95%。

3.数理统计法对测试资料用SPSS 13.0软件进行常规统计，获得描述统计指标值：平均值、标准差、构成比等。最后，对问卷调查数据采用Excel软件录入并进行统计整理。以上统计方法符合统计学的要求，使结果得到量化，可以保证研究与对策的客观性和科学性。

二、结果与分析

（一）兰州市居民参与全民健身活动的现状及其分析

全民健身运动的良好开展依赖于如何发挥优势因素、改善劣势因素，因此在调查研究中要尽量注意到各个相关因素及其之间的联系。例如，兰州市的学校较多，特别是大、中院校，这对于兰州市发展全民健身运动是个良好条件，如何更好地发挥学校体育在全民健身中的作用仍然是群众体育的重要研究领域。全民健身计划赋予了高校体育崭新的素质教育内容，为高校体育改革找到了基点和契机。学校体育的成功改革也必定为地方全民健身运动的开展提供重要保证。

1.兰州市体育人口调查分析

目前国外和国内体育学者研究认为，体育人口是指每周参加体育活动3次以上，每次活动时间在30分钟以上，具有与自身体质和所从事的体育项目相适应的中等或中等以上负荷强度者。本次调查中，每周参加体育锻炼达到3次以上的有856人，占44.61%；每次锻炼时间达30分钟以上的有922人,占48.05%;每次参加体育锻炼强度在中等负荷及以上的有910人,占47.42%;同时满足3项要求的共有610人,占被调查总人数的31.79%。以此推算,兰州市辖区内体育人口占31.79%,而2002年12月5日我国国家体育总局群体司公布了我国的体育人口占总人口的33.90%,说明兰州市体育人口低于全国平均水平,因而兰州市的体育人口仅处于全国的低等水平,这与兰州市的经济发展水平是直接相关的。由此可见,我市的体育人口现状不容乐观。按年龄统计可以看出:体育人口中,18岁—30岁的青年人和60岁以上的老年人所占比例较大,分别为41.04%和23.58%,而31岁—45岁的中青年人和46岁—60岁的中老年人仅占0.38%。兰州市居民参与体育运动所呈现的年轻特征与我国总体参与体育运动的年龄结构相符。不同年龄人群中参加体育活动的比例有"两头高、中间低"的趋势,表明有一部分人在壮年时期中断了体育活动,原因包括:(1)青壮年阶段的人群是家庭经济来源的主力,所以工作、家庭负担较重。(2)青壮年人群自身抵抗力较强,导致一些人产生了麻痹思想。而老年人绝大部分已退休在家,有充分的时间去锻炼身体,参加体育锻炼增加了与他人交流和沟通的机会,一定程度上避免了孤独感,同时抵抗力下降也是促使老年人参加体育锻炼的原因之一,也就是说老年人切身体验到了健身的作用,是全民参与健身运动的推动力量。

2.兰州市居民参加体育锻炼内在动机的调查分析

通过调查了解到,人们参加体育活动的目的中,增强体质占89.59%;减肥、健美占60.46%;休闲娱乐占52.37%;社交占48.72%;治疗疾病占18.47%;参加比赛占9.94%;其他占2.82%。从居民对参加体育活动的目的来看,体育活动的强身健体、休闲娱乐和促进社会交往的功能得以充分体现。选择治疗疾病的人数也占有一定比例,且其比例随着年龄的增长而增加。而选择休闲娱乐为体育锻炼目的的,青年人所占的比例高于老年人,老年人所占的比例又高于中年人,这与经常参加体育锻炼的人口结合起来分析,在一定程度上说明了在体质研究中发现的中年人体质状况下降的速度比其他年龄段快的原因。体育锻炼在增进健康、增强体质、丰富生活方面,作用极其明显。在对居民参加体育锻炼的看法的调查中了解到:认为参加体育锻炼对身体非常有益处的占92.34%,认为对身体有一点帮助的占7.66%,认为无所谓和没有好处的占0.00%。在对今后参加体育锻炼的态度调查中,选择积极参加并坚持下去的占78.25%,选择偶尔参加的占17.69%,选择无所谓的占4.06%,选择不想参加的占0.00%。从以上调查可以发现,广大居民对体育健身作用的认识是积极的,态度倾向性也是正确的、主动的,关键在于政府如何组织、引导广大居民自觉、系统地坚持参加体育锻炼。

3.兰州市居民参加体育锻炼的兴趣调查分析

现代社会日益紧张的工作和生活节奏,要求人们具有良好的体质。增强人民体质和发展社会体育是社会主义物质文明和精神文明建设的重要内容。随着社会的发展和人民生活水平的提高以及医疗制度的完善,人们对身体健康的追求变成了第一需要,而要实现这一需要,参加体育锻炼是最佳选择。但就统计比例来看,从内心有兴趣参加体育锻炼的人数所占的比例并不高,仍然需要采取一定的手段激发更多的人参加体育锻炼的内在动机。在问卷调查中发现,30岁以下和60岁以上两 个年龄段的人群中喜欢体育的人数较多,且女性多于男性,脑力劳动者多于体力劳动者。这说明居民将体育锻炼与自身健康密切联系起来,健康意识有所增强。同时也告诉我们,激发居民的内在健身动机需要了解各年龄段人群参加体育锻炼的动机特点。参加体育锻炼的居民绝大部分是自发进行的,占83.72%,也有一部分人是受到要求而进行的，占15.14%，这与兴趣调查是一致的，只有极个别人不情愿参加体育锻炼，占1.14%。由此可见，自发参加体育锻炼已成为一种新的时尚，许多人把参加体育活动看成是改善生活方式、提高生活质量和文明程度的重要手段，这是一种可喜的变化，但也从侧面警示我们，加强体育健身的组织与管理，使全民健身活动健康、稳步地向前发展是我们应该解决的首要问题。

（二）影响兰州市居民参加体育锻炼的因素分析

1.兰州市城乡居民体育消费水平的调查分析

体育消费包括购买体育器材、购买体育服装等实物性消费、参加俱乐部锻炼等参与性消费、观赏体育比赛等观赏性消费及其他与体育相关的体育范畴的消费等。在对居民家庭所拥有的体育器材的调查中可以看出，居民家庭的体育器材比较充裕。有1件～2件的占12.32%，3件～5件的占56.40%，5件以上的占29.86%，而没有体育器材的家庭只占1.42%。而只有10.82%的人选择办公室或居室作为体育锻炼的地点，可见部分家庭的体育器材设施成为体育无效消费的产物。根据实地调查，我们发现主要有以下几方面原因：(1)买之后玩了一段时间便失去兴趣，体育器械便被丢到一边，这种情况主要发生在孩子要求家长购买体育器械之中。(2)因赶时髦买了不实用的体育器械。(3)买了自己喜欢的体育器械却没有时间使用。

2.兰州市城乡居民参加体育活动的时间及地点选择的调查分析

在调查中，兰州市城乡居民参加体育活动的时间主要分布在下午、清晨和傍晚，所占比例分别为32.23%、29.38%和27.49%，而在上午和中午仅占很小一部分，所占比例分别为1.41%和9.49%。锻炼时间选择在下午、清晨和傍晚的情况符合我国居民的生活习惯。下午活动青年人居多，清晨和傍晚以老年人为主。从锻炼的时间上看，兰州市城乡居民与全国其他地方是一致的。在体育锻炼地点的选择上以家庭居住地为中心,以就近锻炼为基本原则。场地是影响兰州市居民参加体育锻炼的一个主要因素,应该说兰州市的场地设施是比较落后的,学校体育场(馆)和专业运动体育场(馆)所占比例较大,虽然有开放的时段,但还是不能满足居民参加体育锻炼的需要。在对体育场(馆)是否应该向大众开放的问题上,有20.19%的人强烈要求开放,有58.24%的人认为应该全部开放,有21.57%的人认为应部分开放,没有人认为不应该开放。在对公众开放体育场(馆)是否应收费的问题上,有46.61%的被调查者认为应该收费,其理由是收取适当的费用可以保证体育场(馆)的管理、维护、卫生等得以正常维持;也有53.39%的被调查者认为不应该收费,理由是体育场(馆)属于公益事业,不应该收费。

3.兰州市组织实施全民健身运动的调查分析调查发现,兰州市居民中仅有10.83%的人知道社区体育指导员,37.65%的人需要健身指导,85.63%的人认为有必要建立社区健身指导站。以上调查说明无论是自发的还是职能部门组织的全民健身运动,其实施需要加大力度,可见这是影响兰州市居民参加体育锻炼的关键因素之一。

三、结论与对策

(一)结论

兰州市全民健身运动的宣传工作力度不够,需要加强,也需要拓宽思路,并且注意形式的多样化;体育场(馆)设施的数量和布局不能满足兰州市全民健身的需要;城乡居民的全民健身现状落后于经济发展水平,应该引起相关职能部门的注意,在政策和资金投入上都加大力度;影响兰州市居民参加体育锻炼的两个主要原因是时间和场馆设施。

(二)对策

1.构建全民健身法律体系

通过调查我们发现,人们对体育法的了解现状令人担忧,我们决不能把体育法同全民健身割裂开来,体育法是全民健身运动正常开展的保证,是群众维护自身健身权益的依据。于善旭在《建构全民健身法规体系初探》一文中提出,建构全民健身法规体系是一个对全民健身事业的发展、对体育法制乃至整个国家的法制建设都有着深远意义的重要问题。

2.加大体育场(馆)、设施的建设力度体育场(馆)的建设不应该只考虑体育比赛的安排及经济效益,还应该从长远和全民健身的角度考虑,有利于全民健身运动的合理的体育场(馆)布局将给我们带来更多无形的、长远的效益。针对目前体育场(馆)设施开放性和利用率低的现状,政府有关部门应制订相应的政策,提高现有场馆设施利用率,开发新型的群众体育项目。

3.加强全民健身的监控和调控体系,实事求是地反馈信息有利于国家制订、修改全民健身的政策方针,从而保证全民健身运动顺利、快速的发展,而体制监测能够更客观地反映地方的全民健身状况。

4.大力发展学校体育,发挥学校全民健身运动的辐射作用。从长远来看,学校体育是全民健身的保证。学校体育教学形式是效果最好的全民健身教育形式,具备正确全民健身观念的学生以后走向社会必定起到良好的体育带动作用。

5.抓好群众体育科学研究,拓宽健身手段和方法,加强群众体育理论的研究,提高全民健身活动的科学性。对健身活动过程、个体生理负荷的大小应给予科学的指导,以提高不同个体锻炼身体的质量。对于健身手段和方法的选择,应在坚持我国传统健身方式的同时，学习国内外先进的健身方式。

参考文献

[1]高尔丽.高校体育改革是成功实施全民健身计划的重要保证[J].体育学刊，2000(3):21-22.

[2]于善旭.建构全民健身法规体系初探[J].天津体育学院学报，1997(3):51-55.

后　记

自2003年以来，本人与老师、同事、同学就提升甘肃省竞技体育实力、甘肃省学校体育教学改革、体育社会化进程等进行了研究。回顾近十年来所做的努力，基本上以发展甘肃省社会体育为主线。因此，本人将促进社会体育发展策略的成果整理出来，期望同行提出宝贵的意见。

在研究过程中，由于自身能力的欠缺，本人先后在西北师范大学体育学院、北京师范大学体育与运动学院攻读学位。先后得到西北师范大学体育学院郭层城教授、北京师范大学体育与运动学院高嵘教授的指导与支持，在此表示衷心的感谢。

本书在依托甘肃省科技厅软科学研究项目《甘肃省经济社会发展与国民体质的关系研究》研究报告的基础上，多方位研究甘肃省社会体育的运行机制。揭示甘肃省社会体育发展现状，提出发展社会体育的建议。在本书的写作过程中，得到兰州商学院体育教学部何步文教授的悉心指导，最终与西北师范大学体育学院王增喜老师、兰州商学院体育教学部康英萍老师合作完成了近30万字的写作。其中,康英萍老师完成了第一章、第二章和第六章;王世哲、康英萍合作完成了第三章、第四章、第五章及第六章。

王世哲

2014.3.25